朱家溍說故宮

朱家溍　著

目錄

下編　說藏品

緣起　我怎樣幹上文物工作的

我在大學唸書的時候，最怕人問我：「你將來畢業幹什麼去？」我覺得簡直沒法設想，我自己也不知道將來幹什麼去。當時的如意算盤是：最好畢業留校。因為我只對本系的事最熟悉，別的事都不懂。我在三年級的時候參加了沈兼士先生主編的《廣韻聲系》的一些抄抄寫寫工作。當時並不敢希望有「助教」一類職稱落在頭上。因為國文系已經有助教，絕不可能再增加一名，只盼望能留下繼續給編書的事務打打雜就滿足了。其次希望能在中學教語文或教歷史，自問對這些工作還是不生疏的。不過，這些工作，畢業後都沒有輪到頭上。正值抗日戰爭時期，也就說不得這個那個，能逃出已淪陷的北平，到了抗戰的後方已經滿足了。我是學中國文學的，當時叫作「國文系」，就是現在大學的中文系，竟去了糧食部門工作，生疏到了極點。但當時有個信念，就是抗戰第一，抗戰時期攤到頭上的，什麼工作都應該努力做，所以也就沒有其他想法了。

抗日戰爭爆發前夕，故宮博物院曾將大批文物遷至西南。一九四三年，趁着重慶冬季霧天，沒有敵人飛機轟炸，故宮博物院決定在市區兩路口，當時的中央圖書館內舉辦一次短期展覽。參加展覽的文物共八十三箱，均為一九三四年參加倫敦藝展的中國古代名畫。這批文物由古物館的科長莊尚嚴先生從貴州安順遠道押運來重慶南岸海棠溪向家坡故宮博物院院部。這時，我被借調來當臨時工。這件事出乎意料地使我高興。因為我父親收藏很多文物，故宮博物院成立專門委員會之始即被任命為專門委員。我從幼年對文物耳濡目染，到十幾歲時就隨着父親每日接觸金石書畫。卷、軸、冊怎樣打開收起；銅、瓷、玉如何拿起放下，都和生活中其他事情一樣熟悉。況且故宮南遷以前，我是常常去參觀的。對於這樣熟悉的事物，我當作工作任務參加還是第一次，感覺到和過去參觀以及在家中保存文物情況大大不同了。首先是從南岸海棠溪故宮博物院把八十三箱文物一車一車地裝上汽車，開到兩路口中央圖書館，我們再一車一車地卸。卸下來穿上繩槓，兩人抬一箱，走上若干層台階，抬進臨時的庫房安頓下來。然後打掃陳列室，抬陳列櫃，擦玻璃等。一系列賣力氣的事情做完，才能坐下來，照着目錄寫陳列品名卡片。打開箱子，搬出卷、冊、軸陳列起來。一邊工作，一邊欣賞，這時候的享受真是無法形容。展覽期過去，收、裝、抬又是一個很大的體力勞動過程。這些事雖然距離現在已經數十年了，回想一下，青年時代剛剛參加工作時的思想活動現在還是記得很清楚的。

自從出了學校門所遇到的工作，我覺得根本不存在什麼是熟悉的、什麼是不熟悉的問題，也無所謂什麼思想準備。譬如在糧食部門，一天到晚在辦公室和公文打交道，還有時候開汽車，但對公文擬稿這項工作是一竅不通的。在大學裡讀過的漢魏六朝、唐宋八大家，不論是散文還是駢文好像都和這項擬稿工作不生關係，只好向人求教。經人家告訴，得知必須調出檔案來看看，後來果然從檔案裡全部瞭解到自己所需要知道的事，最生疏的事逐漸變成很熟悉的事了。

參加古文物展覽工作，本來是自己很喜歡的，又是一項應該説是已經熟悉的事。但整個我所參加的工作過程，體力勞動要佔十分之七八，這又對我是很生疏的工作。我沒當過裝卸工，沒幹過肩擔運輸，這次都幹過了。是不是我當時很熱愛這種體力勞動呢，不是的。青年時代我一直很喜歡體育活動，踢足球、游泳、打橄欖球等，但坦率的説，我並沒有體力勞動的習慣和愛好，不過遇上也覺得沒有什麼可怕的。這次參加文物展覽，負擔的體力勞動是以好勝的思想去完成的，所以不覺得苦，並且博得了院長馬衡的一句話：「現代的青年需要這樣，粗活細活都能幹。」

抗戰勝利後，我正式在故宮博物院工作，當然一切條件、環境和抗戰時期的四川不同了，但熟悉的文物工作中生疏感還是不少。我在參加「提集」「編目」「陳列」「庫房整理」等工作時，未曾見過的文物太多了，都要把它們從生疏變成熟悉。我覺得即使已經熟悉的事物，只要深入研究，對它的認識肯定就會有變化，何況自己研究的不知道的事物每日層出不窮，也可以説從青年到老年一直是這樣的。説到這裡，可能會有些青年讀者要問，生的怎樣就變熟了呢？不外乎老生常談，先向書中求教，同時也向人求教。文物看多了，自然也會有所認識，圖書和檔案幫助我們瞭解文物，文物也會補充圖書的空白。讀書時也會出現這個看不懂，那個不明白，我的經驗是不用管懂不懂就硬讀下去，讀多了就會在本書中解決本書的問題了。

上编　說古今

研究清代宮史的一點體會

諸位同志，清代宮史研究會，這已經是第二次開學術討論會。我們在北京開籌備會的時候，看了一遍這次故宮的會員同志們交來的論文，有些篇論文寫得很好，但只能割愛，因為文章內容不屬於清代宮史範圍。上次在昌黎開第一次學術討論會時，所宣讀的論文當中也有宮史範圍之外的。論文集已經出版，過兩天就可以送到會場，大家一看便知。我指的是有些文章，寫得雖好，但是屬於清史廣泛的範圍，或屬於清代宮史以外其他專史範圍。

清代的人和事以及制度、器物等等，凡是在《國朝宮史》和《國朝宮史續編》兩書所載各項內容的範圍系統下，我們發現某種問題，經過深入研究之後，得出成果，這是地地道道清代宮史研究的論文。清代的《國朝宮史》比明代的《酌中志》內容已經系統化。《國朝宮史續編》則又完備些。今天我們研究清代宮史，在上述範圍系統下，尚有許多史料待我們鈎沉整理，許多問題待我們探索。既然我們新立一個學科，就必須範圍明確。如果我們把泛論清史，或把清史中應屬其他專史性質的論文發表在宮史討論的論文集中，很可能會招致史學界同行的非議。我是本會顧問，所以我覺得有必要重申我的觀點。

上面我是說明清代宮史範圍的論文和泛論清史以及清史中屬於其他專史論文的區別、界限，這不等於說研究清代宮史不須要研究清史。清代宮史是清史中的一部份，不能孤立地研究宮史，必須整體熟悉清史，才具備研究清代宮史的條件。舉個例來說，許多人曾相信過孝莊文皇后下嫁睿親王的傳說，這是因為張煌言的詩有「大禮躬逢太后婚」的句子。很明顯，張煌言是大明的忠臣，在還沒有放棄鬥爭的時期，他的宣傳工作當然要盡力詆毀對方，這是可以理解的。我從來不相信禮部恭辦太后婚禮，這是絕對不可能發生的。這個傳說本來站不住，況且孟心史先生的考實一文分析得清清楚楚，多年來已經銷聲匿跡。前幾年突然四川有一位先生在刊物上發表一篇文章，說看到一件清初皇父攝政王起居註，上有劉詩孫先生的收藏題跋，原文是「清季宣統初元，內圖庫垣圮。時家君方任閣讀，奉朝命檢庫藏，既得順治時太后下嫁皇父攝政王詔，攝政王致史可法、唐通、馬科書稿等。遂以聞於朝……」這位作者又重申相信太后下嫁的事。

我和劉詩孫先生是朋友。我當時曾看過他的跋，向他提出過問題：所謂「聞於朝」是以一種什麼理由上奏的？認為是正常的大事，還是認為這是太后失德？如果認為是正常的大事，「聞於朝」之後，皇上會問：內閣大庫所藏歷年詔書多不勝數，凡宣詔頒行天下皆為大事，何以繳進這幾件，着即明白回奏。如果認為這是太后亂倫，本朝頒行天下的詔，誰敢道個不字。那麼這個奏折應該如何措詞，我看如果這件詔書交上去，一定有朱批問下來「爾是何居心，據實明白回奏」。我看令尊大人不僅回奏不出理由，必然會遭到重譴，你說說，能有這事嗎？劉先生研究文字學、聲韻學，態度是非常嚴肅認真的，但他處世有些名士派，喜歡開玩笑，我已料定他在信口說說，我問他的話使他無可回答，終於承認，不過為了題幾句，加一點噱頭，容易賣出去而已，我也就不再談這件事了。既然現在這段題跋又被當作可靠史料引用，我就不得不加以澄清。我們可以提出下列原則來分析，清代奉旨交辦事件，如何去執行？如何奏對，以及君臣關係和體制，就可以判斷這位內閣學士即使真的發現什麼太后下嫁詔書他也會裝作沒看見，照舊把它收在大庫原藏處。因為他沒有這個任務，不可能自己找麻煩，他絕不會發瘋「遂聞於朝」。還有下列理由可以十足說明沒有這樣一個詔書：

1. 多爾袞致史閣部書，是早已傳誦一時的；致唐通、馬科等書稿，也是故宮博物院的藏品，在一九二七年故宮編刊的《掌故叢編》已經發表過，也是人人皆知的。劉先生是用這三件公認的真文獻來襯托這一根本不存在的太后下嫁詔，如果真有這一件詔書又是和致史閣部書等文獻一同發現並上交的，何以故宮原存只有致史閣部等書稿三件而沒有詔書呢？如果說下嫁詔書也像「攝政王起居註」同樣命運被人竊出，那麼到了辛亥革命以後一定會出現的，不論是當做奇貨可居的古董，還是落到中國人或外國人手裡，都會宣揚出來的，何以至今未出現呢？

2. 可能會有人這樣設想，四件文獻上交之後，把下嫁詔書銷毀了。可是劉先生的跋語：「清初入關，悉賴多爾袞重以太后下嫁，遂尊之為皇叔父，又尊之為皇父。」按跋語的邏輯，稱皇父的原因是由太后下嫁得來的，那麼包括下嫁詔書在內的四件文獻「聞於朝」的時候，「皇父攝政王起居註」同樣性質的文獻為什麼沒有上交銷毀呢？現在第一歷史檔案館還保存着大量的有皇父攝政王字樣的文獻。當時朝廷如果要銷毀那些文獻是輕而易舉的，但並沒有這樣做。順治年間曾稱多爾袞為皇父攝政王是事實，而太后下嫁不是事實，所以傳世大量檔案有皇父攝政王，而沒有一件是太后下嫁的。況且凡是詔書都曾經頒發，如果要變更也必須明發諭旨。例如多爾袞死時追尊為成宗義皇帝、入太廟，都是以順治皇帝名義宣佈的，後來削去成宗義皇帝的廟號、謚號，撤出太廟，一點也不含糊，也都是由順治皇帝明發諭旨宣佈的。如果說曾經真有太后下嫁詔書，又銷毀了，那也不會默默地暗中銷毀。因為詔書都是宣詔以後，由禮部謄黃發刻刷印，頒發到全國各府、州、縣。如果要銷毀，也必須明發諭旨，說太后下嫁是多爾袞矯詔，沒有這回事，這樣才能翻案。不然悄悄地銷毀一件藏在宮中的詔書有什麼用呢？這個事例可以說明，鑒別這樣一則有關宮史問題的跋語是否可信，只要是對清代制度和辦事則例有整體的理解，就很容易判斷它的內容是不存在的。

所以說研究清代宮史必須先熟悉整個清史，而研究清史也不能排除宮史部份，如果認為宮史範圍的史料都是些無關大局的瑣事，可以不去研究，那也是錯誤的。如我們的老前輩陳援庵先生、孟心史先生都曾有研究清史的論著，他們都曾經有過從清代宮史範圍中搜集某些史料印證解決某些大事的問題，這是史學界人所共知的。我個人還有個體會，研究清代宮史範圍的史料有時還可能給清代其他專史糾正某些問題，或補充某些重要內容。例如文學史上，《紅樓夢》的作者曹雪芹，有不少研究他家世的論著，把曹家被抄，說成是和雍正幾個兄弟爭奪皇位有關，把問題性質無限上綱，已經到非歷史真面目了。但問題的性質果真是這樣嗎？如果對清代歷史有整體的理解，首先知道當時雍正是整理全國財政，清理各項官款的虧欠，不是什麼專門懲辦曹家。根據內務府檔案可以說明，雍正先是派李煦替曹家清理欠款，用意是因為李煦和曹家是親戚，可以設法為曹家彌補。不料李煦反而在江寧織造侵吞一筆款，因而遭到重譴。雍正對於曹家的處理是因為看清曹寅的後輩都是極其無能的，如果聽之任之，不但照舊拖欠官款，而且越來越糟，不如給他一個抄家結束這一案，實際所抄並抵不過虧欠的數目，這就相當近現代由法院判決宣告破產，於是債務人便不再有任何負擔。何況雍正對於曹家還在北京留下一所住宅，在內務府給一個主事，應該說雍正對於曹家還是相當照顧的。至於抄家這個處分，在清代是對滿漢文武官員犯罪最重的處分，有犯罪至斬立決、斬監候，但只要不是謀逆或謀反就不會抄家，例如和珅是個最大的貪污犯，在拿問時還必須首先羅列幾條，含有謀逆性質的僭越判罪，儘管與貪污無關，但有了這樣的罪名才可以抄家。回過來再看一看內務府的人員，抄家簡直不算什麼了不起的事，有的人實質就是因為發財太大很容易抓個碴就被抄，抄過之後並不作為犯罪人處理，還給差使。因為內務府人員不但和一般滿漢文武官員不同，和老百姓的士農工商也不同，內務府人員屬於上三旗的包衣，是奴隸身份，可以任意處置，抄家並不是最重的處分。內務府檔案當然屬於宮史範圍的史料，這就是說，研究宮史有時還可以附帶澄清其他專史中存在的某些誤解。

一九七三年《文物》復刊的那一期，刊載過一系列有關曹雪芹的史料，包括《廢藝齋風箏譜》《瓶湖紀盛》等題目，影響面很大，很多人信以為真，我曾經引用宮史範圍內的史料（內務府檔案），證明這是一份偽造的文獻，幾年前發表在社科院文學所的《集刊》第三期，細節不在這裡重複。

再舉一個由於研究宮史、搜集資料時遇到可以補充正史的事例。如雍正乾隆時期有一人名叫海望，雍正初年由護軍校升授內務府主事，在造辦處當差，很快升任員外郎、郎中、總管內務府大臣；到乾隆初年升任內大臣、外放督撫。《清史稿・海望列傳》只記載他在督撫任內的政績，可是從內務府檔案《養心殿造辦處各作承做活計清檔》中發現海望是一位非常有才華的工藝美術設計家，大量記載着海望參與瓷胎畫琺瑯、料胎畫琺瑯的設計，並曾經親自在鼻煙壺上畫過彩，為製作百寶嵌掛屏、盆景、漆器、木器等都曾經親自具體畫過設計圖，並多次受到雍正、乾隆批准和誇獎。但《列傳》中沒有一句譬如「能製器，有巧思，具匠心」一類的話。如果今天寫清代工藝美術史，海望應該是一位名家。

以上是我對於清代宮史的一點研究體會，供大家參考。

注：本文是在「清代宮史學術討論會」上的發言

關於清代宮史研究及原狀陳列的幾個問題

一、清代宮史研究的方法

如何研究清代宮史？我認為不能孤立地研究，因為清代宮史是清史的一部份。我認為北京故宮、瀋陽故宮的青年同志們，最好把一部《清史稿》共四十多本都能讀一遍，定個計劃，半年也就讀完了。但恐怕有的同志會有困難，尤其是女同志，有很多家務。我認為，有選擇的讀法，就是首先讀本紀；第二是讀后妃列傳、諸王列傳；其餘的是志書，天文地理志等可以先暫且不讀，職官志需要讀，徹底瞭解一下國家制度，選舉志也需要徹底瞭解，再有就是輿服志，穿什麼衣、帶什麼帽、用什麼儀仗，關於兵志，八旗兵怎麼組織，綠營兵怎麼組織，湘軍、淮軍，後又變成巡防營，晚期又有新軍，這些需要瞭解。全部列傳可以選擇重要人物先讀，其餘需要時可以查閱。另外，《大清會典》需要看一遍，冊數不多。《大清會典事例》是一很大部頭的書，先讀會典就可以知道查某一種事應查會典事例的哪一部份，就能比較順利地利用這一部很重要的工具書。隨着《大清會典事例》一同參考的，就是《大清會典圖》，各種器物、各種事情，吉禮、嘉禮、大朝等站的部位，比如元旦朝會什麼人站在什麼地方，這裡都有圖和圖說，還有《皇朝禮器圖》都可供查閱。

在上述基礎上就可以讀《國朝宮史》《國朝宮史續編》，掌握了這些，就可以由整個清代史轉入宮史部份了。所以我剛才說宮史不是孤立的，必須先瞭解整個清史。關於《國朝宮史》的門類我記得不太清，可能說得不全，大概有這樣一些門類：聖訓、諭旨、典禮、宮殿、宮規、門禁、經費、纂修、刊刻、史乘、目錄等。再有《宮中則例》，宮中各種活動規矩，《內務府辦事則例》，其他衙門的則例，和研究宮史比較接近的比如《工部則例》《光祿寺則例》，修建宮殿的工程做法，有些宴會由光祿寺和內務府一起辦理，怎麼安排、吃什麼東西都有規定和記載。這些書統統叫「官書」，都是我們必要的參考書，瞭解這些就可以由清史又具體到了官史，就有了一個知識框架，有了這個框架，再接下去就是檔案了，如果沒有這個框架，拿了檔案也會熟視無睹。檔案與官書、則例也有不盡符合的地方，如《清史稿》和實錄以及國史館底本有時也不盡相同。舉一個例子來說明，殿本書中，聚珍本的書是活字版，修這書是為嘉惠士林，是件好事。在此以前，修《古今圖書集成》和《數理精蘊》時鑄了一批銅活字，聚珍本為什麼用木活字而不用銅活字呢？在聚珍本書的卷首有乾隆皇帝的一首記事詩，這首記事詩作為序言，他在序中說，為什麼用木活字而沒有用銅活字，是因為銅活字已經用來鑄銅錢了。在版本學領域裡，這個說法已經是定論。但無意中我在檔案中發現了乾隆的弟弟和親王掌管修書處時把銅活字為自己府中鑄了銅陳設、銅爐、銅獅等，當然也先給宮中陳設了，所以乾隆有口說不出，但和親王為此受了處分。這就從檔案中可以糾正聚珍版序言的說法。

關於清代宮史研究及原狀陳列的幾個問題具備了以上知識條件，就具備了一定的對材料的辨別能力，如從會典和《國朝宮史》就可知道當時對門禁這一類的規定。可以舉一個例子，這個例子也是筆記小說所愛說的。有一種傳說，說光緒住在瀛台，珍妃關在冷宮（實際上也沒有冷宮，只是關在景福宮東邊小院的屋中），光緒從南海偷偷進宮去看她，彼此訴苦。這些富有詩意的話，人家愛聽，也都相信。可我們要知道門禁各地的職務，從保衛工作制度看，完全可以否定這種說法。光緒住在瀛台，即使不失去自由，還是正常的時期，在他居住的地方日夜值班的必須有一個領侍衛內大臣、兩個內大臣，還有御前侍衛、豹尾班侍衛；光緒要進宮，須進西華門，兩門相距一百多米，穿過南長街，雖然很近，但如果他要進宮，也必須吩咐領侍衛內大臣，奉旨傳達下去，御前侍衛、豹尾班侍衛要按時執行，傳到門口侍衛處散秩大臣，這些人都要隨扈進西華門，西華門上有護軍，門上鑰匙交到午門護軍統領手裡保管加封，如果開西華門要傳達到護軍統領，護軍統領再下達西華門。光緒要和珍妃相會，如果只是幾個太監協助，很顯然是不行的；珍妃已奉旨削去名號，如果要見她，就和提審一樣，這個命令不能下達；雖然他是皇帝，不按手續也是寸步難行的。所以具備了知識條件，就可以辨別史料。再如傳說胤禛奪位的問題，「傳位十四子」，他添了一筆變成了「傳位于四子」。這種傳說是經不起推敲的，諭旨是要寫名字的，寫了名字怎麼改也沒用。從公認的史料看，康熙死以前很多天冬至祭天派雍正去，這就是有所表示的。還可以從一個很普通的事情說明，如果康熙要傳位於十四子允禵，允禵在青海，康熙已經說了自己要死了，難道不能立刻叫他回來？傳下諭旨完全可以做到，康熙不這樣做，而叫雍正祭天，不是很明顯的事嗎？可是一般人愛信假的不信真的。通過這幾個例子，我是說明需要懂得歷史背景，有了這個知識框架，就可以進行史料的辨別，這是很重要的，所以必須讀過必讀的書才具備研究宮史的條件。

二、關於清代后妃的遴選

這個問題，就根據我所看到的書籍、檔案綜合介紹一下。選秀女，有兩個途徑。選宮女子我們平時叫宮女，選進來為的是侍候主位，選的對象是上三旗包衣下的家屬，奴隸身份，每年選，也有停選的時候，由上三旗包衣各佐領呈報，各佐領都有統計、有戶籍，不是像電視劇、電影那樣「拉郎配」。天津有個畫家溥佐，是溥雪齋的弟弟，在香港《大公報》上撰文連載，把選后妃和選宮女子都混淆起來，都是胡說，實際上不是那麼回事，他也不知道秀女來源有兩種，以為能躲就躲過去了，能逃出去就逃出去了。事實上這是不可能的。

我們先說內務府選秀女。在戶籍上有名字的，到了年齡，就得入選，一般是十三歲到十七歲，也有大一點或小一點的，挑不上是另一回事，不能隱匿不報，而且挑進去並不是一輩子出不來，到二十五歲就放出來擇配。這個途徑選進去就是作使令的，當然不能排除皇帝看上，一句話可以封為常在、答應，這是一類。后妃從編制上講，皇后一人，皇貴妃二人，貴妃二人，妃四人，嬪六至八人，貴人、常在、答應均無定額，會典中還加一句「不備員」，就是編制不一定滿，但是不能超過。其實無所謂超過不超過，從貴人起就無定額了，康熙的妃嬪就有五十多個。另外一類選秀女，目的就是選后、選妃，或是選中之後，指給某些宗室王公，這個叫指婚。選的對象是八旗四品以上官員的家屬，如像大家熟悉的西太后，她的父親就只是個道員，合乎四品以上。選這類秀女的時候，一次也有三十人、二十人或是十餘人，由禮部和內務府共同辦理，選宮女子是由內務府單獨去辦。這兩類在選的時候，有個共同的特殊情況，比如說挑選時不下跪、不行禮，就是把被選者叫過來，桌上擱着綠頭籤，寫着家長的名字，什麼某旗某佐領下某人之女、年齡，有的綠頭籤後面還有小名但不是都有小名。我記得隆裕太后入選時寫的是三等承恩公桂祥之女，還寫個小名喜子。選的時候有人叫名，頭排、二排的順序，不下跪不行禮，看完了一個一個下去等候通知，當時沒有什麼表示。這是選宮女子。選妃也不下跪不行禮，都在那裡站好，排單上有名字和家裡的履歷，和皇室有關係的如××妃的侄女、××貴妃之妹也得寫上。這類挑選當面就有所表示，選中的給個荷包，不給的就是沒選上。

有一部書不知大家看過沒有，書名叫《鴻雪姻緣》，是嘉慶到道光年間的河道總督麟慶（字見亭）寫的一部書，都是他自己經過的事情。麟慶的兒子在光緒年間做過禮部尚書，他的女兒參加備選，可是落選了。他的兒子有一首詩，題目是「賀大妹撂牌子」。撂牌子就是沒選上，沒給閣進去，值得慶賀，就是這麼個心情。同治的皇后是崇綺的女兒，崇綺是蒙古人，是清朝唯一的一個旗人狀元，我的外祖父是他的門生。我的外祖母家說，當時同治皇后家在同治后選中的時候，一家和死了人一樣痛哭。落選的家中認為值得慶賀，選中的一家痛哭，就是這麼個情形。選中了再封什麼不一定，也許封貴人，也許封嬪，也有進門就封妃的，當然皇后選定了進門就是皇后。皇后選中後要經過幾種手續：問名、大徵、納采，這些手續都是皇帝派使節到他家去，最後是奉迎。

大婚禮節在《大清會典事例》中有很詳細的記載，奉迎皇后的使臣出太和門、端門、午門、大清門到皇后家娶回，仍從大清門進。妃從神武門進，比較簡單。這是一個很大的區別。妃也有一定的彩仗執事，也有始封妃晉為貴妃的，也有很多年不升的。選妃的對象都是滿洲、蒙古旗人，漢人個別的也有，比如順治年間就有一個石妃，實質上不只一個，沒有名號的常在、答應、貴人等裡面還有漢人，康熙的五十多人裡從姓氏上看就有漢人。作為妃嬪，晉陞時也還要派相當高的官員為正使、副使，持節到她的宮裡，擺上儀仗，本人跪接受封受冊。后妃的生活狀況在《國朝宮史》和《國朝宮史續編》中有詳細的宮規，每人每年給多少錢、多少銀子，每年給多少什麼米、多少麵、肉、菜、雞、鹽、醋，這叫分例，也是按等級，名位高的待遇高，給的東西也多。使用的太監、宮女子也隨着位份有多有少。

關於住的條件，紫禁城裡，東西六宮不分等級都是住后妃的，明朝皇后住坤寧宮，所以叫中宮。清朝的孝全成皇后，是由貴妃升上來的，先是全妃，後升全貴妃，後升皇后，她雖一次次受封，但沒經過大婚，所以一輩子沒住過坤寧宮。只有順治、康熙、同治、光緒及溥儀，經過大婚，皇后住坤寧宮，住三天，三天後在東西六宮裡指定一個宮，不像明朝那樣永遠住坤寧宮，清朝皇后住的本宮是她自己居住的地點。東西六宮是比較原始的規格，和晚清不太一樣，大家看到都說故宮儲秀宮、長春宮前頭的大殿也是有廊簷、外簷裝修與內簷裝修，屋裡也是花罩、欄杆罩、落地罩、碧紗櫥，屋裡跟住人的屋子一樣。儲秀宮也沒有儲秀門，長春宮也沒有長春門，而前頭翊坤宮打通了翊坤門，進來就是翊坤宮，翊坤宮後殿變成體元殿，也沒有儲秀門了，這都是光緒九年、十年為了西太后五十萬壽改建的。故宮還存在的永壽宮、景仁宮、咸福宮還是原來的樣子，一座宮門一座正殿，正殿三敞間東西掖間，共五間，東西掖間隔斷不是雕花隔扇，而是木板，大紅銀朱油的木板牆，二扇大紅門，上面毗盧帽跟大廟一樣。陳設有地平，地平上有寶座，寶座後有屏風，寶座兩邊有一對甪端，一對香筒，寶座後有一對扇，東西山牆有兩條大長案，從屏風後出去是個穿堂。後簷牆有兩個大櫃，這是固定的陳設。東西牆上各掛着一幅掛屏，是乾隆年頒佈的，每一個宮一個故事畫，例如，「婕妤當熊」等，都是古代賢后妃的故事，都是當時畫家畫的，不署款，看畫風可能是姚文翰、鄒文玉、金昆等一類畫家畫的。畫的對面是御筆宮訓，以前有一部經典性的書《女誡》，是婦女平時必讀的書，后妃要求更嚴格，十二宮是一律的，每個宮的寢室都在後殿，前後殿都沒有廊簷，寢室總是在東耳房，屋子的特點是炕多，一間屋子至少有前簷炕或後簷炕，有的屋子前後簷都有炕。以儲秀宮而論，從陳設檔可以知道，孝賢純皇后住時後殿中間靠後牆，擺一張紫檀羅漢床，屋裡陳設不細說了，東裡間是前簷炕，東進間是前後簷炕，西裡間是後簷炕，西進間是順山牆炕，炕上設寶座，炕枕靠背是一份，給她獨座，皇帝用不着到這來。皇后除住本宮外，還有一個經常的處所，比如住圓明園總住「天地一家春」，在宮裡皇后總住養心殿的東院。養心殿是工字殿建築，後邊工字的東院光緒年間稱「體順堂」，原來叫「綏履殿」，體順堂是皇后常住的地方，從檔案上看也住了好幾代皇后了。這種檔案不是專為記載某主位住某宮，都是記別的事情附帶的內容，最後是光緒的皇后。翁同龢日記也記有皇后居體順堂，皇上齋戒的日子她就回本宮，即鍾粹宮，皇后和皇帝共同生活時也就在體順堂。

別的妃嬪等人待遇就不同了。在皇帝吃晚飯時遞綠頭籤，就像皇上吃早飯時遞綠頭籤召見官員一樣，遞膳牌。妃嬪晚上都到燕喜堂等候傳喚，皇上叫某妃就把桌上某妃的綠頭籤翻過，內殿首領就叫某妃，某妃就陪着吃晚飯，晚上共同生活，其餘「叫散」，未被傳喚的妃嬪等於下班回去了，就是這種形式。從前筆記傳說妃和皇帝睡覺脫了衣服拿被子裹上扛着進去，不用說制度上沒有這種規定，人和人的關係，不管是愛的關係或是性的關係，如果採取這種制度是不可能的，純粹是胡說。皇后千秋，先到太后宮行禮，到養心殿向皇帝行禮，然後交泰殿升殿，接受皇貴妃、貴妃、妃嬪們行禮，親王、郡王福晉，一二品大員命婦行禮也奏中和韶樂，然後回到居住的本宮升座，接受本宮總管太監等行禮。上至皇后、下至親郡王福晉及品官命婦，最隆重的禮是六肅三跪。肅是一立正、慢蹲慢起；跪，如穿朝服，和男人叩大頭一樣，穿敞衣梳兩把頭扶頭翅，不叩大頭。

《清史稿・后妃列傳》都很簡單，孝莊、慈禧這種重要人物也比較簡單，一般后妃連生卒年月都沒有，要知道她的歷史，只有在其他材料上尋找。比如傳說中的香妃，乾隆妃，滿洲、蒙古都有，回部妃只有一個容妃，當然傳說的所謂香妃就是容妃，后妃傳中寫得太簡單了。小說、詩、戲劇把她說的是乾隆平西域就是為這個女的，兆惠就是辦理此事，搶來之後如何不從，終日懷揣利刃老想殺人。趁乾隆郊天時皇太后賜其自盡，這統統是沒有的事。但要找她的史料只有從其他檔案的字裡行間來看，容妃的生活狀況和病死的時間在檔案上都可以找到，從給她做肩輿修房子，到把恩賞檔、膳食檔、內廷筵宴座位名次、藥房檔中脈案檔串連起來，可以找出她自進宮以來到病死幾十年的生活輪廓，從奏銷檔中可以看出她的卒年和喪葬的情況。關於后妃的情況拉拉雜雜就談到這兒。

三、關於宮殿陳設

對於遺留下來的宮殿陳列，要依靠陳設檔。陳設檔不少存於第一歷史檔案館，但有的宮殿的陳設檔很多，歷年都有，有的宮殿很少，有的宮殿則一本也沒有。我想就瀋陽故宮文溯閣和嘉蔭堂戲台的陳設談談自己的印象。

北京故宮閱是樓是看戲的地方，戲台叫暢音閣，翁同龢日記屢次提到在閱是樓暢音閣賞聽戲，閱是樓就有陳設檔。承德避暑山莊中的戲台叫清音閣，在乾隆年的銅版畫中有一幅清音閣圖，以上這些都可以做嘉蔭堂陳設的參考。閱是樓明間是穿堂，明間正中有屏風，屏風前有寶座，寶座前有腳踏。檔案上把中間叫明間，東邊、西邊的叫東次間、西次間，再進叫東進間、西進間（就是日常所說的裡間），再有就叫梢間了，這是檔案上常見的叫法。以閱是樓來說，中間穿堂、屏風、寶座，東進間隔扇裡有前簷木炕，炕上有炕桌、炕案、炕褥、炕墊、靠背，東西次間、西進間也是這套，都是單間，都是前簷炕，當然也有放方桌、條案等，就不細説了，這都有檔案根據。至於聽戲的位置，據參加過聽戲的人如載濤（已故）、寧壽宮太監耿進喜（已故）説，東次間為上首，太后坐在東次間前簷炕上，皇上在西次間前簷炕上，都是隔着玻璃的座位。是不是非得坐在炕上，也不一定，據説太后高興了搬一把那時已經有的軟椅（西洋式的）在廊簷下坐着，也有聽着聽着就從後面走了，回去睡個午覺。因為宮中演戲一般在辰時幾刻開戲，經過中午、下午未時、申時散戲，所以有睡午覺的時間。院子裡賞聽戲的都在東西廂，每間屋子裡什麼都沒有，四呇旯空的，前頭敞着聽戲，地上鋪滿棕毯，上面再鋪氈子，再有高的墊子坐褥，都是盤腿坐着聽戲，臨時有宴桌，檔案上寫「圖斯根」（滿洲話，矮桌），那時東西廂房賞聽戲的都有矮桌，院子裡是空的，只有內務府的人員和太監在廊簷下犄角站着聽用，沒有正式的觀眾。不像香港電影拍成的那個樣子，院子裡坐着一排排人，樓上有包廂，不是那樣。東西廂官員聽戲的地方，從北往南數，頭一間，親王郡王二至四人，再往下，大學士，六部尚書，南書房、上書房行走，內廷行走分別為四至六人、六至八人、八至十人，總共也沒多少人。

閱是樓裡，該有什麼擺設，嘉蔭堂就可以有什麼擺設，該有某一類貼落，嘉蔭堂就可以有某一類貼落。現在開放的嘉蔭堂裝修中間有個佛龕，裡面有蠟人，效果是失敗的，最好中間只安放屏風寶座。有一個銅版畫，畫的是乾隆在避暑山莊聽戲時召見安南國王阮光平，一邊聽戲就升座了，阮光平在院裡磕頭。有這樣一幅畫，嘉蔭堂不妨參考。還有閱是樓陳設檔也比較合適，不要擺那個佛龕，皇上聽戲不會老坐在中間，畢竟是一種娛樂。英國蠟像館做的蠟人都非常好，如果我們做清帝蠟像我也不反對，但在文物陳設當中擱個蠟人，就好像商店模特，減低了歷史文化價值，不相宜。東陵的蠟像做得像楊乃武小白菜，像櫥窗模特水平，我主張不要。戲台上做的一齣《霸王別姬》蠟像，《霸王別姬》劇目的名稱當時沒有，這是西皮二黃戲，現在叫京戲。清朝光緒十一年以後宮中演西皮二黃戲非常繁榮，崑腔、弋腔所佔比重很小；光緒十一年以前崑腔、弋腔還是主流。清帝東巡最後一次是道光九年，當時還沒有這齣戲。《霸王別姬》是民國十幾年楊小樓、梅蘭芳排演的，虞姬頭上戴小如意。這時戲台上要出現虞姬和霸王也可以，宮裡原有這戲叫《千金記》，是崑腔、弋腔，有「起霸」「鴻門」「虞探」「別姬」「跌霸」，不能叫《霸王別姬》，穿戴打扮昇平署檔案有穿戴提綱，什麼人穿什麼衣服，記載很詳細，《千金記》中虞姬不是戴小如意，是戴鳳冠、穿宮衣的。

文溯閣也應和文淵閣一樣四面是書架，每層都有炕上寶座，那時書案也都是在炕上，現在文溯閣內寶座、書案的擺設也不是不可以，但孤孤零零。右手擱一個書架是為讓觀眾懂得，這是書庫，這個目的我也懂，但當中間擺一個書架是沒有這種格式的。東邊擺的桌椅也不盡合適。書案上的文具、硯、筆筒、筆架、水盂、筆洗這些東西可多可少，筆硯是不可少的。書放在案邊，書架是空的，可以作假《四庫全書》樣，其餘有簾子、青緞邊、亮紗心，一層一個，不露書的地方，可以掛簾子。

宮殿陳設那天走馬觀花地看了一下，有這些想法。

至於瀋陽故宮的永福宮要陳設起來，永福宮在沒進關時究竟什麼樣子很難設想，康乾嘉道又多次來到盛京皇宮，嘉、道是懶得生事的人，乾隆皇帝是最愛多事的人，他對盛京很可能有他的佈置，寶璽也重做一份，也重新佈置佈置，我想也是可能的，所以恢復乾隆以後的原狀也是一個方案。未進關以前的原狀不能設想一定是多麼土氣，因為太祖甲冑上的藍雲緞就是南京的織品。滿洲的美術工藝沒有，都依靠外來商品，那時他需要什麼都能來，江南的東西能來，兩廣的東西也能來，朝鮮高級陳設也能來。以時代來說，未見過明代的陳設檔，明代進過宮的人寫的筆記也提到過一些，《酌中志》也提過。明代的陳設比較疏朗，不像清代，窗台、炕案下堆的擺的很多，可能早期永福宮設東西也不會太多，風格也會簡單疏朗一些。設想瀋陽故宮寢宮裡的陳設應該和北京故宮早期的東西六宮寢宮的陳設裝修差不多，都是隔斷木板牆，當然上下也有裝飾，左右大邊都是燙蠟，房裡裝修絕對不上漆。承德給「無暑清涼」做欄杆罩，是請浙江東陽木工做的，做得還可以，我事先曾囑咐他們說，只能硬亮燙蠟，不要上漆，可是到做時，他就不聽話了，他非得上漆。北京恭王府設計時給我看，我是顧問，我說這屋裡沒有安天花板的，王府除正殿之外都沒有天花板，應該都是紙糊頂棚，安幾腿罩也不能上油漆，可最後他們非得裝上天花板上油漆。永福宮隔斷也應該採取這樣，實際上也挺好看，雖說也糊白紙，但有方窗，木邊框，燙蠟，也可以做點花活，雕花；還有門口，門上鑲一個門口，或圓門、或瓶式門都挺好看，不要太花哨，上邊橫眉子，中間有些書畫，方窗圓窗加以修飾，也就有一些時代氣息。我想永福宮主要是前簷炕或後簷炕，有一座順山大炕，炕幫可以用講究一點的細木做，這屋家具主要是炕桌、炕案、炕屏，不安炕的地方有個條案，我這是想像。宮殿陳設只能依靠參考陳設檔，才能有點時代性，我的設想就是這樣。

注：本文是一九八六年在瀋陽故宮博物院六十周年紀念座談會上的講話

明清宮殿內部陳設概說

明清兩代宮殿內部的陳設面貌，有相同點，也有不同點。歷史上遺留下來的資料，關於明代的宮殿內陳設沒有專門記載，只散見於官書和文集、日記、雜錄等書中，為敘述某人某事而隨手寫的，所以不僅沒有完整系統的記載，而且此種信手寫的資料，也為數不多。清代宮中和苑囿自乾隆以後，內務府檔案中有宮殿陳設檔這一門類，當然在故宮博物院成立以前還是散失不少，不過保存下來的部份對於今天研究建築史和室內裝飾的領域仍然是非常寶貴的第一手史料。現在把所見史料排比下來，雖然明代和清代，兩朝記載的詳略有很大差距。但簡略的仍然可以勾勒出明代陳設面貌的特點。清代的陳設檔雖詳，但也只能選擇不同類型舉例說明。

一、明代宮殿陳設

我國古代的生活方式是室內地面鋪席，日常起居席地而坐，最主要的是床，其次是屏和几、案。床是臥具，也是坐具。屏作為擋風的，所以擺在床後，或者和床是相連的。床在室內擺在中心主要位置，並且是比較固定的。從商周到漢魏晉南北朝，都屬於席地而坐的時期。上到天子，下到庶人，床在室內都是尊貴的座位。雖然後來人們生活方式由席地坐變為垂足高坐。床在室內的位置也漸漸有所改變，惟有皇宮中的主要大殿，還保存着空空落落地面的中心位置有床和屏，這就是大殿中的寶座屏風。明代的奉天殿——皇極殿——清代的太和殿始終是這個面貌。

> 奉天殿御朝，上坐定，內使捧香爐，上刻山河之形，置榻前。奏云：「安定了。」（見《宏藝錄》）

奉天門是北京紫禁城午門內第一座正門，明代皇帝常朝御門，群臣在階下分班侍立奏事。奉天門就是清代的太和門，御門時在中間擺一張榻。這種榻的形狀，在明代《三才圖會》中畫的是床上後背及左右三面安裝矮屏風的圍子，到清代北方匠師稱之為「羅漢床」。

> 常朝舊制，每日御皇極門決事，御座謂之金台，既升座，錦衣力士張五傘蓋，四團扇自東西升陛立座後左右，兩內使，一執蓋升立座上，一執武備雜二扇立座後正中……（見《西垣手記》）

明代嘉靖以後奉天殿改為皇極殿，奉天門改為皇極門，這個時期陳設的所謂「金台」是指金漆須彌座式寶座。

> 皇極殿九間，中為寶座，座旁列鎮器，座前為簾，簾以銅為絲，黃繩繫之，簾下為毯，毯盡處設樂，殿兩壁列大龍櫥八，相傳中貯三代鼎彝，櫥上皆大理石屏。每遇正旦、冬至、聖壽則御焉。先一日，尚寶司設寶案於座之東……教坊司設中和韶樂於殿內東西……錦衣衛設羽扇於殿內東西。（見《春明夢餘錄》）

皇帝坐的位置，不論是椅是榻是炕，都可以稱之為寶座。但這裡指的「中為寶座」是指金漆木雕的台座，三面有階，周圍欄杆，台上設金漆雕龍屏風，屏前設金漆大龍椅，椅左右設香几，几前設甪端、香筒。陛下前方設四香几，上置香爐。這一組概括為「寶座」。這種陳設格式一直貫串到清代太和殿。「殿兩壁列大龍櫥八」。所謂大龍櫥，有「戧金細鉤填漆龍紋方角櫃」或「紫檀四件櫃」，即立櫃上面再加頂箱，這種櫃每對由四件組成。北方匠師稱之為四件櫃。在大殿兩壁下陳設大櫃，是明清兩代同有的陳設格式。這裡所說「尚寶司設寶案於座之東」，說明除殿內原有固定的寶座和大龍櫥之外，「寶案」是由尚寶司為了皇帝大朝，臨時擺的。所謂「寶案」是一件案形結體的長方桌，把這張桌蒙上黃雲緞桌圍（四面圍）擺在殿內，上面擺皇帝的寶匣，所以稱為「寶案」。同樣的桌，為了在桌上擺詔書，就稱「詔案」。

> 文華殿，在奉天門之東，比諸殿制稍減而特精雅，用綠色琉璃瓦……今用為經筵之所，中設御座，龍屏南向。又設御案於御座之東稍南，設講案於御案之南稍東。入殿門當檻下白石一方，純潔可丈許，抬講案官置案當其北二三尺地，始稱講官拜起也。殿中金鶴一雙，東西相向立，盤下有趺架，施以金朱，以口銜香。香墨色如燭狀，外國所貢也。其下則以三山小銅屏風障金銅炭爐，兩展書官各立其下……
>
> （見《水南翰記》）

這裡所說「講案」和前面所說「寶案」「詔案」都是一種形制，隨着用途而稱它為某案。

文華殿後東室，皇上齋居於此，繪「正心誠意」字，懸於西壁，繪「敬一」字揭之門左右楣，設御榻東壁下，有御屏三曲護焉。西室設新榻為齋宿所。命工繪漢文帝止輦受諫圖懸之左，唐太宗納魏徵十思疏圖懸之右。（見《桂洲集》）

皇帝將有祀典之前，先在宮內齋戒，這裡就是齋戒的寢室陳設。

再入為端本宮，中設皇太子座，畫屏金碧，座左右二大鏡屏，高五尺餘，鏡方而長，左右各有連房七間，門上各有堆紗畫忠孝廉節故事。左七間即寢宮，內有二雕床，餘皆空洞。右七間有雕紅寶座及奧室，其內有弘仁殿，規制曲折，與左不同矣。（見《懿書》）

長方形大鏡屏（明代為木框鑲銅鏡）即俗稱穿衣鏡。宮中正座左右設穿衣鏡，這種陳設格式到清代仍沿襲（改鑲玻璃）。但寢宮設穿衣鏡則可以單一陳設在室內適宜之處，不一定在座左右設一對。這裡所說寢宮設二雕床，是指雕花架子床，雕紅寶座是紅雕漆大椅。

……朝賀畢，錫宴於謹身殿。內使監陳御座，拱衛黃麾仗乃肇執於殿庭如朝儀，設皇太子座於御座東偏西向，諸王座以次南、東西向。殿內設三品以上官座。廡下設四品至九品官座，文東武西，重行異位。和聲郎於殿南楹陳大樂，細樂及諸舞隊。宣徽院陳食案於殿中及東西廡，禮部尚書宣徽使進御食案，侍郎宣徽同知進太子親王食案。（見《明實錄》）

明代前期稱謹身殿，就是清代的保和殿。在殿中大宴，除皇帝仍坐寶座設高案以外，群臣都是席地而坐，地面鋪棕毯。這裡所説「食案」都是高約尺許，長方形和炕桌相似。因為賜群臣宴是隆重的典禮，所以相沿下來仍遵古制，席地而坐，明清兩代都是這樣。清代稱這種桌為「宴桌」。在殿內的都是一人一桌，廡下的二人一桌。

合巹：是日內官先於正宮殿內設上座於東，皇后座於西，相向。置酒案於正中稍南，設四金爵兩巹於案上。候上謁奉先殿還，內侍女官請上與皇后各就更服處。上服皮弁服升內殿。皇后更衣從升，贊請升座，執事者舉饌案飲訖……（見《大明會典》）

這是明代皇帝大婚與皇后合巹宴時的陳設格式，「正宮」指坤寧宮，「上」就是皇帝。明代皇后居坤寧宮和清代坤寧宮的使用不同，清代坤寧宮經常的用途是朝祭、夕祭，只是大婚時皇帝與皇后在坤寧宮東暖閣同居三天，以後即在東西六宮中某一宮居住，所以坤寧宮內裝修間隔明清兩代大不相同（清代坤寧宮內陳設詳見拙著《坤寧宮原狀陳設的佈置》）。明代皇后與皇帝的合巹宴是在明間三楹內，兩個座位之間還有一楹距離，皇帝的座位設在明間的東次間面向西，皇后的座位設在明間的西次間面向東。帝后各自升座以後，鳴贊官説「進饌案」，於是執事的才把兩個饌案舉到帝后的各自面前。「饌案」與前面介紹的「寶案」「詔案」的形制都一樣，就是俗稱「酒桌」「油桌」形式，案形結體的長方桌。帝后用的椅根據明代《宣宗行樂圖》當為交椅。

文淵閣在午門內之東，文華殿南面磚城，凡十間皆覆以黃瓦。西五間中揭「文淵閣」三大字牌匾，牌下置紅櫃，藏三朝實錄副本。前楹設凳東西坐，餘四間背後列書櫃，隔前楹為退休所。李公自吏部進，以旁坐不安，令人移紅櫃壁後，中設公座。予曰不可，聞宣德初年聖駕至此坐，舊不設公座得烏以此耶？李曰：事久矣，今設何妨？予曰：此係內府亦不宜南面正座。李曰：東邊會食處與各房卻正坐如何？予曰：此有牌匾故為正，彼皆無匾故也。李曰：東閣有匾亦正座何必拘此？予曰：東閣面西非正南也。李詞氣稍不平曰：假使為文淵閣大學士豈不正座？烏有居是官而不正其位乎？予曰：正位在外諸衙門則可，在內決不可，如欲正位則華蓋，謹身諸殿大學士將如何耶？蓋殿閣皆是至尊所御之處，原設官之意止可侍坐備顧問決無正座禮。李公方語塞。然意猶未已。逾數日，上遣太監傅恭捧銅范飾金孔子，並四配像一龕來，遂置於中間。又數日遣太監裴當送聖賢畫像一幅來，懸於龕後壁上，乃罷不設座……（見《彭文憲公筆記》）

這裡所說「藏三朝實錄副本」的紅櫃，是屬於「方角櫃」，又稱「一封書」銀朱油櫃。「前楹設凳東西坐」的凳，當為明代一般流行的「四面平式方凳」。「餘四間背後列書櫃」，此種櫃也應是「一封書」式，但非銀朱油做法，故不言「紅櫃」。這裡的陳設格式是這樣的：既然是藏三朝實錄副本，數量當然不少，不可能是一兩個櫃，一定是牌匾下地面排成一列幾個櫃，櫃前需要開櫃門闢櫃門，當然空着不擺坐具，左右各擺一行方凳，這是正中一間。餘四間擺書櫃把房屋隔成前後間，這就是明代文淵閣的室內陳設格式。

二、清代宮殿陳設

清代的太和殿內陳設，正中固定的一組寶座陳設，其餘地面上也是空洞無物，遇朝會臨時設寶案、詔案、表案等。這都和明代基本相同。所不同的是明代中和韶樂的樂懸在殿內，清代則移至殿外簷下。清代皇帝不在太和門御門辦事（明代皇帝在奉天門常朝），改在乾清門，也是臨時設寶座、御案、屏扆。現在舉例說清代宮殿內的陳設。

乾清宮：明代為皇帝寢宮，《宙載》一書曾提到明代乾清宮內有二十七床，陳設在樓上下的特點。可以設想室內的樓上即建築行業的術語稱為「仙樓」。清代康熙時所謂居乾清宮，實際是住乾清宮的東耳殿——昭仁殿。乾清宮已改為內廷受賀、筵宴、引見、召見等等用途。所以陳設也是為這些用途。陳設器物如下：

明殿正中設地平一分。地平上設：金漆五屏風、九龍寶座一分。座上設：紫檀木嵌玉如意一柄、紅漆痰盒一件、玻璃容鏡一面、癢撓一把。座下左右設：銅掐絲琺瑯仙鶴一對，甪端一對、附紫檀木香几、銅掐絲琺瑯垂恩香筒一對。紫檀木金漆香几四件、上設古銅甗四件，銅掐絲琺瑯圓火盆一對。東西板壁下設紫檀木大案一對，上設《古今圖書集成》五百二十套。案下設天體地球各一件，附紫檀木座。銅掐絲琺瑯魚缸一對……（見《道光十五年七月十一日立乾清宮明殿現設檔》故宮博物院藏）

乾清宫東暖閣：

東暖閣炕寶座上設：紫檀木嵌玉如意一柄、紅雕漆痰盒一件、玻璃四方容鏡一面、癢撓一把、青玉靶回子刀一把。左邊設紫檀木桌一張，桌上設：御筆青玉片冊、附紫檀匣，硯一方、附紫檀匣，銅鍍金匣，松花石暖硯一方，青玉出戟四方蓋瓶一件、附紫檀商銀絲座，五彩瓷白地蒜頭瓶一件（大明嘉靖年製款）、附紫檀座，周匏壺一件，竹根筆筒一件、內插筆三支，竹如意一，扇子一，青玉墨床一件，青玉子母獅一件，青玉水盛一件。右邊桌上設：銅掐絲琺瑯爐瓶合托盤一分，定瓷平足洗一件，銅掐絲琺瑯冠架瓶一件。紫檀木箱一對，左邊箱上設：《五體清文》六套，右邊箱上設：《西清古鑒》四套、《續鑒》二套。地下設：銅掐絲琺瑯四方火盆一件，玉甕一件。樓上設：殿神牌位三龕，隨紫檀高桌二張，銅掐絲琺瑯五供一分，銅掐絲琺瑯爐瓶盒一分。黃雲緞桌圍二件，栽絨毯一方。樓下抑齋落地罩內，楠木包鑲床上設：紅雕漆痰盒一件，癢撓一把，青玉靶回子刀。左邊設：紫檀木桌一張，桌上設青玉爐瓶盒一分。右邊設：紫檀木桌一張，桌上設青玉爐瓶盒一分，漢白玉仙人插屏一件、附紫檀座，青花白地瓷瓶一件、附紫檀座，《淳化閣帖》二十四冊，盛於紫檀匣內。年節及尋常鋪設：黃氆氌座褥二件，石青緞迎手靠背二分，衣素座褥二件、隨葛布套，妝緞座褥三件，繡花座褥迎手靠背三分，涼席一領，炕氈一塊。（見《東暖閣陳設檔案，道光十五年七月十一日立》故宮博物院藏）

以上乾清宮明殿是清代皇帝升座引見官員以及內廷朝賀、筵宴的處所。東暖閣則為皇帝召見臣工的辦事處所，所以室內根據用途亦各有特點。下面再引用一座居住后妃的處所。這是西六宮之一，儲秀宮。曾經乾隆的皇后當作寢宮，西太后在懿妃地位時曾經住過，太后時代也住過。最後一代宣統皇后住過。現在引用的檔案是乾隆的皇后，孝賢純皇后居住時遺留的陳設狀況。

儲秀宮前殿明間，地平上設：金黃妝緞座褥一個、隨紅白氈各一塊，地平上鋪栽絨花毯一塊。兩邊設：銅燒古垂恩香筒一對，銅燒古用端一對、隨紅油香几一對，銅燒古爐瓶盒三事。寶座東邊靠板壁設花梨木大案一張，案上設：官窰銅鑲口蓋罐一件、附紫檀座，青綠漢素匾壺一件、附紫檀座，月白瓷海棠式罐一件、附紫檀座。寶座西邊靠板壁設花梨木大案一張，案上設：青綠周女盉一件、附紫檀座，白玉磬一架、附紫檀架，青花白地瓷雙耳寶月瓶一件、附黑漆座。左右靠後簷設：紫檀木雕山水樓台頂櫃一對、隨鎖鑰袋，羊角套頭戳燈二件，羊角香几燈二對。東西板壁上掛宮訓圖掛屏二面。地上設：銅火盆一對、隨銅絲罩。

後殿明間正中靠後牆設：南漆羅漢床一張，紫檀木邊座銅穿衣鏡一架，洋漆椅子六張、隨錦椅墊。東次間：南床上設洋漆小案一張，案上設：金星玻璃四方瓶一件、附紫檀鑲象牙架，藍玻璃四方瓶一件、附楠木座，霽青葫蘆式寶月瓶一件、附花梨座。北邊設楠木格一對，格上設：水仙花玻璃盆景一件、附花梨木座，油珀水盛一件、附洋漆座，銅掐絲琺瑯梅瓶一件、附花梨木座，水晶筆山一件、附紫檀座，宜興掛釉瓷壁瓶一件、附紫檀座，宣窰青花白地單耳花澆一件、附花梨座。藍五彩玻璃瓶一對、附紫檀木座，廠官釉葫蘆瓶一件、附烏木座，均釉瓷虎花插、附黃楊木座，均釉瓷花插一件、附紫檀座，宜興五彩葫蘆一件、附洋漆座，五彩銅桃式壺一件、附紫檀座，水晶雙螭水盛一件、附象牙座，紅花洋瓷罐一件、染紅象牙座，宜興金壽字雙耳瓶一件、附洋漆座，五彩瓷行龍蓋罐、附夾紙座，孔雀石筆抻一件、附花梨座，漢玉獅子一件、附紫檀座，哥釉六角玲瓏爐一對、附紫檀座，水晶雙桃一件、染綠象牙座，菜玉桃式筆洗一件、附紫檀座，墨晶仙人筆山一件、附紫檀座，瑪瑙杯鍍金盤一份、銅蓋珊瑚頂。花梨木案一張，案上設：廠官釉蒜頭瓶一件，洋銅方鼎一件、花梨木蓋座嵌玉，洋瓷花瓶一件，內插瓷珐瑯如意一柄、附紫檀座，南漆面斑竹杌子二張、隨錦墊。東進間，南床上設洋漆小格一對，格子上設：青綠雙耳爐一件、花梨蓋座嵌玉，牛油石插屏一件、附紫檀木座，漢玉花插一件、附花梨座，定窰碗一件、附花梨座，豆青瓷菊花碟一件、附夾紙座，汝釉瓷罐一件，附紫檀座，古銅爐一件、附花梨蓋座嵌玉，西洋《海蛤譜》四冊，填漆案一張。西次間靠後牆設花梨木雕龍頂櫃一對，隨鎖鑰袋四分。西進間，面東寶座上設：御筆金字小圍屏一架，五彩龍黃錦迎手靠背座褥一份、隨黃白氈各一。坐左邊設洋漆小櫃格一件，格上設《御製詩圖》一冊、黃楊木香几一件，几上設：銅鰍耳爐一件、附花梨座，紫檀匙箸瓶一件、隨銅匙箸，洋銅香盒一件、附紫檀座，洋漆格子一件、附紫檀座，青花白地瓷插瓶一件，附夾紙座，銅香爐一件、銅座，黃玻璃八角瓶一件，白玉蓮花籃一件、附紫檀木架，水晶硯山一件、附紫檀座，壽山石羅漢一件，柏木嵌玻璃套盒一對，纏絲玻璃花澆一件、附黑漆座，青綠獸耳腰圓爐一件、附紫檀座，琦壽長春白石盆景一件、附花梨座，白石盆一件、附紫檀座，玲瓏綠瓷罐一件、附紫檀座，霽紅瓷花瓶一件，青花白地瓷瓶一件、附錦座，玻璃花卉插屏一架、紫檀邊座。左邊設：銅珐瑯嵌青玉花籃一件、附紫檀座，楠木痰盒一件，洋漆格子一件，上設象牙西洋盒一件，白玉璧一件，青綠小雙環瓶一件、附紫檀座，銅香爐一件、附楠木座，珊瑚龍一件、附牙座，豆青瓷蓮蓬口花插一件、附紫檀座，玉連環葫蘆式仙人壺一件、附紫檀座，銅掐絲琺瑯膽字鼎一件、蜜蠟頂，英石山一件、附紫檀座，青花白地瓷獅子一件、附花梨座，綠花套紫花玻璃瓶一件、附紫檀座，芝仙福壽瓷景一件、附紫檀座，青花白地瓷盆一件、附花梨座，汝釉雙耳爐一件、紫檀蓋座嵌玉，銅鼎爐一件、銅座，硃砂石一塊、附紫檀座。花梨鑲洋漆桌一件，桌上設：銅爐一件、附銅座，銅掐絲琺瑯寶月瓶一件、附紫檀座，紫英石山子一件、附花梨木座，霽紅瓷瓶一件、附洋漆座。黑漆翹頭案一張，案上設：青綠三足鼎一件、花梨蓋座嵌玉，玻璃插屏一件、花梨邊座，均釉三陽開泰瓶一件，內插紫檀嵌玉如意一柄、洋漆座。地下設銅火盆一對。（見《儲秀宮陳設檔，乾隆二十一年十一月日立》原藏故宮博物院，現藏第一歷史檔案館）

現在儲秀宮的室內外不僅陳設完全不同，從拆除儲秀門、增築遊廊到內外簷裝修都完全變樣。根據檔案同治大婚、儲秀宮定為皇后寢宮，當時油飾和裱糊的活計還可以說明舊儲秀宮還沒有變樣。至於變成現狀，是西太后五旬萬壽時改造的。在此以前東西六宮的格局都是大致相同的。每一宮的前正殿都是明間三楹，東西進間銀朱油板壁，樑柱亦油飾彩畫，上有天花板。陳設如本文所引陳設檔。後殿為寢宮，雖然陳設具體器物不同，格局亦大致相同。又因為現存東西六宮陳設檔以此部檔年代最早，所以選擇此檔是有代表性的寢宮面貌。

下面引用一段清代苑囿的室內陳設狀況記載。選擇這一處是讀者熟悉的地方，就是現在北海公園內仿膳飯館佔用的那座古建築物，清代西苑的漪瀾堂。乾隆十八年御製題漪瀾堂詩：

漪瀾堂，在瓊島之北麓，略仿金山規制為之。俯液池，瞻穹塔，覺水態雲容來參幾席，更不與江天別同異矣。

勝跡遙思瓊島陰，每因餘暇一登臨。

雲樓高下現浮玉，春樹參差吐鬱金。

出浪魚喁披錦縠，入松風籟譜瑤琴。

漪瀾匪慕滄浪意，舟水民情靜會心。

這裡是乾隆皇帝常來盤桓的處所。陳設如下：

漪瀾堂明間面北設楠木包鑲床一張，上鋪紅白氈二塊，紅猩猩氈一塊，籐涼席一領，香色緞邊黃地紅花氈一塊，石青緞邊紅錦緞座褥靠背迎手一分，隨葛布套一分，黃緞堆花座褥一分，紫檀嵌玉如意一柄，玻璃容鏡一面方琮畫，填漆痰盒一件，回子刀一把、鐵鞘嵌松石珊瑚。左右設紫檀炕桌一對，左案上設：實錄內摘出清語一套，官釉銅鑲口紙槌瓷瓶一件、附紫檀座，墨一匣。右案上設竹筆筒一件、附紫檀座，內插紫檀嵌玉如意一柄、筆二支、扇一柄，漢白玉水盛一件、附紫檀座，青玉硯一方、附紫檀座，白玉墨床一件紫檀座、朱一錠，青花白玉獸耳吉利瓶一件、附紫檀座。床上後面設御製白塔山北面記圍屏一座，八扇。床罩外左右掛黑漆金字掛對一副。地下安銅掐絲琺瑯爐鼎一對、附紫檀座。

東次間面西設楠木包鑲床一張（上鋪同前楠木包鑲床上的鋪設和器物，從略）。左右設：填漆小豎櫃一對，紫檀邊波羅漆炕桌一對。左案上設：紅花白地瓷冠架一件、附紫檀座，《御纂春秋直解》二套，哥窰瓷葵瓣盤一件、附紫檀座。右案上設宋黃庭堅像硯一方、附紫檀匣，青玉墨床一件、朱一錠、附紫檀座，哥窰瓷水盛一件，珊瑚匙、紫檀座，錢維城臨蘇軾尺牘冊。西次間罩內掛紫檀邊掐絲琺瑯掛屏一對。

東裡間面東設楠木包鑲床一張（上鋪同前楠木包鑲床上的鋪設器物，從略）。地下面西設紫檀邊鑲木硝石琴桌一張，桌上設平定兩金川大功告成冊。地平鋪黃地紅花羊毛毯一塊，刎做。

西裡間面東設楠木包鑲床一張（上鋪同前楠木包鑲床上的鋪設器物，從略）。紫檀炕案一張，案上設紅花白地瓷冠架一件、附紫檀座，紫檀長方匣一對，內盛烏木邊骨畫扇二十柄、董誥字，棕竹邊金面字畫扇二十柄、王傑字。案下設御判詩冊。紫檀炕案一張。案上設自鳴鐘一架，欽定淳化閣帖二匣十冊。地下鋪黃地紅花羊毛毯一塊。左右設銅火盆一對、黑漆木架。

西進間面南設楠木包鑲床一張（上鋪同前楠木包鑲床上的鋪設器物，從略）。左右設紫檀格一對。

格上設《大清會典》四套，《大清會典事例》十四套。地下設紫檀案一張。案上設青綠蝠雲三足鼎一件、紫檀蓋座嵌玉頂，青花白地瓷撞罐一件、紫檀座，霽青白花瓷梅瓶一件、附紫檀座，《欽定舊五代史》一部四套。地罩外面東設銅掐絲珐瑯長方火盆一件，有蓋，紫檀座，玻璃畫孔雀掛屏一件，紅雕漆繡墩四件、隨綠繡花墊。地面鋪黃地紅花羊毛毯一塊。南裡間面東設楠木包鑲床一張（上鋪同前楠木包鑲床上的鋪設器物，從略）。玉鳩竹杖一支。東邊設紫檀小炕案一張，案上設紅花白地瓷冠架一件，附紫檀座，《御製白居易新樂府》二函，《御製全韻詩》二函。案下設《御製全韻詩》五冊。地下設紫檀邊癭木心琴桌一張。桌上設《延清堂帖》二套，哥窰雙管瓶一件、附紫檀座，紫檀葫蘆盒一對，內盛墨二錠。地下設三足銅火盆一件，黃地紅花羊毛毯一塊，通油綢夾簾一架，皺綢硬簾一架，掛燈三對，石青緞簾刷一件，桌燈二對。院內左右安銅掐絲珐瑯長方爐一對、附石座，燒古銅獸耳雙環瓶一對、附石座。（見《漪瀾堂陳設檔，嘉慶十二年三月日立》原藏故宮博物院，現藏第一歷史檔案館）

清代宮殿內陳設資料甚為豐富，現在選擇外朝、內廷、寢宮、苑囿幾種類型，來說明主要的陳設面貌，另外也有些室內陳設是極其簡樸的，如乾清宮院內的上書房、南書房，不但沒有什麼珍貴器物陳設在几案上，桌椅等家具也一般化，例如乾清門外的軍機處、九卿房及內務府大臣值房等處，都是榆木擦漆的方桌、方凳、炕桌和藍布炕墊、桌套、粗木盛盤等等簡單的用具。當然值房不代表宮殿的陳設面貌。

以上史料，可以看出明代的宮殿內陳設比較開闊疏朗。清代的幾種類型陳設都比較擁擠。固定位置的陳設，也比較多起來。明代有關資料都很少記載桌案上的器物，這並不等於桌案上不陳設器物，因為這些資料性質和清代陳設檔不同，但可以肯定明代宮殿內陳設不僅桌案椅凳陳設疏朗，几案上擺的器物也不多，因為明代第宅室內陳設也是疏朗的風格。如《長物誌》載：「几榻俱不宜多置」，「臥室榻前僅置一小几，不設一物」。宮內和宅第中的陳設，其時代風格還是一致的。清代宮殿內陳設，除大殿外，其寢宮和苑囿部份室內不僅固定陳設多起來，而且還有不少特色，例如圍屏固然照舊製造和使用，但同時也發展成為固定安裝的碧紗櫥當作隔斷板牆使用。拔步床、架子床也照舊製造和使用，但同時也發展為固定安裝的落地罩木炕，即本文引用的乾清宮東暖閣、儲秀宮、漪瀾堂檔案中所謂楠木包鑲床、寶座床，這是清代室內裝修的一大發展。這種室內裝修在清代第宅也是流行的。總之宮殿陳設和宮牆外面的風尚必然是相互影響的。落地罩木炕在宮中和第宅中只是在鋪設上有所不同。在宮中的木炕多鋪設獨坐的靠背座褥。所以又有寶床之稱，而第宅中都是雙坐的。從上列寢宮和苑囿的室內來看，固定安裝的落地罩木炕每一間屋都有，木炕的使用量很大，所以陳設的家具物品、炕桌、炕案、炕几、炕櫃、炕格、炕屏等，製作量很大，這也是清代宮中和宅第陳設的特點。

太和殿的寶座

太和殿，正中設須彌座形式的寶座。寶座的正面和左右都有陛（即上下用的木台階，俗稱「搭垛」），寶座上設雕龍髹金大椅，這就是皇帝的御座。椅後設雕龍髹金屏風，左右有寶象、香筒、甪端等陳設。寶座前面在陛的左右還有四個香几，香几上有三足香爐。當皇帝升殿時，爐內焚起檀香，香筒內插藏香，於是金鑾殿裡香煙繚繞，更為肅穆。（見圖輯一）

一九一五年，竊國大盜袁世凱篡權稱帝的時候，把殿內原有的乾隆帝所題匾額「建極綏猷」以及左右聯「帝命式於九圍，茲維艱哉，奈何弗敬」「天心佑夫一德，於時保之，遹求厥寧」盡都拆掉；把雕龍髹金大椅也不知挪到何處去了。椅後的雕龍髹金屏風還保留下來，在屏風前面安設一個特製的中西結合、不倫不類的大椅，椅背極高，座面很矮。據說是因為袁世凱的腿短，但又要表現帝王氣派，所以採用西式高背大椅的樣式。在椅背上還有個袁世凱設想的帝國國徽。這個所謂的國徽是一個直徑約二尺的圓光，用白色緞製成，在上面用彩色絲線繡成古代十二章的圖案。這塊白色緞年久漸漸斷裂，裡面露出的填塞物卻原來是稻草。

一九四七年，故宮博物院接收前古物陳列所，把袁世凱這個繡花草包大椅撤去，打算換上清代製造的龍椅，但選擇了幾個，都和後面的雕龍髹金屏風不協調，並且尺寸太小，與太和殿的宏偉氣派不相稱。太和殿原來的龍椅究竟是什麼樣式？原物還存在與否？當時還是個疑問。

一九五九年，我在一張光緒二十六年（一九零零）的舊照片上，看到了從前太和殿內的原狀。於是根據這張照片進一步查找，終於在一處存放殘破家具的庫房中，發現一個殘破的髹金雕龍大椅。它有一個圈椅式的椅背，四根圓柱上承三龍作弧形，正面高，而兩扶手漸低，正面兩柱各蟠一龍。椅的背板平雕陽紋雲龍，座面與底座相連。底座是一個寬約五尺、深約二尺餘的須彌座。這個龍椅沒有椅腿的形式，通背高約四尺，從髹漆的方法和雕龍的造型來看，應該說是明代製作的，很可能是明嘉靖時重建皇極殿後的遺物。清康熙時重修太和殿，這個龍椅經修理後繼續使用，一直到袁世凱時代才被撂出去，以致弄得非常破爛。

一九六三年，故宮決定修復這件龍椅。未修之前，先拍攝龍椅的整體和各個細部的照片，再洗去污垢，辨認它的做法。凡短缺的構件，都一一配製。寧壽宮內有一個龍椅，是乾隆年間完全仿照太和殿龍椅製作的，唯有龍頭的造型帶有清代的風格。另外，發現一幅康熙帝的朝服像，皇帝所坐的正是太和殿上的這個龍椅。於是寧壽宮內的龍椅實物和這幅康熙帝畫像就成為修復工作者的重要參考資料。在整整一年之內，木活、雕活、銅活共用七百六十六個工日。到夏天伏雨潮濕的季節，由油工名手做油漆後，粘金葉。一九六四年九月，全部竣工，各工種共用九百三十四個工日。

太和殿的寶座這個明代的龍椅修配完整以後，形體非常美觀，椅背兩柱的蟠龍十分生動，特別是組成背圈的三條龍，完全服從背圈的用途，而又不影響龍的蜿蜒挐空姿勢。椅背採用圈椅的基本做法，座面下不採用椅腿、椅撐，而採用須彌座形式，這樣就兼顧了龍形的飛舞和座位堅實穩重的風格。

這件龍椅修復後，陳列到太和殿的寶座上，便與雕龍髹金屏風渾然一體。只有原來的匾聯不知當時被丟到何處，已無法恢復了。

坤寧宮原狀陳列的佈置

坤寧宮是明清兩代皇后的中宮。明代皇帝住在乾清宮，所以坤寧宮是皇后的寢宮，一六四四年李自成領導的農民起義軍攻克北京時，崇禎的皇后（周皇后）就是在坤寧宮自殺的（見《明季北略》）。到了清代，因為皇帝辦公地點從外廷移進內廷的乾清宮，寢宮西移養心殿，所以坤寧宮也就成為形式上的中宮了。皇后可以在東西六宮隨便選擇一處居住，只有在皇帝大婚時才在坤寧宮和皇帝住上兩天（見《翁文恭公日記》）。清朝的皇帝在即位以後才舉行婚禮的，有順治、康熙、同治、光緒四朝。而根據《大清會典》能肯定皇后曾經在坤寧宮住過的，只有康熙、同治、光緒三朝。此外，辛亥革命以後，溥儀舉行婚禮時也曾在這裡住過。

除了婚禮之外，清代歷朝的皇后在元旦、冬至和她的生日（叫作千秋），率領貴妃等去朝見太后和皇帝禮畢在坤寧宮休息，再到交泰殿升座，受妃嬪們的朝賀（見《國朝宮史》）。坤寧宮經常的用途是祭神。每日朝夕祭、春秋大祭、求福祭、十二月二十三日祭灶等（見《大清會典事例》），都在坤寧宮的明間舉行。

坤寧宮雖然基本上是明代的建築，但在清代有很大改動。明代坤寧門在清代順貞門的地方，今天的坤寧門在明代是一道圍廊叫「遊藝齋」，與御花園相接（見《垣宸識論略》）。至於清代坤寧宮的室內格局，則完全依照瀋陽故宮裡清寧宮的樣子（見乾隆《御製詩集》坤寧宮銘），保存着一部份滿民族的風俗習慣。室內順着山牆，有前後簷通連的大炕，窗紙糊在窗欞外面，在炕上祭神，在炕沿鼻柱上掛着弓矢，這些，和明代坤寧宮的室內裝飾當然不會相同。

一九五九年，坤寧宮佈置了原狀陳列，這裡把佈置經過和陳列依據，作一簡單的介紹。

坤寧宮共九間，除東西兩間為過道之外，室內七間。七間又可以分為三個單元，中間一個單元包括四間，是祭神、吃肉的地方；東面一個單元包括兩間，即所謂坤寧宮東暖閣，是起坐的地方；西面一間是存貯佛亭的地方。

這次佈置的經過，是先研究資料，如一九二五年三月十五日清室善後委員會刊行的《故宮物品點查報告》、內務府廣儲司所存的坤寧宮陳設檔、乾隆年間纂修的《滿洲祭天祭神禮》，以及《大清會典事例》《內務府辦事則例》等等清代官書和清室善後委員會時期拍攝的一部份現場照片，並向曾經在坤寧宮吃過肉的老先生進行了訪問〔我們曾經特請文史館的衡亮先生到院參加意見。衡先生曾經當過清朝的御前侍衛和都統等職，當年他每隔幾天在月華門值宿。他說：「每逢值宿的日子到五更天的時候，就聽見乾清門有太監喊『請大人們吃肉』，當時的習慣語是『叫肉』。所有乾清門的侍衛進來到坤寧宮門口領肉。那時候我是伊立答（滿語即站班的頭目），還有幾個御前的和卓欽（即侍衛中管理蒙文翻譯事）、太醫院值班的，共六人。進門來，從南窗下每人拿一塊毯墊（白心紅邊），地當中有一燈架子（現在尚在坤寧宮），在燈前放下墊子，向西一叩首，坐下。有太監給拿出一盤整方的肉，另有一人給盤內撒一把細鹽，用手來撕吃，吃完把盤子一舉，就有太監接過去，倘願意再要也可以。」這是他談每日吃肉的情況。」結合這些資料，對坤寧宮以往的收藏物品進行了研究之後，才進行佈置。

一、東暖閣的陳列

東暖閣最主要的用途是帝后合巹。清代皇帝婚禮，極盡鋪張浪費之能事，內務府對於婚禮所置辦的物品，其費用往往幾十倍於市價。（據衡亮先生談：同治大婚時，內務府堂郎中文索曾經把價值不過數千兩的紫檀龍櫃，開價十萬兩。）室內的鋪陳，最足以說明這個問題。我們佈置清代皇帝婚禮期間的原狀時，首先對東暖閣的室內環境和固定的裝置進行研究。東暖閣為敞兩間，前簷通連大炕一座，後簷落地罩木炕每間一座，落地罩上面仙樓二間。據康熙四年禮部奏折，內有「……今奉太皇太后懿旨，中間合巹與神幔甚近，首間次間雖然間隔尚是中宮之正間內北炕吉」，顯然，中間即指正中有「坤寧宮」匾額的一間，首間即指有煮肉鍋灶的一間，次間的北炕，是指東暖閣靠西邊的落地罩炕而言。又查會典載同治、光緒大婚一切具照康熙四年成案辦理，可見從康熙時起這一個北炕就是這個用途。

從清室善後委員會《故宮點查報告》第二冊（坤寧宮部份）上面可以看出，在這個炕的範圍內有「紫檀雕龍鳳炕几二張，紫檀雕龍鳳雙喜字桌燈二對，紅呢炕罩一件，黃氆氇炕墊一件」等物品。雙喜字桌燈應該是婚禮時用的，龍鳳炕几應該是平時和婚禮時都有的陳設，至於黃氆氇炕墊則僅僅是平時的鋪陳（這件炕墊早已不存在）。根據清代宮廷陳設的慣例，每一處所的陳設品，有些是長期的，有些是逢年過節才安設的，包括一些緙繡織錦的炕墊座褥等等在內，它們有的存貯在本宮，有的收貯在廣儲司所屬的各專庫內，至於不常用的地方，陳設物品根本不齊全。《故宮點查報告》雖然是很好的參考資料，但也不能受它的局限，例如坤寧宮所有原存的物品中，根本沒有適合這個北炕的炕褥，我們在庫房中找出了與這個北炕尺寸正合的大紅緞繡龍鳳雙喜字大炕褥一件，褥裡有布條寫着「東暖閣北大炕」字樣，從質料圖案風格等方面可以斷定這件炕褥是清代晚期的製品，是為同治或光緒婚禮所特製的。同時選擇了與此同一風格的大紅緞繡百子圖大座褥兩件，正適合前簷大炕在炕桌兩邊的尺寸。這三件褥子，可以表現婚禮當時的舉行情形。

自道光十五年至宣統二年，共有七冊時期不同的坤寧宮東暖閣陳設檔，可以看出東暖閣的陳設，前後大致沒有多大變化，只是在舉行婚禮時加上一整份大紅繡龍鳳雙喜百子等圖案的座褥炕墊帳幔地衣及喜字燈籠等物品。陳設檔上所載的物品和清室善後委員會點查報告上的登錄，大部份是相符的。例如前簷大炕東西牆上蔣廷錫和顧銓的畫、案上的白玉盤、琺瑯爐瓶盒（底有乾隆年製坤寧宮第一份十字款）、紫檀木嵌玉如意（柄上乾隆隸書嵌金絲坤寧宮銘）、案下的潮州扇、玻璃四方容鏡、雕漆痰盒、竹帚以及牆上掛的鑰匙口袋，自道光至宣統，一直是這些擺設，它們都是乾隆年間製品，結合牆上乾隆的題詩，這個陳設形式可以上溯到乾隆時代，不過我們所能找到的檔案依據，最早只能及於道光而已。在點查報告上雖然這些物品不是像陳設檔上那樣集中而又有次序，但物品都還存在，這些陳列品都曾經對照過幾種史料，彼此都沒有矛盾。

有時，材料之間也不盡一致，例如關於北牆的東一個炕，《故宮點查報告》和七冊陳設檔上的記載都不同，前者說是雙座，後者說是「紫垣內正寶座」，但是我們認為原狀陳列應當按照長時期陳設檔上設正座的形式，所以雖然《故宮點查報告》上記載得很確切，還有溥儀佔居宮內時拍攝的照片為證，可是為了符合比較長久的陳設情況，就仍設正座，並且在北牆上恢復了坤寧宮銘的掛屏和幾部書以及陳設（根據歷年陳設檔，這裡有《盛京輿圖》《經史講義》《敬勝齋法帖》等書帖和陳設。這顯然是為皇帝準備的）。又有一部份物品是陳設檔上所未載，而點查報告上所記載的物品和它的部位，都合乎歷史情況的，例如炕沿鼻柱的大銅釘上掛着一份弓箭撒袋，雖則不是為了實用，但和坤寧宮的很多從生活實用品變成的象徵性陳設品是協調統一的，因而還是擺上去。

二、明間的陳列

明間的原狀陳列，可以有兩個方向：一為表現白天無所活動的狀況，一即表現各種祭神禮節中之一種，現在陳列的屬於後一種。在各種祭神禮中從所掌握的物品來考慮以表現每日朝夕祭為宜，但朝夕二祭不能同時進行，所以只表現朝祭。而夕祭神位平時就在北炕上，陳設的物品也可以同時存在。（有些器物是舉行祭祀時才陳設出來的，平時則撤收，有些器物則是固定的。）

朝祭的佈置：故宮博物院從前有一個時期所陳列的坤寧宮祭神狀況有個總的缺點，就是既非白天的狀況，又不是祭時的狀況，現在的佈置是根據乾隆十二年《欽定滿洲祭神祭天典禮》卷二坤寧宮常祭儀注、坤寧宮常祭祝辭、卷五祭神祭天器用數目、卷六祭神祭天器用形式圖的記載，對原藏坤寧宮的物品和原祭神庫物品加以研究核對，有些物品已殘缺不堪無法修復，例如「鑲紅片金黃雲緞神幔」和「背燈青綢幕」已經腐朽污損，則保存原件，用複製品陳列。

還有一些陳設，如：省豬（即殺豬）包錫紅漆大桌，按制度應為兩件（因為每次同時殺兩隻豬），但藏品只發現一張，原因是辛亥革命以後，每次改用一隻豬（據衡亮先生口述），所以多年來只剩下一張包錫紅漆大桌了。朝祭神位所供的，據《滿洲祭禮》載，為釋迦牟尼（在髹金小亭內）、菩薩像、關帝像（畫像軸掛神幔上），現在僅存關帝像一軸。據《滿洲祭禮》載，「禮畢司香太監撤菩薩像，位關帝像於正中」，這時才開始殺豬。現在陳列的狀況是炕前有兩高桌，擺着盛豬的銀裡木槽盆，從供品前後次序說明豬肉擺上來之後，菩薩像當然是已經撤收了，所以現在朝祭神位的陳列中，只在神幔正中掛關帝像，和炕前的銀裡木槽是一致的。

夕祭所供的神根據《滿洲祭禮》卷二夕祭儀的記載：「穆里罕神，自西按序供奉架上，畫像神安奉於神幔正中，設蒙古神於左，皆於北炕南向。」從卷六「器皿形式圖」供奉古神連靠黑漆座的圖式和各種文件上都記載着蒙古神列於最末，可以斷定原存北炕的連靠黑漆座上的兩個綢製偶像就是蒙古神。《清史稿》禮志第四解釋坤寧宮夕祭祝辭中「喀屯諾延為蒙古神」，所以這兩件偶像現在就定名為喀屯諾延。在供夕祭神位繪花黑漆抽屜桌中原有畫像一軸，當即是畫像神。內容為七個盛裝女子端坐椅上，上有飛鵲二隻，下有清代服裝的供養人二人。夕祭祝辭中有「納丹岱琿」，《清史稿》禮志和《國朝宮史》解釋納丹岱琿為七星之祀，這個畫像神是七個女子，可能就是納丹岱琿。至於穆裡罕神，估計原來可能是牌位而不是畫像，在藏品中尚未發現此項物品。

煮肉蒸糕鍋灶部份的佈置：這一部份在正間之東的首間（即對着門的一間）向南的隔扇內。灶上有大鍋三個，兩隻豬各佔一鍋，另一鍋蒸切糕。

灶的北窗櫺上掛着煮豬用的鐵鈎、鐵勺、鐵鏟，窗台上放着照明用的鐵板燈、木板蠟台。東牆上設着「東廚司命灶君之位」的木牌。隔扇外靠東牆設着「盛淨水瓷缸」二件，放在紅漆缸架上，兩缸架之間放着一塊圓形石頭，叫作「打糕石」。據《滿洲祭禮》卷五解釋，打糕是「以稷米蒸飯，置於石，用木鎯頭打爛」，是粘糕一類的食物。

關於寶座的佈置，《嘯亭雜錄》載：「大內於元旦次日及仲春秋朔，行大祭神於坤寧宮。欽派內外藩王、貝勒、輔臣、六部正卿吃祭神肉。上（指皇帝）面北坐……」《嘯亭雜錄》的作者是乾嘉時代的人，可以知道在那個時代以前，皇帝坐在南窗大床，面朝北。又據《曝直紀略》：「每年坤寧宮吃肉三次，樞臣皆與（按：指的是大祭，這和每日常祭只有少數侍衛參加吃肉的情況不同）。兩宮祭神畢，太后坐北床，皇上坐南床，如太后不御坐則皇上坐北床。」從這個材料知道到了同、光年間，除了南床上安設座褥靠背隱枕一份寶座以外，在北床上又增設一份。這次陳列是按這種形式來佈置的，坐北面南的一份最初曾經設在正間，後來經過文史館衡亮先生提供照片核對後才改陳在西一間。還有南北兩份寶座各安設銅座牛角燈兩個於座褥左右，也是參考照片佈置的。

綜言之，坤寧宮原狀陳列所表現的時間是包括清朝整個朝代的。在東暖閣內具體地表現同治、光緒婚禮期間內的狀況，但並不排斥乾嘉以來遺留下來的陳設品。在明間內具體地表現舉行朝祭的狀況，這是坤寧宮從有祭神活動以來的原狀，同時也不排斥同治以後南北對面設兩份座位的狀況。我們從一切能夠找到的可靠史料中選擇適當的內容，把原地點歷史上積累下的室內陳設面貌，重新復原了。這次佈置故宮中路的原狀陳列自太和殿至坤寧宮都是在這種情形下進行的，這種陳列的方法，是否正確，希望得到各方面的指正。

咸福宮的使用

紫禁城內東西六宮在明代是妃嬪居住的地方，到了清代則后或妃嬪們都被指定居住在東西六宮的其中一個宮內。屬於西六宮之一的咸福宮，建於明永樂年間，原名壽安宮，嘉靖十四年改為咸福宮。清康熙二十二年重修。建築形式是：宮牆、琉璃門，院中有影壁門一座。前正殿三間，廡殿式，前有露台。前簷隔扇門，隔扇窗坎牆。後簷中間為隔扇門，左右是後簷牆。室內：頂有海漫天花，樑棟均彩畫，柱髹朱，後金柱中間屏四扇。東西配殿各三間，硬山式，外簷裝修與正殿同。後殿五間，硬山式，前簷中為隔扇門，簾架，左右各二間均為坎牆，支摘窗，後簷牆無窗。室內：前後簷柱間均安裝排叉落地罩，罩內均有木炕。中一間左右碧紗櫥，東間為兩暗間，西間為兩明間。頂棚白搪篦子糊紙。東西耳房各三間，有院。東西配殿各三間，外部與後正殿同。

咸福宮的建築形式，大體上還保持着明代風格，後正殿內部則為清代中期的狀況。東西六宮，凡未經改建的宮，都是差不多一樣的形式。

據《國朝宮史續編》載：「咸福宮，前殿恭懸高宗純皇帝御筆匾曰『內職欽承』。東壁懸汪由敦書《聖製婕妤當熊贊》，西壁懸《婕妤當熊圖》。」中間設寶座、地平、屏風。這個類型的室內陳設，在乾隆時期東西六宮的前正殿都是如此。這一格局說明前正殿都是為本宮所居住的后或妃，遇有應行的禮節時在此升座，而不是當作寢室。東西六宮在當時都是以後殿作寢室。但後殿也有例外，據《國朝宮史續編》載：「咸福宮後殿恭懸高宗純皇帝御筆匾曰『滋德含嘉』。東室恭懸高宗純皇帝御筆匾曰『琴德簃』。西室高宗純皇帝御筆匾曰『畫禪室』。」《石渠寶笈》的「畫禪室」卷內著錄這裡所貯存的王維《雪溪圖》、米元暉《瀟湘白雲圖》等，都是董其昌畫禪室舊藏，所以西室取名「畫禪室」。和東六宮的景陽宮後殿貯存宋高宗書《詩經》、馬和之畫《詩經圖》取名「學詩堂」的安排一樣。董邦達所繪墨筆《畫禪室圖》立幅，上有乾隆跋語，也提到董其昌舊藏法書名畫都收貯在咸福宮。這幅畫就掛在西室。有了這樣的安排，則咸福宮在當時就不可能分配給某妃居住，而是當作皇帝自己偶然來起坐的處所了。這是乾隆時期的情況。

《東華續錄》載：「嘉慶四年，上居咸福宮苫次。」這是乾隆死後，嘉慶住在這裡守孝。嘉慶四年諭旨：「二十三日住咸福宮，不必設床，仍鋪白氈燈草褥，俟二月初三日、初滿月大祭禮畢，再行設床。」嘉慶四年己未，《御製春日咸福宮詩》寫道：「春氣年年好，今春只覺悲。臨風時颯淚，觸目總淒淒。鳳律驚頻換，龍髯恨莫追。敬恭守遺訓，此志永無移。」

此後，道光的詩集裡有一首《居咸福宮悲述詩》，註云：「嘉慶四年皇考居此宮，記曾隨侍。本日大祭禮成，還至禁城，亦復居此……」道光也住過咸福宮，為他父親守孝。後來道光死了，咸豐也在這裡守孝，孝滿以後，還有時在這裡起坐辦事。根據咸福宮後殿同道堂現存的室內裝飾、室內原存物品以及檔案，都可以說明咸豐時代的情況：

1. 咸福宮後殿門額有咸豐御筆「同道堂」三字。咸豐御筆，還有明間正中的「襄贊壼儀」，代替了乾隆御筆「滋德含嘉」；東次間的「譯經粹室」，代替了乾隆的「琴德簃」，以及東進間的「克敬居」等匾額。牆上除了嘉慶道光時代董誥、朱珪等人寫的帖落以外，東次間板壁上有咸豐元年恭親王奕訢寫的杜詩《秋興》八首大橫幅。其餘全部隔扇心百餘幅，都是咸豐時代的親王、大學士、軍機大臣，如奕誴、翁心存、朱鳳標、許乃普、賈楨等人寫的。

東進間的「克敬居」楠木匾額，刻楷書漢、滿文，填藍色。填藍色字當然是守孝期寫刻的。奕訢寫的《秋興》八首橫幅上面，署款為「辛亥閏八月臣奕訢奉敕敬書」。從故宮各處牆上遺留的貼落來看，有這樣的規律：凡妃嬪們住所，不會出現「奉敕敬書」字樣，並且只是南書房的翰林們寫的居多，或者是不署款的修書處寫字人所寫，不會出現親王、大學士、軍機大臣們集合起來寫貼落的現象。如果有的話，都是出現在皇帝住處或皇帝、皇太后經常起坐的地點。又如這裡咸豐寫的「克敬居」以外，其餘全部是用朱紅描金箋、明黃蠟箋，這說明咸豐守孝期滿以後還經常住在這裡。

2. 在檔案中有：「咸豐元年八月二十九日，陸續上安咸福宮後殿鋪陳檔」、「咸豐二年三月初八日，小太監楊如意傳旨入帳」的陳設物品二百餘件。「八月初三日，上（按指咸豐）交咸福宮水墨山水人物畫掛軸，董邦達恭繪款，掛在後殿西山牆」。這一幅畫就是乾隆時董邦達畫的《畫禪室圖》。從這些檔案內容可以看出咸豐時同道堂的陳設。

3. 同道堂原存物品中，有一紫檀匣，匣內有咸豐元年、三年、七年等不同年月的朱批奏折，都是當時「留中不發」之件。其中比較突出的有左都御史朱鳳標參劾琦善的奏折，事由是列舉琦善的罪惡，建議不應再起用。還有朱鳳標、許乃普等主戰派，為抵抗英法聯軍進攻大沽時列舉各項切實可行之辦法。這些意見都未被採納。據「起居注」咸豐十年八月載，「乙巳，上在咸福宮後殿傳膳」、「詣圓明園」、「啟鑾幸木蘭」等語。這是英法侵略軍佔領北京的前夕，咸豐還曾在同道堂傳膳，並決定逃走。

從同道堂原存的物品，還可以看出慈安、慈禧太后和同治奉咸豐帝梓宮回京後，曾在這裡住過的跡象。例如，這裡原存的折匣中，有咸豐十一年十一月十二日、十二月初二日頒發諭旨的稿，鈐「同道堂」和「御賞」二小璽，用藍印色。這正是十一年七月咸豐臨死前給慈安、慈禧作為代替朱批的小璽。同道堂內還有鈐「慈禧皇太后御筆之寶」的楹聯。東進間前簷炕窗台檻柱上掛的朱紅箋春條，墨筆楷書「璇闈介福」，背面寫着「同治七年戊辰元旦同治御筆」。西進間前窗同樣位置掛着朱紅箋春條，墨筆楷書「千歡萬悦」，背面寫着「同治十年辛未元旦同治御筆」。

從「璇闈」這一類字樣，證明是同治給母親寫的。這裡原存的大櫃中還有兩軸「行樂圖」，都是梳兩把頭、穿敞衣的青年婦女像，本幅上鈐「同治尊親之寶」。從寶文的稱謂可以證明這兩幅行樂圖，一幅是東太后像，一幅是西太后像。這一系列情況，說明同治初年「兩宮垂簾」期間，兩宮曾在這裡住過，或者是常在這裡共同商量事務。

從同道堂室內遺留的物品來看，同治以後這裡已不再有人居住。據《故宮物品點查報告》所載：一九二四年溥儀出宮後清室善後委員會派人到現場點收時，室內堆滿了大木箱，裡面裝的是各種皮衣和皮筒子。室外的狀況是，窗戶上安裝有帶銅鈴的鐵絲網，很顯然晚清時期這裡已作為皮衣庫使用，前殿則堆滿了桌椅箱櫃等物。

慈禧聽政為什麼要「垂簾」

《文史知識》編輯部轉來讀者的信，問：「清代西太后聽政為什麼要垂簾？」

太后臨朝的故事，最早是前漢高后，不過《漢書》上沒有提到垂簾二字。「晉康帝崩，穆帝即位，時年二歲。皇太后設白紗屏於太極殿，抱帝臨軒」（見《合璧事類》）。「宣仁高太后垂簾，有司請循天聖故事御殿。又請受冊寶。后曰：母后當陽非國家美事，況天子正衙豈所當御，就崇正足矣」（見《宋史》）。所以太后臨朝聽政「垂簾」是古已有之，不是西太后的創舉。

至於為什麼要「垂簾」，是因為臨朝聽政當然要和群臣相見，可是從前生活習慣是男女有別，內外有別。皇后居中宮，主內治。元日、長至、千秋節，內外文武官皆豫期進箋稱賀，並不面見皇后。若皇太后在元日、長至、聖壽節直省文武官員，則豫期進表稱賀。在行禮這一天，皇太后御慈寧宮，王公大臣都在慈寧門外階下行禮，三品以下文武官在午門外行禮，也都見不着太后。在正常情況下如此。但太后臨朝聽政當然就不可避免和群臣見面，同時還要遵守內外有別的原則，所以就只好「垂簾」和群臣相見，宣諭、奏事都在隔簾情況下進行。這個內外有別的原則，不僅僅皇家如此，從前社會上也是這樣的習慣。例如住宅有內外院之分，婦女在家除和家裡人以及至近親戚在內院相見之外，也不和男的來賓相見。家中男僕人到上房向女主人回事，須請女僕代言，如果女主人有所詢問，也是在室內說，男僕在室外回答，這都是以前生活中常見的。

由於是相當普遍的事，小說家也把這種生活方式寫入作品中。例如曹雪芹的《紅樓夢》第四十八回，「濫情人情誤思遊藝」中：「至次日薛姨媽命人請了張德輝來，在書房中命薛蟠款待酒飯，自己在後廊下隔着窗子向裡千言萬語囑託張德輝照管薛蟠，張德輝滿口承應。」可以這樣說，聽政要用「垂簾」的形式，不是孤立的現象，而是整個社會上都是內外有別、男女有別的風尚。

「垂簾」一詞不只是口頭上的語言，還是見之於文字的，咸豐十一年十月十六日《實錄》載禮親王世鐸等會議具奏《垂簾章程》：「一、召見內外臣工：擬請兩宮皇太后、皇上同御養心殿，皇太后前垂簾，於議政王、御前大臣內輪流派一人，將召見人員帶領進見。一、京外官員引見：擬請兩宮太后、皇上同御養心殿明殿，議政王、御前大臣帶領御前、乾清門侍衛等照例排班站立，皇太后前垂簾設案，進各員名單一份，並將應擬諭旨分別註明，皇上前設案，帶領之堂官照例進綠頭籤，議政王、御前大臣捧進案上，引見如常儀。其如何簡用，皇太后於單內欽定鈐用御印交議政王、軍機大臣傳旨發下，該堂官照例述旨。」

以上是《垂簾章程》中「召見」和「引見」兩項儀註。召見的地點是在養心殿東暖閣，引見是在養心殿明殿，都提到皇太后前垂簾。

但「垂簾」二字也不能刻舟求劍地來解釋。如翁同龢咸豐十一年十一月二十四日的日記中載：「黎明侍大人入內，辰正引見於養心殿，兩宮皇太后垂簾，皇上在簾前御榻坐，恭邸立於左，醇邸立於右，吏部堂官遞綠頭籤，恭邸接呈案上。是日引見才二刻許即出。」在「垂簾」二字下自註：「用紗屏八扇，黃色。」又如曾國藩同治七年十二月十四日的日記中載：「……入養心殿之東間，皇上向西坐，皇太后在後黃幔之內：慈安太后在南，慈禧太后在北。余入門跪奏稱臣曾某恭請聖安，旋免冠叩頭奏稱臣曾某叩謝天恩畢，起行數步跪於墊上……」

以上是「引見」和「召見」的兩個具體實例。所謂垂簾，在明殿是用黃紗屏八扇；在東暖閣因為東大牆前有一槽欄杆罩，罩上有一幅黃幔。屏和幔都不是簾，總而言之不過有個象徵性的分隔而已。

清代皇帝怎樣避暑

有讀者問，參觀故宮，可以看到清代皇帝的生活是十分豪奢的。但不知道在沒有現代科技的當時，皇帝是如何度過炎熱的夏天的，皇宮有什麼降溫防暑的措施？

清代乾隆御製夏日養心殿齋居詩，有一句：「深沉彤殿暑全祛」，這裡對皇宮建築居住感受的描寫，實際和北京的大住宅也差不多。例如前廊後廈的北房可稱得起是冬暖夏涼。因為北京的天氣夏季早晨和夜間都是比較涼的，居住深廣高大的屋宇，在早上九點鐘就把堂簾支窗放下來，這樣，外面的熱氣進不來，可保持室內涼爽（堂簾是按廊簷每間面闊尺寸製作的大竹簾）。到下午六點鐘太陽西下，把堂簾捲起，支窗支起，涼風進到屋內。皇宮中凡是寢宮也都是支摘窗、外簷掛堂簾。至今故宮博物院和頤和園還保存有竹製的堂簾。還有一樣設備，也是皇宮和大住宅都有的，就是在室內陳設的「冰桶」。從前北京夏季民間用冰，有什剎海冰窖、安定門外冰窖、阜成門外冰窖。皇宮內用冰自明代即取之於皇城內「御用監」冰窖（在北海東牆外），清代還沿襲使用這個冰窖。「冰桶」是木製、錫裡、外有銅箍，約一尺五寸高，二尺見方，下有約一尺高的木座，上有兩塊帶透空錢式孔的木蓋，把天然冰擺在「冰桶」內。故宮博物院至今還保存有這種「冰桶」。

據清代內務府檔案載：「雍正二年（一七二四）五月二十五日，郎中保德奉旨：着做風扇一座，欽此。於五月二十九日做得楠木架鐵信風扇一架，上安小羽扇六把。郎中保德呈進訖。奉旨：再做一份，架子矮着些，安大些的羽扇。再將葵黃紗風扇，做一份。欽此。於六月初六日做得紫檀木架、瑪尼頂（瑪尼是能轉動的圓形佛教法器）大羽毛扇一份、葵黃紗扇一份。郎中保德呈進訖。奉旨：葵黃紗扇做得好，照樣再做二份。將藍色綾風扇亦做二份。欽此。於六月十七日、十九日做得。呈進訖。六月初九日，總管太監張起麟、奏事太監劉玉。奉旨：爾等做的風扇甚好，朕想人在屋內推扇，天氣暑熱，氣味不好。不如將後簷牆拆開，繩子從床下透出牆外轉動，做一架，照牆洞大小做木板一塊，以備天冷堵塞。俟保德收拾東暖閣（指的是養心殿東暖閣）之日再拆牆磚。再做一架放在西暖閣門北邊，繩子從隔斷門內透出。欽此。於七月初五做得拉繩風搧二架，總管張起麟進呈訖。」

這講的是手轉的和拉繩的兩種風扇。故宮藏品中尚有類似鐘錶的機件，用發條動力，銅鍍金琺瑯製作很精緻的一座五幅扇，一座是童子手持羽扇，上弦後自行動轉扇風，但風力都不大，只是夏天的點綴陳設品而已。

清代皇帝夏天很少在紫禁城內居住，康熙時開始即在西苑（中南北海）、南苑、西郊暢春園以及承德避暑山莊等處消夏。雍正時則長期住圓明園。只是在雍正二年，他因孝服未滿才在養心殿裡度過夏天而沒有去住圓明園。清代皇帝都不願夏天住在紫禁城內，在乾隆四十三年御製夏日養心殿詩裡說的很清楚：「視朝雖常例（皇帝夏天居圓明園，每日召見臣工，辦理庶政，遇有祭祀或其他典禮則回紫禁城，事畢再到園。這句是指太和殿常朝），有如愛禮羊。（《論語》爾愛其羊，我愛其禮的典故），避熱而弗行，是即怠之方。怠則吾豈敢，長年益自蘉。都城煙火多，紫禁圍紅牆。固皆足致炎，未若園居良。園居且為愧，暫熱庸何傷？熏風來殿閣，亦自生微涼。近政撫蘭亭，即景玩詞芳。」乾隆皇帝認為紫禁城內的紅牆也是致熱的原因。當然西郊諸園比城內要涼爽的多。諸園內的屋宇，夏天也照例掛堂簾和陳設冰桶。但還有一些特殊的設備，例如，圓明園四十景之一的「水木明瑟」。乾隆九年（一七四四）御製水木明瑟詞：「用泰西水法引入室中，以轉風扇，冷冷瑟瑟，非絲非竹，天籟遙聞，林光逾生淨綠。酈道元云：竹柏之懷，與神心妙達，智仁之性，共山水效深，茲境有焉。林瑟瑟，水冷冷，溪風群籟動，山鳥一聲鳴。斯時斯景誰圖得？非色非空吟不成。」這是一種用流水作動力的風扇，不是任何地方都可以做到的。

除了在炎熱的夏天到行宮避暑外，還製作了一些防暑藥。一般每年端午節前，造辦處「錠子藥作」照例製造一批防暑的錠子藥，主要有：紫金錠、蟾酥錠、離宮錠、鹽水錠，還有避暑香珠、大黃扇器等等。夏季裡在身上荷包或香袋裡裝少量這類錠子藥以備不時之需。避暑香珠就用不着裝入荷包，它是一串經過藝術加工的手串，掛在衣襟上。大黃扇器也是經過藝術加工的扇墜，掛在扇柄下面的。這類東西不僅在宮中用，也是端午節的一項賞賜品，文武官員都以能得到此項賞賜為榮。

清代皇子對皇帝的稱呼

《清史稿》卷二百十五《諸王列傳》：「惇恪親王綿愷、仁宗第三子……嘉慶二十四年，封郡王。宣宗即位進親王……七年，坐太監張明德私相往來，復匿太監苑長清，降郡王。八年十月追敘蒼震門捕賊，急難禦侮，復親王，諭加意檢束。」文中追敘惇恪親王的舊功，是指嘉慶十八年林清之變。所謂「坐太監張明德私相往來、復匿太監苑長清」一事，因張明德與苑長清都是昇平署的太監，所以昇平署的檔案記載頗詳：道光七年十月二十一日，奉旨：昇平署張明德將太監苑長清引誘逃出，私匿惇親王府一案，經內務府審明，擬將太監張明德發往黑龍江，賞給官員為奴，到戍枷號兩個月。苑長清發往打牲烏拉，賞給官員為奴，到戍枷號一個月。昇平署總管太監祿喜，罰月銀三個月。本管首領各罰月銀六個月等語。奉朱批：「太監張明德、苑長清，着改為先在昇平署左近枷號示眾，滿日即行發遣。昇平署總管太監祿喜，施恩改罰月銀兩個月。本管首領太監陳進朝、李興、曹進寶施恩各改罰月銀四個月。餘依議。欽此。」「祿喜面奉諭旨：前者召見惇親王，朕言昇平署，無非與茶膳房一體之差，並不很為奇特，惇親王倚此等之人為奇。況罕阿瑪傳的透徹，嘴都說乾了，竟不中用。再者並不是裡邊短此二人唱戲，俟大內之人都照此樣成何事體。其張明德罪過應發，其苑長清亦必須發，若不發苑長清好像朕與惇親王爭此太監是的。往後着總管祿喜該奏的奏，該見包衣昂邦的見包衣昂邦，該管的管，總別空口說白話，那是不中用的。朕亦不能給你分晰何事該奏，何事該見包衣昂邦，你看事體辦理。總言往後要認真管事。欽此。」

按：這一段檔案記載，反映了皇宮與王府之間一部份生活細節。由於記載的是皇帝當時的原話，不是內閣或軍機處頒發諭旨的體裁，所以出現「罕阿瑪」一詞。滿蒙文對於漢文的「皇帝」一詞，都沒有適當的意譯，仍舊用「罕」（即可汗）來代替。滿語「阿瑪」就是父親，道光和綿愷是親兄弟，他們的「罕阿瑪」就是嘉慶。

清代禮俗雜談

「請安」，一般都認為是滿族特有的禮節，其實並非來源於滿族。這原是明代軍禮中的一項，見於《大明會典》。當時全國各指揮使司、各衛所都有這個禮節，稱為「屈一膝」。建州衛當然也是如此。到了清代，在八旗和明朝遺留下來的綠營中仍然沿襲舊習。本來，兵士見上級軍官應該下跪，但因為身上有甲胄，只屈一膝或屈半膝。久之，不穿甲胄時也以屈一膝為禮，並和叩首、打恭一樣，含有問候請安的意思。於是在八旗人家和部份漢族官宦人家，晚輩見長輩、平輩中幼見長，奴僕見主人乃至親友相見，都行這個禮了。所以「屈一膝」又叫「請安」。

但在衙門或公共場所，譬如各部司官見堂官、在大堂上回公事或請畫稿（即批示公文），則不論旗人漢人都行打恭禮，不請安。在社會上，譬如商人，對顧客固然不請安，即使對東家也不請安，見面只能作揖。話劇《茶館》中的掌櫃在茶館向東家請安；顧客松二爺向王掌櫃請安，並且連續請安，問太太好，問少爺好；劇中大德子左右換腿請三個安，這都不符合舊時的實際情況。

男子請安的姿勢是這樣：先端正姿勢，如「立正」的樣子。然後向前邁左腿，左手扶膝，右手下垂，右腿半跪，略微停頓；眼平視，不許低頭、揚頭或歪頭；雙肩平衡，不許彎腰，左右腿的間距不可太大，保持左腿向前邁的自然距離，不可向後蹬腿。

女子請安姿勢與男子同，只是左右腿的距離要近，動作幅度小，雙手扶左膝，右手不下垂。近年電影、電視劇中出現的請安姿勢，不論男女，幾乎沒有一個對的。

「跪安」這個禮節行於皇宮和王公府第以及宗室家庭中。皇帝每日召見軍機大臣之外，常常還要另外召見某些官員，這是屬於密談性質，不同於朝會大典，所以官員見皇帝不必叩頭。召見的程序是這樣：先由外奏事處登記，再由內奏事處安排在某日第幾起。皇帝吃早飯時（天尚未明），桌上擺好綠頭籤，飯後分起召見。有合在一起（如與軍機大臣一起）的，有單獨的。譬如在養心殿東暖閣，皇帝坐在前窗的木炕上，太監們都退出。內奏事處太監帶領應召官員來到暖閣門前，掀起簾子讓官員進去，太監退到殿外。這位官員進門，站着說：「臣某人恭請皇上聖安。」然後跪安、起立，走幾步到皇帝面前，跪在一個紅邊白心很厚的氈墊上奏對。奏對完畢，皇帝說：「你下去吧。」於是官員起來跪安，面對皇帝倒退幾步，轉身出門。如果在奏對時有謝恩的事，就在原地一叩，說：「謝皇上聖恩。」如果在奏對時說錯了話，就摘下帽子，以頭碰地一下，表示承認錯誤。

皇帝日常晨昏定省、見皇太后時，進門要跪安，退下時也跪安。

太監有事向皇帝、太后、皇后、妃嬪等主位啟奏，王公府第及宗室家庭中晚輩見長輩，奴僕見主人，都要跪安。

跪安的姿勢和請安的姿勢，相同部份是先端正姿勢，左腿向前邁步。但跪安時右腿須全跪，然後左腿也跪下，右腿隨即起來，左腿也起來，恢復立正的姿勢。這一連串的動作要節奏均衡，不可慌忙，不可拖拉。其他和請安的要求一樣。

清代后妃以下，公主、格格、福晉以及品官命婦（漢人品官命婦不在此列）穿朝服、吉服，行大禮，有一肅、一跪、三叩及六肅、三跪、九叩的儀節。（一肅是一次肅立。一跪是跪下和起立各一次。三跪當然就是各三次。三叩和九叩的區別，也是次數的區別。）穿朝服、戴朝冠時的叩首和男子一樣。穿吉服的在晚清不戴吉服冠，而戴鈿子，則跪下之後不叩首，只以右手扶兩把頭翅。這裡需要解釋的是「肅」。這個動作和女子請安差不多，先端正姿勢，慢慢地一直下蹲到底，再慢慢起來，恢復立正的姿勢。也是要求不彎腰，不低頭，兩肩平穩，腰板筆直。京戲《四郎探母》中「盜令」一場，公主見太后時的身段，一般都說是請安，實際就是「肅」的規格。梅蘭芳先生這個身段做得最美、最標準。

稟報的規矩

以清代和民國歷史為題材的電影、電視劇中，經常有人大聲喊「太后駕到」「皇上駕到」「李中堂到」「陸軍總長王士珍到」「委員長到」等等。幾乎任何一個大人物出現時，都會有人喊「某某到」。這是與實際生活不符的。

太后或皇上要到某一地點去，事先都有安排，到達時從來用不着下人大聲喊，也沒有這個規矩。太后在頤和園或西苑三海等園囿駐蹕的時候，如果隨意出去散步，事先沒有安排，不論她走到什麼地方，前引太監看見有人，只要用氣聲口哨「噓」的一聲，那人就會緊急迴避。如果來不及迴避，就面朝牆站住，等太后過去，再自由行動。「李中堂到」一語出自電影《甲午風雲》中李鴻章到鄧世昌的軍艦上檢閱的場面。關於本省總督來軍艦檢閱，乃是一件大事，沒有臨時在現場通報的道理，更不許連姓氏一齊稱呼本省總督。

按過去的習慣，如有貴賓來訪，在門房當差的僕人便向主人當面稟報：「某大人拜會」，「某老爺拜會」。只要主人能聽見就可以，不用大喊。如果是主人宴客，來賓很多，僕人也是面向主人用不大的聲音說「某大人到」（不說「拜會」）。在回稟主人時不能直呼客人的名或號。以前面提到的王士珍為例，只應說：「王總長到」，不能說「陸軍總長王士珍到」。必須明確「某某拜會」或「某某到」，都是說給主人一個人聽而不是說給大家聽的，所以用不着提高嗓音。但也有一種特殊情況，例如清代六部九卿各衙門中，每一個部都設尚書滿漢各一人，侍郎滿漢各二人。這六個領導人不可能同時到部，有的兼任別的職務，有的要進內奏事。當六個人中的某一個到部進門時，茶役就到各司的窗外拉長聲音說「某大人到」。只有這種通報是給大家聽的，目的是告訴各司：如果一個具體辦事人員準備和某領導聯繫公事，聽見通報後，就可以立刻去見他。

在外省，求見總督或巡撫的程序是這樣：譬如蘇州府知府來兩江總督衙門拜見總督，必須預備一個稟帖，在轅門內掛號，由文巡捕手舉稟帖，到簽押房向總督說「回大帥，蘇州府稟見」。這時不用說蘇州府知府姓什麼，也不能說「蘇州府到」。

「委員長到」這句話更是無稽之談。抗日戰爭期間，我在重慶。當時每逢星期一，各機關都有「紀念周」。國民黨中央黨部的「紀念周」，是一個有很多部門代表參加的例會，每次都由蔣介石當主席。他進入禮堂時，大家已經站好，但沒有人喊「委員長到」。贊禮人宣佈主席就位，唱國歌，主席宣讀《總理遺囑》，然後由一個部門負責人作報告。最後贊禮人宣佈禮成，主席和大家同時退出禮堂。

我還經歷過一種集會，那是在重慶中央訓練團的時候。全體受訓人員在禮堂內列隊集合，門外有個號兵。當蔣介石走近禮堂門時，號兵吹一聲號，禮堂裡面的隊伍就立正，蔣進來之後向大家說一聲「稍息」。也沒有人喊「委員長到」。

對《我的前半生》部份史實的訂正

溥儀先生所著《我的前半生》，自出版以來，一直是暢銷書。這本書的內容，確有很多是有史料價值的第一手材料，但其中從宣統元年到民國十三年溥儀出宮這一時期的章節，涉及清代歷史的部份，有個別的地方，或屬於作者聽來的訛傳，或屬於作者對於歷史遺留的事物有誤解，也有的是註釋中有錯誤，因而使所述失實。可能有些讀者認為：這本書是回憶錄，作者本人又曾是清朝的末代皇帝，他敘述自己的經歷和自己家裡的歷史還能有錯嗎？是的，回憶錄性質的書也不排除有錯誤出現。如古人的自述、家傳一類的書中，有時也會出現與當時史實不符的地方。例如，清朝人陳其元寫的《庸閒齋筆記》，也曾經是一部很流行的書，其中敘述他家的歷史，有些部份就是當時的訛傳，但他也當真事寫入了筆記。由於陳家的事涉及清代歷史，所以孟心史先生曾經寫過一篇題為《海寧陳家》的文章，舉出證據來說明事實真相，以訂正《庸閒齋筆記》的錯誤，這是很有必要的。

關於《我的前半生》書中涉及清代歷史部份，根據我個人所見，認為有下列各條是需要訂正的。

1. 《我的前半生》第二頁第十四行（根據群眾出版社一九六四年出版的精裝本頁數，以下不再列書名，只寫×頁×行）：

「醇賢親王奕譞在他哥哥咸豐帝在位的十一年間，除了他十歲時因咸豐登極而按例封為醇郡王之外，沒有得到過什麼『恩典』……」

按：清代皇子封爵的事例，初封可以在親王、郡王、貝勒、貝子、鎮國公……等爵位中由皇帝決定選擇任何一個，而不是「按例封為郡王」。例如，奕譞的六哥，皇六子奕訢第一次受封就是親王，並未經過郡王的階段。皇長子奕緯封的是貝勒。再往上數一數，還有很多皇子封為貝子。康熙位下皇二十三子允祁，封的是鎮國公，比貝子還低一級。皇子封郡王的當然也不少，但不是「按例封為郡王」。

2. 第四頁第九行：「西太后原是一個宮女，由於懷孕，升為貴妃……」

按：清代制度，秀女有兩個來源：一是從上三旗包衣的女子中選，目的是作為宮女使用，當然進內以後也有可能成為答應、常在、貴人、嬪、妃。另一來源是從八旗官員的女子中選，目的就是預備作為貴人、嬪、妃。西太后的父親是個道員，她屬於後一個範圍，所以說她沒當過宮女，並且也不是懷了孕就升為貴妃的。她是咸豐元年被選中，封為貴人。據故宮博物院所藏檔案，咸豐二年二月二十八日的一個奏折：「總管內務府謹奏，為奏聞事，咸豐二年二月十一日，由敬事房口傳：奉旨，貞嬪、雲嬪於本年四月二十七日進內，蘭貴人、麗貴人，着於五月初九日進內……欽此。」

這裡提到的蘭貴人，就是後來的西太后，說明她進宮時已封為貴人，沒有當過宮女。又據「宗人府全宗」咸豐年修訂的滿文玉牒，其中一節譯成漢文如下：「當今皇帝咸豐萬萬年」，其條下：「蘭貴人葉赫那拉氏，道員惠徵之女，咸豐四年甲辰二月封懿嬪，六年丙辰三月封懿妃，七年丁巳正月封懿貴妃。」葉赫那拉氏於咸豐六年三月生下兒子，這就是後來的同治皇帝。這時候她的名號是嬪，生子後晉封為妃，到七年才晉封為貴妃。從上述檔案材料，可證明「西太后原是一個宮女，由於懷孕，升為貴妃」的說法是錯誤的。

3. 第八頁第三行：「後來恭親王失寵，革掉了議政王大臣……」

按：清代「議政王大臣」這個名詞，在諭旨或其他文件中出現，是指「議政王」和「議政大臣」兩種人物而言。恭親王奕訢在同治年曾經有「議政王」的銜，對於奕訢只能說革掉了「議政王」，不能說革掉了「議政王大臣」。

4. 第一〇頁第十行：「一八九零年頤和園完工，他也與世長辭了。四年後，他手創的所謂海軍慘敗於甲午之役。花了幾千萬兩白銀所建造的船隻，除了頤和園的那個石舫，大概沒有再剩下什麼了。」

按：作者的話，是説光緒年間用海軍經費修頤和園，包括建造石舫。實際上石舫並不是這次修頤和園時建造的，在乾隆年間建造的清漪園裡就已經有石舫了。《日下舊聞考》這部書中記載着清漪園全部景致的名稱，包括石舫。光緒年間修頤和園，只是在萬壽山的前山和東北面以及南湖的龍王廟，將這一帶原有的建築，加以修理油飾。所增加的建築只有園牆與德和園大戲台，此外無所增加。至於長堤以西在湖心的治鏡閣，南西兩面的藻鑒堂、暢觀堂、影湖樓，以及萬壽山後的全部建築，則連修理油飾的工程都未動。這樣，就已經花掉若干萬兩。這和清漪園的工程規模是無法比的，也可以説當時已不配動這樣的工程了。乾隆時已經有石舫，還有文為證，《清高宗文集》中有《御製石舫記》，其中有「……余之石舫，蓋築之昆明湖中……雖無九成之規，而有一帆之概，彌近煙雲之賞……」云云。

5. 第一五頁第二行：「榮祿辦了這件事，到了西安，『寵禮有加，賞黃馬褂……』」下面註解的原文是：「黃馬褂是皇帝騎馬時穿的黃色外衣，『賞穿黃馬褂』是清朝皇帝將自己衣庫裡的黃馬褂賞給有功的臣工的特殊『恩典』之一。」

按：清代皇帝的馬褂，正式名稱叫作行褂，《皇朝禮器圖》中的解釋是「色用石青，長與坐齊，袖長及肘。」從故宮博物院所藏很多幅皇帝穿着馬褂騎馬的畫像來看，也沒有穿黃馬褂的。賞穿黃馬褂並不是皇帝將自己衣庫裡的黃馬褂賞給有功的臣工，因為皇帝衣庫裡沒有黃馬褂。故宮博物院現在還大量保存着原來四執事庫裡的冠袍帶履。其中皇帝的馬褂，則單、夾、皮、棉，大量俱全，除石青色之外，還有元青色（即純黑）、紅青色（即黑中含紫），只是沒有黃色的馬褂。清代皇帝賞給某人黃馬褂，不需要真給某人一件馬褂，只要在諭旨中宣佈一下就行了。所謂賞穿就是准許穿的意思。不過賞的物件也可以包括製作黃馬褂的材料。譬如在清代諭旨中，常見有「賞給××鼻煙壺一對、荷包一對、小刀一柄、黃江綢一卷……」黃江綢（道光以前叫作寧綢），就是做黃馬褂用的。從以上所舉實物、畫像、文獻，說明皇帝不穿黃馬褂。除了被賞穿黃馬褂的人員之外，還有把黃馬褂當作制服穿的人。如領侍衛內大臣、御前大臣、侍衛班長、護軍統領、健鋭營統領等，都是不需要經過賞賜就可以穿黃馬褂的。據曾經穿過黃馬褂的溥雪齋先生說，當御前差事穿的黃馬褂，紐袢是石青色的，賞穿的黃馬褂，紐袢是黃色的。這點小區別是文獻所未載的。

關於庚子年榮祿到了西安之後的情況，還有一節當時的內幕資料，在這裡補充如下：據李鴻章的長孫李國傑先生說，他祖父在北京賢良寺（原東安市場的東面）開始議和的時候，外國人要求懲辦禍首端王載漪等人，李鴻章將這個名單上奏當時還在西安的西太后，在第一次密電奏稿上把榮祿的名字也列入了。當時只有他伯父李經方是經辦人，知道此事。這並不是要害榮祿，而是他祖父的一步棋，因為估計到西太后躲在西安，遇到難題就「唯李鴻章是問」，旁邊再有人掣肘說風涼話，以至於可能弄得李鴻章兩面受擠兑，辦事棘手。用這個招數，和西安往返幾次密電，裝作很費了些勁才把榮祿的名字去掉。果然後來西太后很滿意，榮祿也很感激，事情便好辦了。

6. 第一八頁注一：「格格是清代皇族女兒的統一稱呼」，這樣解釋已經夠了，原書下面的解釋都是多餘的，並且似是而非。

7. 第二〇頁第五行：「西太后明白，袁對北洋軍的實際控制能力，並非立時就可以解除，袁和奕劻的關係也不能馬上斬斷。正在籌劃着下一個步驟的時候，她自己病倒了，這時又忽然聽到這個驚人消息：袁世凱準備廢掉光緒，推戴奕劻的兒子載振為皇帝……另外，我還聽見一個叫李長安的老太監說起光緒之死的疑案。照他說，光緒在死的前一天還是好好的，只是因為用了一劑藥就壞了，後來才知道這劑藥是袁世凱使人送來的……如果太監李長安的說法確實的話，那麼更印證了袁、慶確曾有過一個陰謀，而且是相當周密的陰謀。」

按：袁世凱和慶王奕劻在很多事情上互相勾結，互相利用，以鞏固自己的權勢，這是事實。但為了達到進一步的什麼目的，在當時的形勢下，關鍵問題是首先必須得到西太后的信任，而西太后絕對不可能批准袁、慶二人立載振的要求。如果說他們不考慮西太后的權力，想以武力搞政變，在當時的環境形勢下，袁、慶二人也沒有那樣愚蠢。至於說袁世凱送來一劑藥，就把光緒毒死，這更是不可能。光緒雖然沒有權力，但他不是白癡，他怎麼肯吃袁世凱送來的藥呢？這是太監們胡編設想而又以訛傳訛搞出來的。

8. 第二三頁第十四行：「有位在內務府幹過差使的『遺少』給我說過，當時攝政王為了殺袁世凱，曾想照學一下康熙皇帝殺大臣鰲拜的辦法。康熙的辦法是把鰲拜召來，賜給他一個座位，那座位是一個只有三條好腿的椅子，鰲拜坐在上面不提防閃了一下，因此構成了『君前失禮』的死罪。」

按：這位內務府的「遺少」的知識，大概比太監高明一點也有限。首先，歷史事實是：康熙並沒有殺鰲拜。關於對鰲拜的處理，據康熙八年五月二十五日諭：「……朕以其罪狀昭著，將其事款命諸王大臣公同究審，俱已得實……但念鰲拜累朝效力年久，且皇考曾經倚任，朕不忍加誅，姑從寬免死，革職、籍沒，仍行拘禁。」實錄和聖訓以及其他文獻都記載着當時宣示過的這道諭旨。據《清史稿・本紀六・聖祖本紀一》：「康熙八年五月戊申，詔逮輔臣鰲拜交廷鞫。上久悉鰲拜專橫亂政，特慮其多力難制，乃選侍衛、拜唐阿年少有力者為撲擊之戲。是日，鰲拜入見，即令侍衛等掊而縶之。於是有善撲營之制，以近臣領之。」這裡敘述了拘捕鰲拜的情況。

至於那位「遺少」所說的三條腿椅子的情節，出自《南亭筆記》，這段原文是：「康熙帝在南書房召鰲拜進講，鰲拜入，內侍以椅之折足者令其坐，而以一內侍持其後。命賜茗，先以碗煮於水，令極熱，持之炙手，砰然墜地，持椅之內侍乘其勢而推之，乃僕於地。康熙帝呼曰：鰲拜大不敬。健童悉起擒之，交部論如律。」按鰲拜有許多具體罪狀，宣佈出來足以定罪，用不着以三腿椅構成失儀罪。而且失儀情況即使很嚴重，在清朝的制度也只是行政處分，而夠不上交刑部治罪。《南亭筆記》裡還有不少似是而非的無稽之談。根據可靠史料，所謂用三條腿椅子構成失儀罪，以殺鰲拜的事都是訛傳。

9. 第二九頁第五行：「我一共有四位祖母，所謂醇賢親王的嫡福晉葉赫那拉氏，並不是我的親祖母。」

第三〇頁第七行：「醇賢親王的第一側福晉顏扎氏去世很早。二側福晉劉佳氏，即是我的親祖母。」

按：原書作者開始說有四位祖母，而在書中只敘述了三位祖母和她們所生的子女，遺漏了第四位祖母。這裡替原書作者補充如下：醇賢親王有三個女兒，長女次女都沒到成年，這在書中已有交代，但沒提到第三女的情況。實際上只有溥儀的第四位祖母所生的第三女長成出嫁。他這位祖母，在該書插圖中已經出現，就是標題為「親王之家，右起：載灃、載灃之母劉佳氏、庶母李佳氏、妻瓜爾佳氏」的那張照片中的李佳氏。她於光緒十三年十月初九日生下一個女兒，就是醇賢親王的第三女，於光緒三十一年奉旨指配世襲一等忠勇公松椿為妻。辛亥革命後，這位公爵夫人死於一九一四年（見養心殿舊藏的《星源集慶冊》）。松椿是福康安之後，他的府第在沙灘。

10. 第三二頁第三行：「他當了攝政王，享受着俸祿和采邑的供應，上有母親管着家務，下有以世襲散騎郎二品長史為首的一套辦事機構為他理財……」

按：清代王府長史是從三品的官，不是二品。親王府設從三品長史一人，設散騎郎四人，散騎郎是以世職領之。長史和散騎郎是兩回事。

原書註解：「二品長史是皇室內務府派給各王府名義上的最高管家，是世襲的二品官……」

按：這條註解也錯了。長史既不是二品，也非世襲，更不是內務府派的，是由吏部和都統衙門銓選的。

11. 第五四頁第二十二行：「據說乾隆皇帝曾經這樣規定過：宮中的一切物件，哪怕是一寸草都不准丟失。為了讓這句話變成事實，他拿了幾根草放在宮中的案几上，叫人每天檢查一次，少一根都不行，這叫作『寸草為標』。」

按：宮中的一切物件不准丟失，這不僅是乾隆的規定，《宮中則例》所載歷朝都對太監發出過這類訓諭。不過，拿了幾根草放在案上，考驗太監的所謂「寸草為標」，又是太監們的誤解和訛傳了。

據《乾隆御製歲朝圖詩序》云：「乾清宮西暖閣，几上周虎鐓一具，供木根如意，及吉祥草，草乃皇祖手植，歷數十年弗敢移置，適回部貢果至，盤貯其側，天然歲朝吉語。」這篇小序所說的吉祥草，正是案上擺的乾草棍。在宮中的陳設檔中，記載某些宮殿裡的若干陳設中有「吉祥草瓶」，除了乾清宮、養心殿，其他個別地方也有過這樣的記載。

12. 第六〇頁第二行：「我聽到了這消息，便把他們叫到上書房裡，慷慨激昂地說……」下面註釋：「上書房是皇帝唸書的地方，在乾清宮左邊。」

按：上書房自設立以來，一直是皇子唸書的地方，是皇帝給兒子們設的家塾，從來不是皇帝唸書的地方。清代，當皇帝年幼時登極，由老師教導以小學生方式唸書的，只有康熙、同治、光緒、宣統。前面二人唸書的地方都在弘德殿，後面二人都在毓慶宮，在南海是補桐書屋。

13. 第七二頁第十七行：「功臣黃帶」。

按：這是從《宮中則例》書上各項屬於太監們的職掌中錄下來的，這一項指的是交泰殿首領太監應管的事物之一，即收貯在交泰殿的「勳臣黃冊」，「勳臣」改作功臣還可以過得去，「黃冊」錯成「黃帶」，就講不通了。

14. 第七三頁第二行：「三品花翎都領侍，是各處太監的最高首領，統管宮內四十八處的太監。」

按：這裡所說的「都領侍」，全稱是「宮殿監都領侍」，口頭上稱為「敬事房總管」。據《欽定宮中現行則例》：「康熙十六年五月二十七日，奉上諭設立敬事房，屬總管內務府管轄，置總管、副總管，專管宮內一切事務，奉行諭旨，及承行總管內務府各衙門一切文移。凡事俱照《欽定宮中現行則例》敬謹奉行。」在清代，《欽定宮中現行則例》這部官書每隔若干年就重新修訂一次，以符合當時的要求。這部書中把敬事房總管太監所轄之處，清楚地開列出來，每一處都有首領太監。各個年代不同的則例，處的數目也略有增減，但總在七十處左右。從光緒年最後一次修訂的《宮中現行則例》來看，宮中太監分佈在六十九處。宣統三年以後，實際裁減掉五處，應還有六十四處，何以會出現「宮內四十八處的太監」的話呢？也許有人解釋為溥儀出宮前又裁減到四十八處。這樣解釋是不對的。因為溥儀從原書第七二頁第二段開始，一直是在敘述從前的太監系統，當然指的是歷史狀況了。作者在原書第五四頁第十三行中還有一句「四十八處之一的如意館」，從這句話可以判斷他對於有多少處，什麼地方算一處，是不瞭解的，因為根據《宮中現行則例》，如意館不列為一處。所以作者這個「四十八處」的概念還是聽太監們瞎說的。我曾聽到不止一個太監說過「四十八處」的話，並且問過住在鼓樓後崇恩觀的太監耿進喜：「四十八處都是什麼？」可是他說了幾處之後就說不出來了。他是辛亥以後出宮的，原是寧壽宮的太監。我曾按照《宮中現行則例》開列的處，一個一個將宮殿或門的名稱向他提出，他一一確認有這些處。當我數到六十多處時，他笑了。他說：

「我們當差的各管自己的事，誰知道別人的哪兒算一處？哪兒不算一處呢？人都那麼說嘛，唱戲不是也有四十八處都總管老陳琳嗎？」這時，我恍然大悟，可能太監們這個「四十八處」的概念都是來源於「老陳琳」。這也是很自然的，戲曲和評書描寫的「老陳琳」這個忠誠正直的四十八處都總管太監，所以在宮中產生這樣一個訛傳。大概除宮殿監都領侍知道多少處之外，別的太監都說不清，所以都相信「四十八處」之說了。

15. 第七七頁第十九行：「太監們為了取得額外收入，有許多辦法。戲曲和小說裡描寫過，光緒要花銀子給西太后宮的總管太監，否則李蓮英就會刁難他，請安時不給他通報，其實這是不會有的。至於太監敲大臣竹槓，我倒聽了不少。據說同治結婚時，內務府打點各處太監，漏掉了一處，到了喜日這天，這處的太監便找了內務府的堂郎中來，說殿上一塊玻璃裂了一條紋……這位司員嚇得魂不附體，大喜日子出這種破像，叫西太后知道必定不得了。這時太監說了，不用找工匠，他可以悄悄想辦法去換一塊。內務府的人明白這是敲竹槓，可是沒辦法，只好送上一筆銀子。銀子一到，玻璃也換好了。其實玻璃並沒有裂，那條紋不過是貼上的一根頭髮。」

按：太監常常敲竹槓要錢，這是事實，但上述情節是不會有的。從內務府的檔案，可以知道凡是宮中某一座殿有工程，雖然是很小的事，譬如裱糊窗戶或換玻璃一類的事，都需由這一宮的首領太監回過總管，由總管奏過。然後向內務府大臣傳旨，由內務府大臣奏過，擬於某日某時帶領匠人幾名進內，某時退出等。經過這一套程序，然後到動工這一天由內務府帶匠進內施工。等完工時，由內務府人員會同總管太監和本宮首領太監，眼同點收。譬如以換一塊玻璃而言，這塊玻璃已經換好，眼同點收以後，如果玻璃再出現裂紋，那就是本宮首領太監的責任，已經不具備訛詐的條件了。凡是帶匠人進內，在驗收之前，太監可以挑剔質量不好，敲竹槓要錢。如果說已經到了喜日，勢必早已驗收完畢，內務府已經脱卸責任了，太監怎麼還能敲竹槓呢？

這一類故神其説的故事還很多。例如，中央文史館的館員衡永先生，從前當過乾清門侍衛，他經歷過許多具體的事，有些當然屬於第一手的資料，但也有這類的故事，顯然他也是聽來的。他説：「光緒大婚時，造辦處製作一對紫檀頂豎櫃，估工料的呈文送到堂上。當時的內務府大臣文十三爺一看就説：你們這膽子太小了，這一萬多銀子，夠誰分的？説着拿起筆來在一字上添了一豎，就成了十萬了。」

按：內務府浮支冒領，以少報多，大家分肥，這是事實。譬如説製作這一對紫檀櫃，當然也肯定要從上到下貪污。但數目不一定是一萬變十萬，可能比十萬還要多，也許不足十萬。即使如所説將一萬多改成十萬多，也要重新開列工料項目單價，再辦稿呈堂，絕不是一橫添一豎就能行的事情。因為清代的公文不論是稿，還是正件，所有數目字都是大寫，「一」都要寫成「壹」，是沒有例外的。所以這件事也是以訛傳訛的故神其説。

16. 第八六頁第二十三行：「……其次是在毓慶宮裡，陳師傅微笑着捻那亂成一團的白鬍鬚，搖頭晃腦地說……」

第一〇一頁第二十六行：「復辟的第一天，我受過成群的孤臣孽子叩賀，回到毓慶宮，就聽見陳師傅這麼唸叨。他拈着白鬍子團兒，老光鏡片後的眼睛瞇成一道縫……」

按：這兩則引文中的一些描寫，可能是文字整理者的文學加工，為使這位重要人物的形象生動些，就按照一般老頭兒兼文人的模樣加以描繪了。實際上這些都不是人物原來具有的形象。當時那些照舊進內當差的遺老，如陳寶琛、紹英、寶熙等，都是在辛亥以前多年對於君臣之間的禮儀已養成習慣。雖然退位的皇帝溥儀已經無權，他們覺得仍應照舊遵守禮儀，才能表示出他們是地道的遺老，何況他們也有這種「臣癮」。因此，這裡描寫的陳師傅在毓慶宮裡戴着眼鏡、拈鬚而笑、搖頭晃腦等舉動，都不可能發生，當時即使是平常人，如果是晚輩在長輩的面前也都是不可能的。何況陳師傅是在皇帝面前，怎麼會如此放肆呢？該書在第一九九頁第十九行：「羅振玉到宮裡來的時候，五十出頭不多，中高個兒，戴一副金絲近視鏡（當我面就摘下不戴）」，這一段敘述才是合乎當時情況的。如果說陳師傅在授讀時戴眼鏡，那還有可能。可是，第一〇一頁這段關於眼鏡的描寫，已是復辟的時候。在第一〇三頁第二行：「復辟的開頭幾天，我每天有一半時間在毓慶宮裡。唸書是停了，不過師傅們是一定要見的……」既然唸書停了，就不是在授讀的時候，而是在奏對的時候戴眼鏡，這是不可能的。至於「白鬍子團兒」，也不符合實際，一九二七年前後幾年，陳家還住在西單的靈濟宮（即現在靈境胡同）路北宅院中，那時，這位陳師傅還僅是花白鬚，並且不多。這時距離復辟時期已經十多年了，如何能夠十多年前反而有白鬍子成團的形象呢？

以上是就這本書的第一至第三章裡存在的個別問題，提出我個人的見解。至於第四章以後，大部份是敘述在天津、東北和戰犯管理所等處的情況，都無關清代歷史，我也就沒有發言權了。

德齡、容齡所著書中的史實錯誤

美籍滿族女作家德齡著有《瀛台泣血記》《御香縹緲錄》《清宮二年記》等書。國內外有許多讀者以為這幾本書是可作為史料參考的回憶錄。一九八零年及一九八一年雲南人民出版社重新印行了前兩本書。在《瀛台泣血記》的重印説明中有這樣的介紹：「她在書中所寫的，多係其親身經歷的生活，可供讀者瞭解晚清王朝統治者的宮廷內幕和研究晚清歷史作參考……限於作者的出身經歷和當時的歷史條件，書中的寫人敘事存在不少問題，有的觀點顯然是錯誤的，希讀者分析批判地閱讀。」傳世的史書和史料存在着觀點問題是不足為奇的。問題在於《瀛台泣血記》《御香縹緲錄》的實質是小説，卻以親身經歷的姿態出現，一般讀者可能會認為書中所敘述的處處都是事實，其實不然！

《瀛台泣血記》一書，是以光緒出生到光緒二十六年一段時間為背景，具體敘述王府生活、宮中生活並涉及國家大事。德齡是光緒二十九年春天進宮伺候西太后的，書中寫的她進宮前宮中和王府的事，很明顯地不是她親身經歷的回憶。當然，並不能以這一點為理由斷定她的著作不可信，而是從她所寫的內容具體分析，有些是她聽來的誤傳，有些是她對於事物本身不瞭解而加以設想的，也有不少是憑空創造的。她對於當時的很多大事和大人物也不清楚，例如，她書中說李鴻章是軍機大臣、康有為是道台、光緒大婚禮之後過了一年才選妃等等，都不是事實。她敘述帝后生活細節，如光緒皇帝、皇后並坐在太和殿受賀；光緒帝被幽禁在瀛台，每晚私自進宮和珍妃相會等，也都是無中生有。

《御香縹緲錄》一書，以其所取題材的時間而言，是在德齡進宮以後，並且敘事都有她自己在內，有「我」字的第一人稱，應該認為所敘之事都是親身經歷的吧？實際不然，這部書自第一章至第二十二章，佔全書三分之二的內容是敘述德齡自己陪着西太后到承德避暑山莊，爾後又乘火車到奉天。其實，西太后自咸豐十一年從避暑山莊回京後，再不曾去過承德，至於奉天則從來沒去過。這一部書佔三分之二的內容純屬虛構。只有第二十四章到第三十四章這三分之一的內容還說得過去，可以作為回憶錄看待。

《清宮二年記》和容齡所著《清宮瑣記》，這兩部書的性質，與前兩部不同，可以作為回憶錄看待。不過錯誤也不少。有些屬於傳聞之誤，有些是她們自己對於事物的誤解或錯記，但還未發現憑空創造的事情。

德齡、容齡寫的這四部書，銷售量都非常大，所以有必要把書中的謬誤逐條指出，供讀者參考。

一、《瀛台泣血記》

《瀛台泣血記》（雲南人民出版社一九八零年一月根據原上海百花書店一九四六年版本重排），下面提出問題的章節頁碼即根據此本。

《介紹原著者》及《作者原序》

譯者秦瘦鷗先生一九四六年給這本書寫的一篇《介紹原著者》裡面有這樣幾句話：「……便是真要保留她在遜清一朝所取得的封號的話，也只應稱為德齡郡主，因為她和她的妹妹容齡女士（封山壽郡主）都不是努爾哈赤的嫡裔，根本就沒有晉封公主的可能。這一個錯誤是第一位譯過她作品的先生所鑄下的，她只草草地譯出了Princess這一個字，並沒有考慮到在中國還有公主郡主之分。」

按：實際上，德齡既不是公主，也不是郡主。清代沿襲明代制度，皇帝之女封公主，親王之女封郡主，規定：皇后所出封固倫公主，妃所出封和碩公主。公主以下還有郡主、縣主、郡君、縣君、鄉君五等之封，不入五等的為宗女。以上都是宗室封爵的範圍。但也有特殊的例子，如清初異姓王孔有德的女兒封和碩格格，那因為孔有德是開國功臣，死後他的舊部數量相當大，需要孔家有個象徵性的統帥，而孔有德無子，於是就輪到女兒了。德齡的家族根本不是宗室，又非特殊勳臣之後，怎能與之相比？

在《介紹原著者》裡還提到：「德齡女士的父親裕庚公爵，是滿清的一位貴族……」

這也是錯誤的，裕庚並不是公爵，也從沒有被封過其他爵位，也沒有承襲過什麼世爵。裕庚以三品卿銜出使法國，這是光緒二十五年的事。光緒二十九年回國，因病告假，再未當差，卒於光緒三十一年，如此而已。清代封「公」的，除「鎮國公」「輔國公」屬於宗室封爵外，民爵的「公」分一、二、三等，有恩封、功封之別，照例皇后的父親封三等公，屬於恩封。至於因功封「公」的，在清中葉以前，滿漢統兵大員中開疆拓宇立下大功的，封「忠勇公」「毅勇公」「海澄公」「超勇公」等，尚不乏人。而中葉以後，除原有的世爵以外，還沒有因軍功封公爵的，如曾國藩、左宗棠、李鴻章等人也止於封侯，何況裕庚既非皇后之父又無軍功，哪裡能夠封公爵呢？

在《作者原序》中有這樣的話：「我因為曾經留在清宮內給太后當過幾年侍從女官……」

其實作者自稱「女官」，不過是順口一說而已。這個期間和德齡、容齡同時在宮中伺候太后的人，還有慶王府的四格格、元大奶奶等，都既無編制，也無名分。自從德齡這本書問世以來，不少人就認為這些在宮中供太后解悶的人真的是什麼女官，於是發生種種問題：這些女官是幾品？她們屬什麼衙門管？多少俸祿？等等。

清代確有「女官」這個名詞，據《大清會典》載：元日、長至、皇后千秋節……皇后朝於皇太后、皇帝禮畢，御交泰殿行慶賀禮……引禮女官奏請皇后御殿。內監接奏。中和韶樂作，奏《淑平之章》。皇后禮服升座，樂止。引禮女官引貴妃、妃、嬪就拜位……

這裡說的女官，是指舉行某種禮節時，事先由內務府具奏，開列名單，奏准派××之妻充某種執事女官。這種女官不是常設的，都是臨時被派當差，由品官命婦充任，一般不超過幾個時辰，差畢即回家。例如，皇后每年舉行「親蠶」等禮節，都事先奏派女官執事。因而凡充任過這類差事的，可以被稱為真正當過女官。至於德齡姐妹和慶王府四格格、元大奶奶等類型的人，不過是陪太后解悶的，也沒有經過奏准派充。

正文部份

第一章、《異兆》（標題中的序號為原書序號，下同）

第三頁：「這所書房上面的椽子和橫樑全都雕着許多金碧輝煌的彩飾，如龍鳳文藻之類。」

按：這一段對王府書房內景的描寫是錯誤的。王府中的正殿和府門等建築物，樑上有金碧輝煌的彩畫，但不是雕刻。至於書房、臥房等建築物內部，絕對沒有彩畫樑，而且也不會在室內露出椽子。因為書房或臥房的室內必定是有紙糊頂棚的。

第二章、《劉鐵口與張瞎子》

這一章，純粹是無稽之談。

第三章、《賜名》

第一六頁：「安德海……說道：『……停一會上朝的時候，就第一個召王爺上去說話。』」

「上了殿，他少不得也要隨着大眾三跪九叩首的向上面的皇太后和皇上叩頭。」

按：這一段敘述，一開始曾明白指出是召見醇親王。皇帝平時召見臣工時，只有召見軍機大臣才是幾個人一起進去，其他被召見的人都是單獨進去。醇親王當時是領侍衛內大臣，管理神機營，他不是軍機大臣，被召見時應該是單獨進去。

召見儀式照例是進門跪安，退出時跪安，如果遇到有謝恩的事，也只是一叩，在召見時從來沒有三跪九叩禮。

第五章、《三朝開眼》

第二三頁：「……就是要把這一片院落改建為招待客人的大廳。王府內原也有幾座大廳……平常時候是儘夠招待一二百位客人的，可是在三朝這一天，客人真是太多了，所以必須利用這片大院落來容納他們……也和普通人家一樣只是上面蓋起了一重蘆棚而已。」

按：作者德齡這一段敘述，完全是依照她自己或者她親友的家庭類型，即依照一般做官的家庭有喜事或壽日招待親友的情況來描寫的。她不知道王府的特點，恰恰和普通人家不同。王府向來不「搭棚辦事」。其原因，王府遇有喜慶事，不是像德齡所說「客人真是太多了」，實際是太少了。尤其近支王、貝勒，特別是皇子身份的親王、郡王，和他們有來往的人，除至近親戚和至近的弟兄叔侄以外，是很有限的。以這段故事的主人公醇親王為例，所來往的不過是御前大臣、領侍衛內大臣、大學士、軍機大臣、上書房師傅等等這一最高階層，是很小範圍內的少數人物。醇親王是領侍衛內大臣，兼管神機營。如果不瞭解當時習慣，會認為這兩個單位所屬的大大小小人員一定都會去賀喜，實際由於體制所關，他們不會都去賀喜。所以王府有喜慶事，來客很少。王府的房屋大而且多，容納很少的客人是不成問題的，用不着為招待客人而搭棚。光緒十年醇親王編刻的《朱文端公遺札》一書，其中一封書札裡有：「……連日賜飫盛筵兼聆雅奏……」這是朱文端公給醇王的信，這句話就是指醇王連日請客吃飯，並演戲。書後有二十餘人的題跋。這二十餘人，也就是醇王府的來客類型和範圍。列在最末的趙佑宸的題跋說：「甲申之秋佑宸以卓薦入都，醇邸出所輯朱文端公手書尺牘見示，於虔尊師如我王弗可及也已。佑宸出文端之門，直上書房時，更得常親謦欬，書中所云盛筵雅奏皆獲侍焉。」趙佑宸是上書房的師傅之一。他參加這次宴會並看了戲。來的客人除朱文端公之外，還有殷兆鏞、黃倬、童華、張之萬、李鴻藻、徐桐、林天齡、惇親王、恭親王、孚郡王、惠郡王、奕謨、載濂、載瀓等人。從這段記載可以看出，像醇親王這樣身份的人，來往範圍是很小的。我也聽載濤先生說過：「王府裡有喜慶事，除了至近親戚，幾乎沒有什麼外人來，從來不搭棚辦事。」

第二五頁：來客在府門前下車下轎一段描寫的情況，是按普通人家來客的情況寫的。來客說：「下官是特地來給你們老爺道喜的，並且還給你們福晉太太請安！」

「下官」這個語彙，只在戲曲台詞裡面有，清代人們日常生活中沒有自稱「下官」的習慣。「福晉」就是「福晉」，沒有「福晉太太」這樣的語彙。男客人也沒有向女主人問安的道理。

第二七頁：「醇親王貴為國戚」的說法不對。國戚是指后妃們的父兄子侄和額駙等皇家的親戚，醇親王是皇帝的弟弟，不能稱國戚。

第二九頁：「……萬一客人既非主人家熟友，又不知道識相，眼看端上飯來還不走，那麼主人家的底下人，就會使出他們的手段來了。如其在白天裡，他們馬上給你端上一杯茶來，臉向着外高喊一聲：『送客啦。』」

前面已經說過，王府不會招待許多客人，更不會有所謂「非主人家熟友」來吃飯，這裡所說的「端茶送客」，那是外官衙門的習慣。在官廳上會見屬員，談公事，到結束時，屬員不敢冒昧地站起來就走，不知上司是否還有事。直等上司端起茶碗，屬員也就站起來雙手舉起茶碗，然後告辭。而京官根本沒有這種「端茶送客」的習慣。至於有喜慶事，或請客吃飯，或私人訪友，都不能使用這一套。

第六章、《四年最快樂的生活》

第三六頁：「『啊！爸爸！』小載湉很乖巧地答道……」

按：滿洲人對父親的稱呼，不稱爸爸，而稱「阿瑪」。

第八章、《萬歲爺》

第四五頁：「……新君登極的日子和時辰……不巧得很，他們所推算的吉時竟在某一日的午夜。」

第四八頁：「……還有不少皇親國戚，以及當朝的一班大臣，全都坐着大轎，前來護駕……」

第四九頁：「……不久吉時已到，兩個太監忙把他扶上了那正中的御座，強逼他端端正正地坐着。這時候殿上所站的人還不多，只是天潢嫡派的幾位親王、郡王之類，和一個女人，就是慈禧太后自己。這登極大典的儀式也不怎樣簡單的。」

按：德齡在書中說，載湉被迎進宮來，當晚午夜就舉行了登極大典，並且太后也親自到大殿上參加登極大典，這都是不符合歷史情況的。據《德宗景皇帝實錄》載：

同治十三年……十二月……乙亥（即初六日）寅刻（三點鐘），上（指光緒）由潛邸（指醇王府）啟駕，進午門、乾清門，至養心殿，慈安端裕康慶皇太后、慈禧端佑康頤皇太后前請安。趨詣大行皇帝（即同治）前，稽顙號慟……

光緒元年乙亥，春正月，己亥朔……戊午（即正月二十日），上（指光緒）即位於太和殿。遣官祭告天、地、太廟、社稷。是日上禮服詣乾清宮文宗顯皇帝聖容前，行禮。詣鍾粹宮，慈安端裕康慶皇太后前，行禮。詣長春宮，慈禧端佑康頤皇太后前，行禮。易縞素，詣觀德殿大行皇帝几筵前，行祭告禮。更禮服出，御殿受朝賀。至儲秀宮，嘉順皇后（即同治皇后）前，行禮……

光緒進宮是十二月初六日，而登極是第二年正月二十日。這一點，在當時所有官、私記載中都是一樣的，慈禧太后也絕不會到太和殿去參加登極大典。至於細節，也不符合，實際登極的時辰不是午夜；隨扈的大臣都應騎馬，沒有坐着大轎隨駕的制度。皇帝升座時，所有應參加典禮的大小官員應都已就位，不可能只來某些人，還有某些人陸續來，這種情況是絕對不會發生的。

第五〇頁：「及至這一班皇親國戚都向光緒帝叩頭道賀過之後，便得輪到一班朝臣了。他們是在好幾小時以前早就紛紛趕來，齊集在午門外，耐心等候着的。一聽有命宣召，便忙按着等級，排着班，逐一走上殿來。」

按：這一段敘述朝賀的人輪流進殿向皇帝叩頭道賀，這完全是德齡憑空設想的。實際情況是王公大臣、文武百官凡來行禮的，都在殿外，各有自己的班位。行禮時，聽贊禮人的口令，一齊叩拜。

據《皇朝掌故彙編》載：

> 凡班位，親王、郡王、貝勒一班，貝子、入八分鎮國公、輔國公一班，在丹陛之上……不入八分鎮國公以下文武百官在丹墀之下，立位東西各九班，班如其品。

據《大清會典》載：

> 太和殿丹墀下為文武官行禮位，範銅為山形，鐫清漢文正從一品至九品，東西各二行，行十有八，列於御道兩旁。

以上是規定來行禮的人，都在殿外。另外還有侍班的人（即在典禮中執事的，不是來行禮的）。

據《皇朝掌故彙編》載：

> 凡侍班大學士、學士、詹事、少詹，講讀學士立於殿外東簷第三柱西面。左都御史、左副都御史立於西簷下第三柱東面，皆北上。記注官四人立於殿內西三楹東面。前引大臣十人在寶座前立，東西面。後扈內大臣二人在御座旁左右立。內大臣率豹尾班侍衛左右各十人，在寶座後兩旁。

以上是殿內和殿簷下執事人員的位置。還有殿外的執事人員，如樂部的典樂，鴻臚寺的鳴贊官、序班，鑾儀衛的鳴鞭官，都察院的糾儀御史等立於簷下或丹墀。總之殿內外的執事人員，在這時候都不參加行禮。下面把光緒《大清會典》中關於登極禮的程序介紹如下，讀者可以和德齡所寫的登極一節對照來看。

據《大清會典》載：

登極之禮，先期分遣官祗告天、地、太廟、社稷。至日五鼓，各執事官入太和殿，設寶案於御座前正中，設詔案筆硯案，表案。陳鹵簿、法駕，樂懸均如儀。內閣學士一人奉詔書，禮部儀制司官奉表，內閣中書奉筆硯，均陳於案。大學士一人率學士詣乾清門，恭奉皇帝之寶至太和殿奉安寶案正中。質明，皇帝詣几筵前行祗告受命禮畢，至側殿更禮服，詣皇太后宮，皇太后更吉服升座，皇帝行三跪九叩禮。至時禮部堂官二人詣乾清門告時，皇帝由乾清門左旁門出，乘輿，導引，扈衛如儀。午門鳴鐘鼓，皇帝御中和殿，內大臣、侍衛、內閣、禮部、都察院執事各官於殿前行禮畢，各供職事。禮部尚書一人進至簷下，跪奏請即皇帝位。皇帝御太和殿，升座，鳴鞭。王公百官行三跪九叩禮畢，大學士詣寶案恭視學士用寶訖，乃頒詔，佈告天下，禮成。鳴鞭，皇帝退朝，至乾清門外降輿，仍由左旁門入，更衣還宮。

第九章、《不吉的預兆》

第六二頁：「慈安對於咸豐的特別寵愛這位蘭貴妃（就是慈禧未做皇太后前的封號）……」

按：慈禧太后初進宮時名號是蘭貴人。後升懿嬪、懿妃、懿貴妃。沒有「蘭貴妃」的封號。

第六八頁：「……再加太后聽信了幾個客卿的話，輕易不願和法國人開戰。」

按：中法戰爭時期，中國雖然已經僱用洋人擔任顧問或技師之類職務，但太后從未和這些人見過面，因此無從聽信客卿的話。

第十章、《皇上的日常生活》

第七六頁：「……王商這個忠心的太監……」

按：當時有個王祥，是伺候皇帝的一個總管太監。內務府的人員和其他太監都習慣稱他為「祥王老爺」。「王商」是譯音的錯誤。

第七九頁：「他們這一批人出了太后的寢宮，便曲曲折折穿過了許多宮院，逕望那受朝理事的大殿行去（通常總是在太和殿）……」

按：太和殿是舉行大典禮及慶節受賀的地方，至於日常理事和召對，從來不在太和殿。

第八二頁：「奴才啟奏太后，方才奴才經過皇上的書房，瞧見翁師傅不守規矩，竟是大模大樣的坐在皇上的面前，求太后定奪。」

「這位太后的脾氣偏是最介介於這些拘泥不通的禮法的。如果她聽見有人破壞了向來的規矩，或者還沒有破壞，只是表示了一些不大重視的神氣，她老人家就要大發雷霆了。當時她一聽這太監的報告，自然也是怒不可遏，便立刻差人去把翁同龢叫了來。」

按：咸豐十一年，世鐸等奏准的《垂簾章程》內有一條：「皇帝入學讀書，未便令師傅跪授，亦未便久令侍立。援漢桓榮授業之儀，於御座書案之右為師傅旁設一座，以便授讀。」這是同治在弘德殿入學時的規定。以後光緒、宣統在毓慶宮讀書，都是遵循這個規定。翁同龢日記中有很多處記有關於在書房授讀的情況。例如：「同治時始於書房設寶座一，南向，方桌旁設授書者坐一。」光緒九年太后諭宮內太監在皇帝左右有不守法度者，翁同龢即可指名具奏。十年，又諭照弘德殿舊式立功課簿以便稽查。這些可靠的史料說明德齡所寫的情況是不可能發生的。

第八四頁：「另外有一位師傅是專門教光緒書法的……寫好了字，光緒便要唸書了……她老人家早就向那個教畫圖的師傅囑咐過了……」

按：德齡所說光緒有三個師傅，一個教寫字，一個教唸書，一個教圖畫。這也是她憑空設想的。據翁同龢日記，光緒二年「四月二十一日，與子松同詣上書房恭候。是日上（指光緒）始入學讀書。卯正，親詣聖人堂行禮。從官皆補褂朝珠，余等站班後與伯王、劻貝勒俱至毓慶宮。上御後殿明間寶座。余等四人行三跪九叩禮畢，上降座臨軒向諸臣揖……」這裡提到的「余」是翁同龢自稱，子松是夏同善。翁、夏二人都是教唸書的，也包括寫字，並不是一人教書而另一人教寫字。伯王，名伯顏諾謨祜。劻貝勒，即奕劻。這二人一個教騎射，一個教滿文和禮節。除這四人外，並無教畫的師傅。

第八九頁：「『醇王福晉是不會再回來了，萬歲爺！』翁同龢和王商所供予他的答覆，每次大概總是用這兩句話。『她老人家已經很快樂地上西天去了！』幸而光緒的年齡畢竟還嫌太小，他們給他這樣一說，他也就滿意了……」

按：這一章的後面，第十一章《小朝廷》裡面說光緒過七歲的生日，那麼這一節說光緒的生母醇王福晉已經死了，就是說光緒這時最多也不過七歲。這完全不符合史實。《德宗本紀》載：

（光緒二十二年，五月）癸卯，醇賢親王福晉葉赫那拉氏薨，輟朝十一日，上奉皇太后臨邸視殮，越日復往奠祭……六月……壬申，醇賢親王福晉金棺奉移，上躬詣臨送。甲戌，上奉皇太后如醇王園寓臨奠福晉金棺……二十三年……五月……丁未，上詣本生妣醇賢親王福晉園寢，周年釋服。

光緒二十二年時，光緒已經二十六歲，不是像德齡所說光緒還太小，不到七歲。

第十一章、《小朝廷》

這一章敘述光緒七歲生日，舉行大朝典禮，還給光緒選擇了皇后，並把這個小姑娘留在宮中，讓她和光緒在一起遊戲。這都是不符合歷史情況的。

按：光緒四年光緒整七歲，他的生日是六月二十六日，在這一天並沒有舉行大朝典禮。據實錄載：六月丙午（即二十六日）萬壽節，光緒「御乾清宮受賀」。在清代這屬於「酌減令節禮儀」的性質。德齡所敘皇帝御殿受賀的情況全是不對的。例如九五頁：「在朝上官階最高的……他們都可以站到殿上去，離得光緒很近。餘下的一班官兒，再按着等級，一排一排地站在級下，不停地向光緒叩着頭，嘴裡還像唸經似的背誦着他們的祝詞。」又，九五頁：「從第一位大臣走上殿來，直至最後的一位官員磕過頭站起來……全部的朝臣退出之後，光緒還得接見一批王親國戚。這一批人，因為比較是和這位萬歲爺更親近一些的緣故，所以大部份還帶着他們家裡的小孩子一起來的。」

按：御殿受賀時，來行禮的文武百官都各有自己的班位，不能輪流進殿內去叩頭，也不能大家都背誦祝詞。如有宣讀賀表的儀式，是由一位大學士代表全體來宣讀的。關於小孩子進宮的問題，如果帝后喜歡王公貴戚某一家的小孩，在平時當然可以傳旨讓其家長帶小孩進宮，雖然沒有什麼明文規定，還不排除有這種可能，但朝賀大典則絕無攜帶小孩的可能。德齡之所以編造小孩參加朝賀的情節，是為了在後面一段中安排一個小皇后在宮中陪伴七歲的小皇帝。然而這也並非事實。光緒十五年大婚，十三年選定的皇后，這一點官方和私人的記載都是同樣的。

第九七頁：「……另外又有一大批人擁上殿來給光緒磕頭了。他們就是合宮的太監和宮女。」

按：太和殿大朝，殿內執事人員的立位和殿外王公文武百官的拜位，前面已詳述過，這裡不再重複。現在把乾清宮御殿受賀的位置補敘於後：據嘉慶十八年酌減令節禮儀諭：「十月初六日，為朕壽辰，朕御乾清宮。皇子、諸王、貝勒、貝子、公、文武頭品大臣、二品內廷行走諸臣、御前侍衛、乾清門侍衛俱在乾清門內行禮。二品文武大臣、三四五品京堂俱在保和殿階下向乾清門行禮。」據《翁文恭公日記》：「光緒十七年六月二十六日，上還宮，御乾清宮。維時雨已止，地尚濕。王等在殿簷下。一品二品及內廷行走人員，均在乾清門內簷下。二品以下在門外階上行禮。樂設而不作。停止聽戲。」

這兩次事例，都説明在乾清宮朝賀也同樣沒有王公文武百官輪流進殿內行禮的。太監更沒資格進殿內行禮。這個朝賀儀式還是屬於大朝而酌減的性質，根本不可能出現太監。太監行禮應該在內朝之禮的最後。據《國朝宮史續編》載：「皇帝御乾清宮，升座。樂止。隔扇垂簾，宮殿監恭導皇后，率皇貴妃、貴妃、妃、嬪等位，以次進……宮殿監率闔宮首領太監，在東西丹墀下隨行禮畢。」

第一〇〇頁：「那些皇親國戚，合着一班特許進宮聽戲的大臣，便都站在這殿廷裡，很拘束地聽着台上所唱的戲。」

按：賞入座聽戲的人並不站在殿庭裡。據《翁文恭公日記》載：「同治五年，三月二十三日，萬壽節。巳初，會齊於月華門，隨諸公入，至重華宮聽戲。規制甚窄，西廂極淺，諸臣由西入，其在東廂者，即從宮階前經過。余等在西邊坐次在南齋下。入座叩頭一。少頃賜果盒，叩頭一。又賜點心一盒，叩頭一。戲約三齣，賜文綺等物。諸臣立庭中向上叩頭三，即退。」歷史檔案中也有不少關於賞聽戲的記載，都是入座聽戲，不過沒有椅或凳，而是地下鋪椶氈，上面加一層厚氈，再加墊子。

第一〇八頁：「談到犧牲，她（指西太后）的犧牲是格外大咧！她小時候的情人不是榮祿嗎？」

按：這裡所說榮祿和西太后年輕時曾經是一對情人，很早就有這個故事，不是德齡首創編造的。但這個故事純屬無稽之談。他們年輕時，這兩個家庭沒有什麼來往關係。

第十二章、《特種教育》

這一章裡所寫的西太后安排桂祥的女兒（即後來的光緒皇后）在宮中陪伴光緒，在御花園中學習射箭等等情節全屬虛構。

第十三章、《不滿意的配偶》

這一章敘述光緒大婚的前前後後，大事和細節幾乎全是錯的。例如：

第一二五頁：「這件事便像這樣決定了。」

第一二六頁：「第二天早上，太后是決不肯再把這件事耽擱下去的，便立即召進一位內務大臣來，教他草就了一通聘桂公爺之女為后的詔書，馬上發繕，就在當天下午送到了她令弟桂公爺的府上去……當這通詔書賫到桂公爺的府上的時候，他們全家的人——連靜芬（這個名字也是杜撰的）一起在內——少不得都要跑下來迎接……等他們磕過一遍頭，那個太監然後才把詔書打開，一句句的唸給他們聽……」

按：光緒年的《大清會典》載：

大婚之禮，由部（指禮部）行欽天監諏吉。翰林院恭擬冊文，敕所司製冊寶，備儀物，豫期行納采禮。所司具儀物，以禮部尚書一人充使，內務府總管大臣一人副之。

會典中明白指出，給后父的不是什麼詔書，也不用內務大臣起草，到桂公府去的正使是禮部尚書一人，副使是內務府總管大臣一人，不是太監。皇帝大婚的程序，在選定皇后以後，首先是「納采」。所謂納采就是民間「放定」的意思。其次是「大徵」，就是民間「過禮」的意思。

第一二七頁：「第一件最重要的事情，就是要從皇族中選擇兩位最適宜的公主，或是郡主，請她們在那一個行聘的日子上，率領着許多儀仗，和那些賚送聘禮的太監，從宮內出發，到桂公爺府上去。」

第一二九頁：「……在她們的後面，就是一頂八人抬的涼轎……匣內就是裝的那一柄『如意』……第二頂轎子裡是只裝兩枚金戒……第三頂轎子裡裝的是那一對黃色貢緞的枕套。以下……便全是裝的送給靜芬的衣料。那最後一頂，就是第八頂裡頭，所裝的便是全部的首飾。」

第一二八頁：「這些衣料，自然都是極華貴的綾羅綢緞之類，決沒有半些布帛在內……」

按：上述情節，包括納采和大徵，這兩次給皇后家送禮，事實上都應該是禮部尚書一人、內務府總管一人，充正副使，從來沒有派兩位公主或郡主充正副使的事例。至於物品，當然不排除有金戒在內，但絕無一個采亭（即德齡所説涼轎）裡裝兩隻戒指的道理，這不是主要的禮物。納采的主要禮物是馬十匹、甲冑十副、緞百匹、布二百匹。不是「決沒有半些布帛在內」。還有賜后父宴餑餑桌八十張、酒宴八十席、羊九十九隻、禮奶酒和燒黃酒八十瓶，等等。大徵的儀物，主要有黃金二百兩、白銀一萬兩、金茶器一具、銀茶器二具、銀盆二具、緞千尺、馬六十匹，等等。這是有《大婚典禮紅檔》可查的。

第一三〇頁：「……但她的年齡究竟還嫌太小（她只比光緒長得一歲，其時才十一歲），對於婚姻這件事的認識，也和光緒同樣的淺薄模糊……不過她這個皇后的名位實在來得太突兀了……」

按：光緒十四年行納采禮。光緒四歲時即位，到十四年時已十七歲。德齡在這裡說皇后這一年才十一歲，還比光緒大一歲，這完全是隨意說的。

第十四章、《李蓮英》

第一三四頁：「……要研究他所懷恨光緒的緣故……還是跳不出一個妒忌心……」

第一三八頁：「這一年的元宵節，太后少不得又要把這種神桌撤下來的糕餅分給各人了，她特地自己從盤裡挑了幾塊最好的交給李蓮英，教他去送給光緒。這對於光緒，當然是一種很可誇耀的光榮……但是在李蓮英的眼裡看來，委實覺得很不舒服。他想這樣一個可厭的小孩子，偏能接受太后這樣大的恩典，怎麼好教人甘心呢？……他就……毫不在意的把它們分給了幾個小太監。」

第一四〇頁：「……誰不知道李蓮英一向懷恨光緒……」

按：這一章可以說編造得極其不合邏輯。現在先談第一節：太后和皇帝每日傳膳，在檔案中都有詳細具體的記載。太后每日不間斷的都有賞皇帝的食品，所以根本談不上什麼「大恩典」或值得「誇耀」。至於說李蓮英從來就懷恨光緒，也講不通，世界上沒有無緣無故的恨，如果像德齡所說是由於妒忌，也不合邏輯。光緒是皇帝，李蓮英是太監，即使把光緒帝廢除，李蓮英也做不了皇帝。太后賞皇帝的「克什」被李蓮英扣下分給小太監，這種事是絕不可能發生的。

第一四一頁：「在當時，能夠左右太后的主張的，也的確只有李蓮英一個人。所以人家既非找他不可，他也落得湊此發一些財。只要他替一個人辦好了一件事情，那麼幾千兩銀子是最少的酬報。」

按：不少人認為李蓮英能夠左右西太后，並調唆西太后與光緒之間不和，甚至遇事刁難光緒，就如德齡所寫，光緒與李蓮英互相懷恨，等等。這些都不是德齡創造的，而是她聽別人說的，過去有些筆記或野史也有過這類記載。

我曾經聽見三個人說過一些關於李蓮英的情況：一是故宮博物院的技師徐文璘，他在光緒年間當過做鐘處的柏唐阿；一是名畫家溥儒，他是恭親王奕訢之孫，我曾經向他學過畫；一是我從前的鄰居，阿拉坦瓦齊爾郡王，他是光緒年間御前大臣伯顏諾謨祜親王之孫。這三位說的情況，除徐文璘同志是親身經歷外，後兩位都是聽他們上輩說的，代表着恭親王和伯顏諾謨祜親王的看法。

徐老先生在光緒年間，除擔任修理鐘錶的工作以外，還負責到皇帝所住的地方給鐘錶上弦。他說：「常有人跟我打聽，光緒最恨李蓮英，李蓮英也常給光緒穿小鞋，這些事是真的嗎？我瞧見過的那種情景可不是這個意思。譬如那當兒，光緒住南海的日子，李蓮英住的那所房子叫福祿居，在中海。光緒還常帶着隨侍太監到福祿居找李蓮英聊天。每次去的時候，李蓮英到門外跪接，然後跟着進屋。光緒坐在前簷炕上，賞李蓮英坐，李蓮英叩頭謝座，就坐在炕下的腳踏上，陪着說話。光緒叫他「諳達」（滿語老夥伴，也含有師傅的意思）。光緒喜歡洋鐘洋表，並且愛拆卸再安裝。李蓮英也喜歡鐘錶，有時拆卸了，他們都裝不上，就叫我去。」

阿拉坦瓦齊爾郡王的祖父，伯顏諾謨祜親王是教光緒禮節和騎馬射箭的師傅。在毓慶宮和翁同龢每天陪着光緒在一起，兩人同是光緒的心腹近臣。假如說當時朝中有帝黨后黨之分，這位伯顏諾謨祜親王和翁同龢一文一武，都是地道的帝黨。阿拉坦瓦齊爾郡王說：「李蓮英這個人可真夠圓滑的，聽說（指聽他上輩人說）不但太后喜歡他，皇上也喜歡他。光緒皇上從小時候就是李蓮英任看護責任，光緒稱他『諳達』，不叫他名字。我們太王爺（指伯王）說過，皇上常誇獎李蓮英忠心事主。」

溥心畬先生說：「李蓮英，在當時那樣聚斂發財，都是內務府那些人替他造的聲勢。譬如說，有個記名海關道，正在等待外放的時候，內務府有一種掮客式的官員，就來向這個人遊説，勸他出錢走李總管的門路，包他得肥缺，比如説『上海道』。經過要價還價，最後成交，銀子被經手人拿走。等到『引見』過後，旨意下來：『蘇松太道，着××補授』。這人如果如願，當然覺得投這筆資划得來，這條門路真靈。掮客也可以拿這件事作為活廣告來吹噓，他就可以有更多的生意。實際上這是行賄的人碰巧達到了目的，因為李蓮英並不敢真的向太后説某人可以放什麼缺。西太后是以英明自居的，陞遷調補的名單，如果需要商量，也只是向軍機大臣們諮詢，或者命某個督撫保舉人才，但最後決定還是出自上裁，不肯大權旁落，是不會容忍一個太監操縱左右的。李蓮英是很狡黠的人，他當然不肯幹這種蠢事。實際上，等待放缺的官員已經記名，雖有一等肥缺或次等的區別，但總拿得到一個缺。那些花錢走門路得到好缺的人，雖説是碰運氣來的，但他總認為是走門路的效果。至於有些人花了錢而只得到次等缺或這一次沒得缺，則遺憾的是認為自己出錢少了，或所托非人，下一次要走李總管的門路，加上各種掮客故神其説，這就為李蓮英造成更大的聲勢。其實李蓮英只要把太后的起居飲食伺候好就行了。所以有人參奏李蓮英招權納賄賣缺，西太后當然不相信，這就是參不動李蓮英的原因。李蓮英的地位越穩固，進銀子的機會也就越來越多。」溥心畬這些分析，也代表他上輩人的看法。

這三人的看法，彼此沒有矛盾，並且可以互相補充。據情理分析，當時西太后已是老年人，而皇帝才三十多歲，誰都會估計太后會比皇帝先死，李蓮英對此也不會有什麼反常的估計，只有向太后和皇帝兩面討好，對於李蓮英來說才是立於不敗之地的策略，他也確是具備這種條件和本領的。相反，那種說李蓮英故意刁難光緒以及調唆西太后整治光緒等等說法都是不合邏輯的。且兩宮不和，是事物本質決定的，李蓮英起不了那樣大的作用。

第一四四頁：「……逢到立春節。朝廷上是少不得又有一番特別的禮數的。其中最重要的一件，就是皇帝赴天壇祭天的事。因為現在光緒已經十二歲了，太后知道他盡可勝任得下，所以不預備再伴他同去，決定教他一個人去試一次。」

按：據《德宗景皇帝實錄》載，光緒皇帝於光緒十二年十一月冬至第一次到天壇，親行祀天禮。在此以前，每年都是派親王恭代。德齡書中說光緒十二歲、即光緒八年時去天壇行祀天禮，這是一個錯誤。其次是說在此以前是由太后陪着皇帝到天壇，這也是絕對不可能的，無論在制度上、還是實際生活中，都不曾有過太后或皇后去天壇的事。

第一四四頁：「在天壇的正殿的旁邊，另外有一所不相連接的廟宇，裡面供着一尊渾身塗金的神道，是專給歷代的皇帝膜拜的。」

按：《大清通禮》載，大祀之前三日，「太常寺進齋戒牌、銅人，至乾清門，設案，齋戒牌南向，銅人西向。太常寺卿行一跪三叩禮，退。皇帝致齋於大內。」祀前一日：「是日撤乾清門齋戒牌、銅人，恭送齋戒牌、銅人於齋宮。」銅人就是德齡所謂渾身塗金的神道。這個銅人既不是什麼神道，也不是給皇帝膜拜的。

第一四五頁：「到了行禮的所在，照理說，李蓮英就得遵從着太后的囑咐，協同其他幾個太監一起照料光緒，指導光緒……可是因為他早就存了不良之心……逢到光緒有些做錯的地方，他就要用很尖刻的話指摘了……無論如何也不愁光緒會在天壇吵鬧起來。」

按：據《大清通禮》載，清代皇帝祀天，從宮中到天壇，除「大駕鹵簿」以外，在皇帝前後左右隨行的有：前引佩刀大臣十人、提爐侍衛二人、後扈佩刀大臣二人、豹尾班執槍佩儀刀侍衛各十人、佩弓矢侍衛二十人、領侍衛內大臣一人、侍衛班領二人、管宗人府王公二人、散秩大臣一人、前鋒護軍統領一人、給事中御史二人、各部郎中員外郎四人、侍衛班領二人、侍衛什長二人、司黃龍大纛侍衛二人、領侍衛內大臣一人、建纛親軍四人、佩鳴螺親軍六人。

到天壇之後，皇帝「視牲器」，前面有太常寺卿二人，引皇帝至皇穹宇。香案前有司香太常寺少卿一人，贊禮郎一人。禮畢至齋宮致齋。

皇帝詣行禮位時，皇帝拜位前太常寺官二人東面，司祝一人立祝案西，東面。司香五人、司玉帛一人、司帛四人、司爵五人，序立東案之東，西面。司香三人、司帛三人、司爵三人，序立西案之西，東面。以上都是太常寺的職官。光祿寺卿二人立東司香之後，西面。侍衛二人立西司香之後，太常寺贊賜福胙一人立西司爵之次，東面。侍儀禮部尚書一人、侍郎一人立東案之南，西面。都察院左都御史一人、副都御史一人、樂部典樂一人立西案之南，東面。除陪祀的王公、文武百官和有執事的官員各有他們一定的拜位和立位以外，在皇帝前後左右的就是上列禮部、樂部、太常寺、光祿寺、都察院、侍衛，絕對沒有太監的位置。刑餘之人怎能進入祀天大典的行列呢？可以肯定：李蓮英和其他太監絕對不可能在這裡出現。

第一四七頁：「這一天光緒的所以不和李蓮英決裂，另外實在還有一個原因：因為在正月裡頭，宮中要舉行的禮節是挺多的，天壇祭天後的第一日，就有一個皇帝親行春耕的大典。」

第一四八頁：「……最後，再由皇帝親自走下田去，把預先準備下的一具鐵犁，慢慢地推動着……他是根本上不必用甚麼力氣的，自有旁邊幾個太監在出力……而李蓮英……竭力和光緒搗蛋……」

按：這一段敘述整個是錯誤的。這一段是接續上文，說光緒八年時，光緒祭天之後就舉行親耕大典。事實是光緒十三年三月辛巳，光緒十七歲時，才第一次行親耕禮，並不是祭天後的第一日。照例正月到天壇行「祈谷之禮」，日期是正月的上一個辛日，若立春在上辛後，則用次辛。總之，祭天距離親耕相差一個多月。更重要的是親耕絕對沒有太監在旁，幫助皇帝扶犁的是宛平縣農夫二名。《大清通禮》載：

> ……耤田之北，正中為皇帝躬耕位。戶部尚書一人在右，順天府尹一人在左。禮部尚書一人、太常寺卿一人、鑾儀衛使一人在前……從耕田首東班王二人，戶部、兵部、工部、通政司各一人，西上。西班王一人，吏部、禮部、刑部、都察院、大理寺各一人，東上。皆順天府官屬丞倅二人從。樂部典樂一人，和聲署正二人，丞二人立於耤田南，北面。工歌禾詞者十有四人，司金、司鼓、司版、司笛、司笙、司簫各六人，麾五色采旗者五十人，俱於耕所排立。順天府耆老十有九人，上農夫、中農夫、下農夫披蓑戴笠執錢鎛者六十人，魚貫東西序立。署正一人，立於北，東面。鴻臚寺鳴贊一人立於東，西面，一人立於西，東面。侍儀御史二人分立鳴贊官之北，東西面。記注官四人，立台南階下之西，東面。不從耕王公大學士及三品以上官，夾台東西隅翼立陪位。

以上是親耕之禮中全體人員的位置和任務，這裡根本沒有太監的位置。至於耕田時，皇帝左手執鞭，右手掌着耒，順天府耆老（即年老的百姓）二人牽牛，上農夫二人扶犁。順天府尹拿着盛種子的青箱，戶部尚書隨着播種子。工歌者三十六人合唱「禾詞」。皇帝三推，有時還加一推。耕畢御「觀耕台」，升座。御座兩旁有記注官，鴻臚寺序班引順天府官屬及耆老農夫服本色服，持農器至台前，重行序立向皇帝行三跪九叩禮。然後三王五推，六部九卿九推，最後大興、宛平二縣官率農夫至耕耤所把這一塊田種完。

第十五章、《葉赫那拉》

第一五〇頁：「……譬如像葉赫那拉和清廷皇室嫡系間的仇恨，其起因也是由於一句空泛的詛咒……只知道是在滿清入關以後的初期發生的。」

第一五一頁：「當公曆一六四四年滿清入關，征服全中國之後，有一年，突然發生了一件企圖危害皇室的陰謀，它的主謀者就是葉赫那拉族的一個人。他想擴張他自己一族的權勢，想用武力篡奪皇位……宣判他企圖謀反屬實，並且決定處以最慘酷的火刑……於是他用着最後的一口氣，在烈焰中……宣佈了他復仇的誓言：『有一天，葉赫那拉的子孫是一定要向努爾哈赤……清室始祖……的子孫算賬的。』」

按：滿清入關以後，沒有發生過葉赫人要用武力篡奪皇位的事情。《大清律例》中的死刑，最重的有「凌遲處死」，就是「剮」，其次是「斬」「絞」，沒有所謂「火刑」。葉赫和愛新覺羅結下仇恨，遠在明代萬曆年間。明朝政府軍隊的編制在各地設有很多「衛」「所」，當時努爾哈赤是建州衛指揮。萬曆十一年（一五八三），努爾哈赤開始攻佔兼併附近部落，五年時間統一了建州五部。從萬曆十七年到二十二年又兼併了鴨綠江三部。這時努爾哈赤已背叛明朝政府，而當時最忠於明政府的海西衛，即哈達、輝發、烏拉、葉赫等四部遠比努爾哈赤擁有的兵力強、地域大。海西衛和察哈爾蒙古以及朝鮮都向努爾哈赤進攻。努爾哈赤和海西衛進行了長期的戰爭，陸續兼併了海西衛四部，對於葉赫人的殺戮也是有的。葉赫人在最後一個城堡被攻破時，首領金台石堅決不投降，縊死；布揚古降，亦被殺。於是葉赫亡。明神宗命給事中行邊訪求葉赫子孫，賜白金，明臣請為金台石、布揚古立廟。這些都是載於史書的真事。當時這兩個氏族之間的戰爭是兩個敵對部落的戰爭，不存在什麼篡奪皇位及被判刑的問題。除上述史實之外，前人曾在一些野史小說中對此事加以渲染，創造了些想當然的情節，如說金台石死前曾發誓：葉赫氏即使只留下一個人，將來子孫也一定要報仇，等等。德齡對上述史實不瞭解，對於從前野史的渲染又弄錯了時代，另外還編造了葉赫那拉氏陰謀篡奪皇位、失敗後被處火刑的故事，都是無中生有的。

第一五四頁：「所謂御史大人，就是朝廷上的一種諫官。他們並不隸屬於九卿六部之內的，而是另外有一個衙門的，所謂御史院。」

按：這裡所謂御史院，應該叫都察院。九卿，除六部堂上官之外，還有都察院、通政使司、大理寺都列為九卿。所以德齡說御史不屬於九卿是錯誤的。

第一五五頁：「做御史的人，同時又是朝廷的史官……」

按：朝廷的史官，有起居注官、實錄館官、國史館官等。很多是由翰林院修撰、編修、檢討來擔任的，御史不是史官。

第一五六頁：「……清廷方面，明知是不能永遠駕馭他們的，因此便設法和蒙古的領袖訂了一種和親的條約……並且還特別訂明，清朝任何一代的皇帝，如其生了兩個女兒，那麼他的第二個女兒便必須嫁給蒙古任何一位王子做妻子……」

按：清代的公主有很多嫁給蒙古王公是事實，但並沒訂過什麼條約，更沒有什麼第二個女兒必須嫁蒙古王子的規定。

第一五六頁：「靜芬的父親——桂公爺，當初不知道為着什麼緣故，竟很奇特的娶了一個蒙古貴族的女兒，於是連累靜芬也給人家當做『半蒙古人』看。大家紛紛以為把蒙古人的血統帶進宮裡頭去是一件很反常的行為。」

按：光緒皇后根本沒有「靜芬」這個名字。滿族人娶一個蒙古人做妻子，是很平常的事。至於蒙古血統進宮也根本不是什麼反常的行為。順治皇帝的母親孝莊文皇后，同治皇帝的孝哲毅皇后都是地道的蒙古人。

第十六章、《悲劇的序幕》

第一六〇頁：「那一座舉行朝禮的大殿——就是太和殿——到結婚的日子，便是這一對新婚的帝后在上面接受皇室親貴和朝廷大臣的觀賀的所在……抬起頭來，我們可以看到……異常美麗的旗旛，和各種名貴的帷幕，像纓絡似的從天花板上垂下來；而天花板的本身，也已改換了面目，不知道用了多少彩綢，密層層地裱糊起來……這殿上所置的桌几雖不多，卻全是最名貴的烏木製的……大概單是一座最小的花架……同時還在壁上，庭柱間，以及各式的花瓶裡，遍插着各種鮮艷奪目的花卉。差不多京城裡各處園內的名花，已經完全搜羅到了。殿的正中，向來只是有一座龍椅安放着，但在大婚的那一日，必須排成一對……」

按：這一段描寫大婚日太和殿內的景況，全是作者設想的，不符合歷史實際情況。太和殿正中的寶座，從來沒有過陳設一對的事例。也沒有任何一項禮節由皇帝、皇后並坐在太和殿受賀。光緒大婚禮時，皇后鳳輿進乾清門，皇后在乾清宮階下降輿。太監執提爐前導，步行至乾清宮後隔扇乘轎入鍾粹宮。等到合巹吉時，皇帝、皇后在坤寧宮東暖閣，南窗大炕上進合巹宴。炕正中設一張黃漆彩畫龍鳳雙喜字宴桌，帝后對面而坐，宴罷禮成。次日寅時，帝后在東暖閣進團圓宴，仍是在炕上對面坐。宴畢，帝后至景山壽皇殿列聖列后聖容前行禮，至太后宮遞如意，行三跪九叩禮。皇帝回養心殿升座，皇后至皇帝前跪遞如意，皇帝賜皇后如意。皇后回鍾粹宮，在前殿升座受賀，妃、嬪、公主、福晉、一二品命婦在皇后前行三跪九叩禮。禮畢，皇太后賜宴。這是大婚禮中，皇后升座受賀的情況，不是和皇帝並坐在太和殿受賀。

作者關於太和殿內陳設的描繪，也是錯誤的。殿內中間寶座台前有四個高足香几，每個几上有一香爐，台上有御座和屏風。此外，在舉行朝賀大典時，例如大婚受賀，在太和殿內設表案、詔案，案上陳設在京王公百官的賀表和宣示天下的詔書。這兩個案是朱漆髹金的長方桌，上面覆着黃雲緞的桌套，四面是一幅整的黃雲緞桌幃，看不見桌子是什麼木質。德齡在書中提到的烏木桌和花架、桌上放着的價值連城的珍寶、壁上和柱間各式花瓶中的鮮花、天花板上用彩綢裱糊起來，這些通通是沒有的。實際除上述寶座一組之外，只有表案和詔案，地下鋪滿棕毯和黃氈，中間一張黃龍地毯，再沒有其他陳設。至於紮彩是殿外齊簷的裝飾，室內是沒有的。

第一六二頁：「起火的地點就在大清門口……一座龍鳳交蟠的牌樓……」

第一六三至一六四頁：「……而聽着最關心的自然只有醇親王……想不到在他兒子的婚期的前

夜，竟會發生這樣不幸的事情……據後來查明，起火的時間是六點五十分，而預定舉行婚禮的時間是第二天晚上的六點五十分，其間正好相隔一晝夜。」

按：光緒十四年十一月裡太和門曾經發生火災。這是載在實錄和本紀中的。大清門前並沒有牌樓，也沒有過火災。而太和門這場火災和婚禮相隔的時間也不是一晝夜，而是將近兩個月。崇彝所著《道咸以來朝野雜記》中，有一條記載是和實錄符合的，並可以補充具體內容：「光緒十四年戊子、冬十一月，太和門災。次年正月二十五日德宗大婚……每日進匠五百人，就原基之未毀者，掃除之，施以彩繪，頭停施以彩綢，紮成與原式無異，期月而成。」

第十七章、《同床異夢》

第一六七頁：「不到十點鐘，果然就有客人來了，有的是他們的親戚，有的是朝中的官員，老老小小，男男女女，像流水般的上門來。」

按：清代大婚禮，「奉迎」的正日子，皇后家裡人全部都投入這個大典，是無法招待客人的。這一章，敘述大婚禮的情況整個是錯誤的。例如第一七〇頁：「桂公爺的門官預先已把兩扇大門緊緊地關上了……然後由……兩位老公主……說鸞輿已經到門了，請公爺不要留難……待她（指皇后）在喜轎中坐定之後……」第一七一頁：「外面上了鎖，那鑰匙就交給兩位老公主中的一位，讓她帶回去交給光緒。」「再説旗旛和彩傘等等……全由一般小太監擎着，在晴空裡亂舞。同時還有許多官員，今天也是奉着太后懿旨前來迎親的……有的騎……馬，有的坐在……大轎裡……再加上幾百名御林軍，一個個頂盔貫甲……」第一七二頁：「……光緒……戴上一隻明珠頂兒，黃絲絡兒的圍帽……」第一七三頁：「……裡面一班有執事的官員和太監，也忙着各守原位……只等靜芬的鸞輿進來，就要向她叩頭行禮了。」「……那一乘鸞輿……一程逕自擁到了太和殿去……可是靜芬卻還不能立即出轎……就是新郎要射三支桃木箭的一回事。」第一七四頁：「新娘一下轎……一步一步的走上那太和殿去……開始交拜天地起來……太后已從一扇側門裡悄悄地走上了殿來……後來就有人把光緒和靜芬引到她前面去，恭而敬之地向她磕了幾個頭……」第一七五頁：「除了拜天地，拜祖宗，拜老佛爺之外，他們自己也得互相磕幾個頭……夫婦的名份便正式確定了……老公主，便取出兩條絞緊在一起的紅絲綢來，把一頭交給光緒拉着，一頭塞在靜芬的手裡，引他們一同回到新房去……」第一七六頁：「……當天並不賜宴，臣子要吃皇上的喜酒，必須到第二天才能到口。」第一七八頁：「光緒和靜芬進了大殿，便端端正正的在兩個御座上坐了下去。」「這一班王公大人叩過頭退出之後，光緒夫婦倆卻還不能就走。因為宮裡頭那二三千名的宮娥太監也得上來參拜一番……大婚的禮節，到此刻才算全部結束……」

上述的例子，按條駁正如下：

第一七〇頁：轎子到門口，關門要喜錢，這是北方民間娶親的風俗，皇帝大婚沒有這個舉動。

第一七一頁：鎖轎門是沒有的事。也沒有什麼兩位公主來娶親，奉迎的正副使仍舊是由特簡大臣充任。儀仗是由鑾儀衛的人員擎着，並不是小太監的事，也不會在晴空裡亂舞，因為奉迎是在夜間。在奉迎禮中有職務的官員都騎馬，沒有乘轎的。這個奉迎行列中也沒有什麼頂盔貫甲的御林軍。

第一七二頁：光緒戴的帽子，不論是朝冠或吉服冠，都沒有什麼黃絲絡。

第一七三頁：皇后鳳輿進入大清門、天安門、端門……不論是站班官兵，還是有婚禮職務的人員，並不向她叩頭，照舊執行任務。在一切大典禮中，執事人員都不隨班行禮，何況在行進當中，根本沒有行禮的人。對着轎子射三箭，也是民間風俗，大婚禮中沒有這個行動。

第一七四頁：皇后的鳳輿是從後左門過去，並不在太和殿下輿。太后不能到太和殿來，帝后也沒有交拜天地互相叩頭以及用紅絲綢引進新房的事，這都是民間風俗。

第一七六頁：當天賜群臣宴，並不要等第二天。

第一七八頁：帝后沒有並坐太和殿受賀的事。太監宮女向皇后行禮，也不在太和殿。

按《皇朝掌故彙編》記載，奉迎的情況是：

至日發冊奉迎。以大學士一人充正使，禮部尚書一人副之。內大臣、侍衛、暨前導，後隨二品以上官命婦、恭侍女官、執事內監，均預期由所司疏名奏請欽定。是日五鼓，皇帝法駕鹵簿。樂懸全設如常儀。鑾儀衛設皇后儀駕於皇后邸。設龍亭二於太和門階下。鴻臚官設冊案於左，西向，設寶案於右，東向。又設冊寶案於皇后邸廳事，設皇后拜位於案南，禮部堂官，內閣學士奉金冊、金寶及冊寶文於龍亭，鑾儀校舁行，禮部官前導，至太和殿階下，亭止。執事官奉冊寶以次升中階，入殿內，各陳於案，退。質明，正副使立丹墀之東，西面。內大臣、侍衛立丹墀之西，東面，均北上。王公百官咸朝服各按翼序立。執事命婦、女官、內監豫詣皇后邸祇俟。屆時，禮部堂官奏請御殿。皇帝禮服朝於皇太后宮，行禮畢，乘輿出宮。導引、扈衛如常儀。御太和殿，中和韶樂作，升座，樂止，階下鳴鞭。鴻臚官引正副使就拜位，丹陛樂作，贊如儀，行三跪九叩禮畢，樂止。引正副使由左階升，至丹陛御道左，北面西上立。大學士奉冊授正使，奉寶授副使，正副使跪受。興，由中階降，陳冊寶於龍亭。鑾儀校舁行，前列御仗，自午門外鼓吹樂作，正副使前導，內大臣、侍衛隨亭後，由太和門、午門、大清門中道出。乃賜王公百官坐，賜茶畢，鳴鞭，中和韶樂作，皇帝還宮。

正副使至皇后邸，后父朝服率親屬跪迎於大門外道右，候冊寶龍亭過，隨入，至儀門，亭止。正副使奉冊寶授內監，內監奉冊寶以次由中門入。皇后御禮服，引禮女官二人恭導出迎於庭中道右，后母及諸婦咸朝服跪，候過，隨入廳事。皇后東面立，后母及諸婦立皇后後。內監奉冊寶、冊寶文陳於東案。引禮女官恭導皇后就拜位，北面立；又女官四人立拜位左右，均東西面。宣讀女官二人立東案之南，西面。引禮女官奏：跪。皇后跪。讚：宣冊。宣讀女官奉冊文宣訖。讚：受冊。女官一人奉冊自右跪進，皇后祇受，授於左女官一人跪接，陳於西案。次宣寶、授寶，儀如之。奏：興。皇后興。奏：行禮。皇后行六肅三跪三拜禮畢，恭導皇后入內。內監奉冊寶出，授正副使，正副使受冊寶各陳於亭。欽天監官報升輿吉時，鑾儀校舁冊寶亭先行，正副使隨行。女官恭導皇后升輿，鑾儀衛內監舁輿，儀駕鼓樂列輿前，女官四人前導，七人後隨，均乘騎。內大臣、侍衛前導後從。后母率諸婦跪送於庭，后父率親屬跪送於大門外。皇后輿由大清門中門入，至午門外，儀駕止。皇后輿入午門，正副使同內大臣侍衛退，龍亭止。內監奉冊寶前導。皇后輿入自中門，至乾清宮階下降輿，前導後隨女官各退。恭侍女官迎皇后入中宮，內監奉冊寶，安於皇后宮，退。……合巹吉時居，宮中設燕行合巹禮。

翌日，皇帝偕皇后朝於皇太后宮。越三日，皇帝率群臣，皇后率公主、福晉、命婦詣皇太后宮行禮畢。皇帝御太和殿，王公百官上表，行慶賀禮。（皇帝御養心殿）皇后詣皇帝前行禮畢，御中宮。公主、福晉、命婦行慶賀禮。是日以大婚禮成頒詔佈告天下……直省文武官及外藩、屬國進表皇太后、皇帝前，進箋皇后前，各稱賀。

第十九章、《珍妃，可意的人兒》

這一章是説光緒大婚一年以後，翁同龢擔心皇帝沒有兒子，特意給皇帝物色了一個珍妃，一個瑾妃。

按：珍妃參加被挑選的行列，和被選中封為珍嬪，與翁同龢毫無關係，時間也不是在大婚以後。事實是光緒大婚的同時，冊封瑾嬪、珍嬪。光緒二十年同進為妃。瑾、珍二嬪是在奉迎皇后進宮的前一日，由神武門進宮的。

第二十八章、《幽囚中的一對情人》

第三〇九頁：「足足有兩年工夫，光緒每晚從瀛台走往冷宮去探視珍妃，從沒有間斷過一天。」

按：光緒被西太后軟禁在瀛台（在中南海），珍妃被關在紫禁城內寧壽宮後的景祺閣北小屋內。在這個時期，光緒和珍妃在夜間私自會面，事實上根本不可能。首先，光緒如何出西苑門（即中南海的門，正對着紫禁城的西華門）？皇帝住西苑（瀛台在西苑），按清代的制度，有領侍衛內大臣一人、侍衛班領二人，率領佩刀侍衛十人、豹尾槍侍衛十八人，隨扈在西苑值宿。駕出入隨侍。西苑門還有散秩大臣一人、侍衛親軍十人值宿。門外還有前鋒護軍參領，率領護軍值班。皇帝出入，先傳旨，這些負責保衛的當然該隨侍的隨侍，該站班的站班。可以設想：如果皇帝不傳旨，而夜晚私出西苑，能瞞得住值宿的領侍衛內大臣以下這班保衛人員嗎？那是瞞不了的，因而也就無法走出西苑。如果告訴他們，他們保衛職責所在，當然照制度隨扈，那就成為公開的事了。

再說光緒又如何進得紫禁城？根據《大清會典》，當時的門衛制度有如下幾條規定：

紫禁城門，前鋒護軍統領，率領前鋒護軍參領、前鋒護軍，分班入值。上三旗司鑰長一人於景運門、下五旗司鑰長一人於闕左門值宿，掌各門鎖鑰。有曠職及擅自出入者，各論如法。紫禁城四門內磴道柵欄各護軍校二人、護軍八人，防範火班護軍校一人、護軍七人。午門護軍參領一人、護軍校四人，閱門籍護軍二人、護軍十六人。

紫禁城內，後左門、後右門、左翼門、右翼門、中左門、中右門、昭德門……亦各派護軍宿衛。每夕景運門值宿司鑰長，自後左、後右門……貞度門以次驗視扃鐍。午門以隆宗門護軍參領，東華門以蒼震門護軍參領，西華門以啟祥門護軍參領，神武門以吉祥門護軍參領，分視扃鐍畢，遣護軍校納鑰於司鑰長，司鑰長授驗諸門鑰匯貯於篋，復加扃鐍，次日各門校比次領鑰，啟門。

百官執事人出入紫禁城門，皆憑門籍。籍內備載爵秩姓名，於經由之門各置一通。

現在再摘錄《國朝宮史續編》三條：

紫禁城門禁令……每門設紅杖二，以護軍二人，更番輪執，坐門下，親王以下經行，皆不起立，有不報名擅入者撻之。

傳籌之制，紫禁城內五籌遞傳。每夕自景運門發籌，西行，過乾清門，出隆宗門，循而北，過啟祥門，迤而西，過凝華門，迤而北，過中正殿後門，迤北至西北隅，迤而東，過順貞門、吉祥門至東北隅，迤而南，過蒼震門，至東南隅，迤而西，仍至景運門。凡十二汛為一周。

合符之制，塗金為之，鐫陽文聖旨字，外篋並鑰，均藏大內。於景運、隆宗、東華、西華、神武門，豫頒陰文合符一扇存貯。如遇夜有奉旨飭遣、及緊急軍務應即時啟門者，俟大內持出陽文合符，值班護軍統領、參領取陰文合符比驗，乃啟門。

從上述最可靠的資料證明，紫禁城各門按時上鎖，鑰匙交上去。如奉旨開門，也要合符驗看。皇帝從西苑出來，進紫禁城，如果不傳旨開門，也是進不去的。保衛系統如果全部都知道這個秘密，兩年的時間早就保不住密了，何況事實上一次也做不到。我問過寧壽宮的太監耿進喜，他說：「我當年就在寧壽宮當小太監，要真有這事，我怎麼一點影兒都不知道？那怎麼能做得到呢？」

對《瀛台泣血記》一書的逐條具體剖析就到此為止。這本書的無稽之談，幾乎從頭到尾每一章內大大小小都有一些，不勝列舉。有上述的若干例子，已足以說明這本書史實上的謬誤之多！

二、《御香縹緲錄》

《御香縹緲錄》一書，共三七九頁（雲南人民出版社一九八零年三月，根據上海申報館一九三六年四月版本排印）。從第一頁到二二九頁，共二十三章，是敘述德齡等人陪着西太后先到承德避暑山莊，然後又從北京乘火車到奉天（瀋陽），從奉天乘火車回京的過程。

我在前面已說過：根本沒有這回事，純屬虛構。西太后從西安回京，走旱路到了直隸正定府，換乘火車到北京附近的馬家堡，下車乘轎入京（見「迴鑾蹕路」折），這是光緒二十七年的事。西太后在光緒二十六年以前曾在西苑乘過小火車，但在北京以外只乘過正定至馬家堡的這一次。德齡進宮伺候西太后是光緒二十九年（據她自述是一九零三年三月），她並沒有參加這次西太后乘火車的機會，而且也不是到奉天。但她在這本書中寫到的西太后御用火車的狀貌和車內裝飾設備，卻是真實的描寫。這輛御用火車在民國時代還完整如新地保存在正陽門西車站。這輛車當時通稱為「花車」。那時如果認識京漢鐵路局的人，經過介紹，就可以到車廂內參觀。我幼年時曾經到這輛車裡參觀過，想必德齡也看過這輛車，才創造出這段故事。

三、《清宮二年記》

《清宮二年記》原著也是德齡用英文寫的，譯述者顧秋心（雲南人民出版社於一九八一年五月根據一九四九年一月上海百新書店的版本重印出版）。

這本書是一部回憶錄，不是小説，沒有憑空創造故事，但也有若干錯誤，例如：

第一三四頁，作者記錄西太后説的話：「……皇帝單寵愛我一個人，不看別人一眼，很幸運地我生了一個皇子，更使得皇上高興，然而從此我的命運便不濟了，在他統治的最後一年，他忽然病倒了，洋兵又攻進城來燒去圓明園，我們不得不避難到熱河去，當然這件事是大家都熟悉的，當時我還是很年輕，丈夫病危，兒子又小，東宮侄兒，又是一個心地惡辣的人，想謀取大位……我便急急地抱了太子進宮，問後嗣如何決定，皇帝不答，可是事已危急，我又急道：『你的兒子在這裡。』他聽到了這話，即微微的張開眼來説道：『當然是他繼承我。』我這才放心了……」

按：這裡説的東宮指的是慈安太后。但慈安太后的侄兒根本沒有謀取大位這回事。這是由於德齡對於咸豐死後垂簾和輔政那一段內部鬥爭歷史是無所知的，在聽西太后説話時又沒聽出原委來，就誤寫成什麼東宮的侄兒謀取大位。

第一一七頁：「……我（德齡自稱）有兩個哥哥在宮中替太后服務，一個管頤和園全部的電燈，一個管太后的小輪船。照滿洲規矩，官員的子弟，都必須在宮中服務兩三年。」

按：滿洲官員子弟，如果是蔭生出身，可以在京中各部、院、寺當候補主事。如果鄉試、會試中式，也和其他中式人員同樣可以入翰林院或六部，或榜下外用知縣等，在京在外的仕途很廣。當然也有在內廷當差的，但絕不是滿洲官員子弟都必須在宮中當差兩三年。這是由於德齡不懂制度，只看見她兩個哥哥在內廷當差，就誤以為滿洲官員子弟照例須在宮中當差。

第一三一頁：「……皇帝穿着黃袍——上繡金龍，外罩棗紅色的外套……」

按：皇帝的外褂有石青（深藍色，近黑色）、紅青（黑中露紫紅色）、元青（純黑色）色，沒有棗紅色的。皇帝以外，任何官員也都沒有穿棗紅外褂的。可能德齡說的棗紅，指的就是紅青。

第一六六頁：「這殿……設備大略與頤和園和西苑中的殿差不多，只不過寶座是用墨色的橡木製的，嵌着各式的玉石。這殿平日不常用，只有太后萬壽或元旦日才用到它……」

按：作者指的是慈寧宮大殿。但無論宮中或園囿內任何殿中也不會有橡木的寶座，這是因為德齡在歐洲看到的古木器很多是橡木所製，誤以為清宮中的寶座也是橡木的。

第三五頁：「太后剛穿戴好，光緒皇帝穿着禮服來了。他在太后面前跪下說道：『親爸爸，吉祥。』」第五三頁：「……至於李蓮英這人，就是皇后——我們的主婦，也見他怕，不敢不好好地待他。」

按：這兩個例，可能都是翻譯用語不恰當。說吉祥，可能原意是說些有吉祥含義的話，並不是照直說：「親爸爸，吉祥」「太后，吉祥」。這個譯語的影響很大，很多小說、戲劇、電影都以為見面說一句「吉祥」是向太后、皇帝、后妃們問安的專用語，實際是沒有的。我親見過的一些曾經在內廷行走的大員，如毓慶宮授讀的太傅陳寶琛，南書房的翰林朱益藩、袁勵准，內務府大臣寶熙、耆齡，御前侍衛衡永、世傑，郡王銜貝勒載濤，前引大臣貝子溥佑等等，他們都沒聽見過這個語彙。我還問過太監，據他們說，太監與太監之間，有互道吉祥的，但對主位則沒有這樣說的。

「主婦」一詞，原書指皇后。按宮中習慣，據太監們說，背後稱皇后為「主子娘娘」。可能德齡用英文寫這個稱謂時找不到恰當的詞，等到由英文再譯成漢文，就直譯為「主婦」了。從人和人的關係來講，皇后是皇帝家庭的主婦，是不錯的。但宮中卻沒有稱皇后為主婦的習慣語。

上述幾例錯誤，和創造故事有本質的不同，所以除了這類性質的錯誤以外，這本書還可以算是一部回憶錄。

四、《清宮瑣記》

《清宮瑣記》，裕容齡著（北京出版社一九五七年出版，出版之前曾連載於《新觀察》）。

容齡是上述三種書的著者德齡的妹妹。姐妹二人同年入宮伺候西太后，也是同時出宮的。全書共分四十九節，前八節從西太后的身世寫到庚子之亂。作者在第八節之後寫道：「以上所記，是我沒有入宮之前發生的事情。這些事都是我入宮以後聽人說的，特此註明。」按這八節內的史實錯誤不是容齡的責任，是屬於傳聞之誤。現在按次序指出一些：

第一頁：「因為慈禧的封號太長……」按慈禧「徽號」為：「端佑康頤昭豫莊誠壽恭欽獻崇熙聖母皇太后」，不叫封號。

第三頁：「……慈禧生了同治……因而晉陞為禧妃。」按慈禧生同治以後，從懿嬪升為懿妃，不是禧妃。

第八頁：「……大婚那天，先由兩位親王到皇太后宮裡捧出三個玉璽：一個是皇后璽，白玉做的……另外兩個是一金一玉，上刻『某年月日某人的女兒封為皇后』……」按這裡說的全不對。我在前面訂正《瀛台泣血記》第十六章中關於皇帝大婚典禮時，已將大婚制度詳細介紹過，這裡不再重複。

第一〇頁：「光緒即位後，因年歲太小，醇王福晉經常住在宮裡……慈禧氣極了，便讓醇王福晉離開宮中。醇王福晉回家後便生氣得病，不久就死了。」

按：醇王福晉（光緒的生母）死的時候，光緒早已是成年人。詳細情況我在訂正《瀛台泣血記》第十章時已介紹過。

第一二頁：「……皇后便叫二總管崔玉貴傳旨珍妃賜死……光緒和瑾妃在一旁看着，心中非常悲憤，但又不敢言語。」

按：據當時在場的太監說：「當時皇上還不知道此事，珍妃被推入井時，皇上還在養性殿。」也沒說是皇后的提議。

第一二頁：「……慈禧出京的時候，張勳隨從保駕，迴鑾後，慈禧在頤和園仁壽殿召見他……張勳上殿跪下後說了『臣……』下面忘了自己的姓名……就拍拍自己的胸脯，伸出大拇指來說：『臣仁壽殿……』」

按：這一段是從筆記小說裡抄來的，或是誤傳來的，並無此事。

以上是此書前八節中的一些問題。從第九節到第四十九節，是容齡親眼所見，記述的是生活方面的狀況，寫得簡單樸實，未用小說筆墨，但也有錯誤的地方，依次寫在下面：

第一八頁：「……德和園的戲台是三層的……在三層中每層各演一場，三場戲的節目完全相同，三場同時開演，唱作完全一樣。」

按：這段敘述純屬誤解。三層台所演的是一齣戲，情節在三層台上變換發展，並不是三場戲。

第二三頁：「皇后的外褂和蟒袍，都是黃緞子繡花的。」

按：皇后的外褂是石青、或紅青、或元青色，沒有黃外褂的制度。皇后的龍袍是黃色的。

第六八頁：「元旦這天，王府福晉和格格們，也都穿禮服進宮……我們在東廊房子裡等了好久，慈禧和光緒才來到太和殿……慈禧的寶座居中，光緒的寶座在右手。」

按：清代制度只有皇帝一個人在太和殿升座受賀。皇太后從來不到太和殿，即使在垂簾聽政期間，也沒有這樣事例。作者說慈禧的寶座居中，光緒寶座在右手，只是在辛丑迴鑾以後，住在頤和園仁壽殿召見臣工時，常常出現這個狀況。但元旦太和殿大朝，太后和皇帝不會一同在太和殿升座。德齡、容齡於光緒二十九年春天進宮，三十三年春天出宮，容齡有機會在宮中過的元旦，應是光緒三十年、三十一年、三十二年、三十三年這幾年中的一個元旦。從《德宗景皇帝實錄》有關這四個元旦日的詳細記載，足以證明容齡對這個典禮沒弄清楚：

> 光緒三十年甲辰，春正月，庚辰朔。上詣奉先殿堂子行禮。遣官祭太廟後殿。率王以下文武大臣，詣皇極門，慶賀慈禧……皇太后，禮成。御太和殿受朝賀。詣大高殿（拈香），壽皇殿行禮。詣寧壽宮樂壽堂問慈禧……皇太后安。
>
> 光緒三十一年乙巳，春正月，甲戌朔……（行動地點與三十年同）
>
> 光緒三十二年丙午，春正月，己巳朔……（同上地點）
>
> 光緒三十三年丁未，春正月，癸巳朔……（同上）

按實錄所載，正是慈禧居住在樂壽堂那幾年的元旦的行禮地點，證明太后沒有到太和殿。容齡所記述的應該是在皇帝慶賀皇太后禮成以後退出，皇后率領妃、嬪、公主、福晉、一二品命婦慶賀皇太后，行禮。容齡所參加的是這一典禮。皇帝率王以下文武大臣是不會同時和皇后、妃、嬪們在一次典禮中行禮的。大概因為當時容齡年歲小，弄不清什麼禮節，而寫書的時候已經年老，所以寫錯了。另外，書中所説皇帝掛三串朝珠，把「見起」寫作「見啟」，把「敝衣」叫作「花卉」等，也都屬於作者沒有弄清而出現的錯誤。

為影片《傾國傾城》訂正史實

一、西太后的言談舉止

很久以前有一天，在梅蘭芳夫人家裡，吃過晚飯，正在喝茶聊天的時候，梅夫人從一個拆過的信封裡，抽出一張照片，遞給我看。她笑着說：「你看，我這有一張西太后的相片。」我拿在手裡一看，果然是「西太后」坐在寶座上的照片，當然這不用研究就知道是扮演的。我問：「這是誰？」她說：「這是我那個乾女兒，你知道，就是李桂芬的女兒盧燕，從前在上海常住在我家。」我說：「我想起來了，從前您給我看過她唱《汾河灣》柳迎春的照片，很不錯，夠得上梅派扮相。」她把來信也給我看了，我才知道這張西太后照片不是一時高興拍着玩的，原來這位盧燕女士正在拍攝西太后的故事影片。

從這幅照片上來看，她扮演得很有氣派，貌美而老練，正是西太后這個角色應具備的形象。這裡所謂形象不是說她面貌完全和西太后一樣；以西太后六十歲左右的照片來看絕不能給人以美感，不過她年輕的時候曾經美過，既然是拍攝彩色故事片，當然需要盧燕這種形象。過去的電影或話劇演這個角色，總是老醜一派的，我認為西太后這個反派角色，要從本質性格來構成人物形象，如果僅僅以老醜來體現，反而減弱這個反派女性人物的深度。

後來梅夫人約我去看這部影片，我才知道片名叫作《傾國傾城》。我向來對於話劇或電影只看現代題材的，我最不願意看歷史故事題材的話劇或電影，因為這種題材總是給人以不倫不類的可笑感覺。這次因為有盧燕的照片先入為主，又因為應梅夫人之邀，所以就去看了。關於盧燕的扮相和演技，給我的感受和從照片上得到的印象沒有兩樣，的確很好，並且覺得美麗而生動。影片拍攝技術也很好，但影片本身卻是玩噱頭的，不能算是歷史故事片。看完之後，梅夫人問我：「你看怎麼樣？」我說：「還是您的乾女兒演得好，不過整個影片是鬧着玩的。」她說：「你看哪一點不對？」我說：「不是哪一點不對，而是所有細節沒有一點對的。」

例如——

1. 西太后屢次把「去」字，念成「克」，像是故意顯示這個特點。實際北京旗人有某些字音詞彙是有地區的差異（內城和三山、健鋭營之間）和階層的區別（宗室覺羅八旗和包衣旗人之間），例如把「去」字念成「克」。在北京旗人當中確有一部份人是這樣説的，但也有一部份人，「去」就是去，而不念成「克」。我雖然是一九一四年出生的人，但我青年時候，北京親友中旗人，還有不少仍然保持原來風俗習慣的，據我接觸到的他們上層人，「去」就讀作去，而市民階層的有一部份人「去」讀作「克」。我問過載濤先生（光緒的弟弟），據他說「去」念「克」是一般八旗兵丁的習慣語。解放初期話劇《清宮秘史》裡也有這個語音，據載濤先生說：「我們（指他的家庭）根本就不這樣説話，宮裡主位們（指后妃）更不說『克』呀『克』的。」

2. 影片中西太后吃早飯的地點雖沒有表明具體的地點，但出現的景象，是在太和殿或皇極殿一類的大殿中，高高的寶座台上擺桌吃飯，這是絕對不可能有的事。帝后傳膳的地點雖無規定，但絕無到大殿高台上吃飯的例子。以西太后的寢宮而論，在宮內不外長春宮、儲秀宮，或樂壽堂；在頤和園也是樂壽堂。這些地方都是接近住宅式的房屋。傳膳就在室內當中擺一張椅子，椅子前面擺一張類似炕桌樣子的宴桌，滿洲語叫作「圖思根」。在一張圖思根上面又加擺一張圖思根，兩張圖思根疊摞在一起的高度，相當於一個普通方桌的高度。在上面一張圖思根上擺列食物。要更換一批食物時，就把上面一張圖思根撤下，再換上一張，擺列另外的一批食物。在座前圖思根上擺的食物都是她喜歡吃的。還有很多照例不吃的食物，都擺在一張一張的許多高桌上，是為了賞人用的。

3. 宮中演戲的地方，如在紫禁城內，有寧壽宮的暢音閣、重華宮的漱芳齋，在西苑則有晴欄花韻、南海的純一齋，在頤和園則有德和園、聽鸝館。以頤和園為例，譬如在德和園演戲，戲台是坐南朝北的，看戲的地方頤樂殿是北房七間，和戲台之間還有大院子。太后坐在北房東次間的前簷炕上，光緒坐在西次間前簷炕上。皇后坐在東進間前簷炕上，妃嬪們坐在西進間以及東西梢間。賞入座聽戲的王公大臣在東西兩側的房間內，分別其地位高下，有二人一間的，有四人一間的，也有六人一間的。其餘就是宮女太監，各有職守，不是看戲的。所以真正看戲的沒有多少人，院子裡空着不坐人。如果是太后坐在正面樓上包廂，兩旁坐滿了人，樓上樓下，人山人海，拍手叫好，這種景象內廷演戲是沒有的。從前北京在家庭中演堂會戲也沒有拍手叫好的，何況皇宮？並且，宮中演戲是早晨六七點鐘開戲，到下午就散了，從來不演夜戲。

4. 按清代制度，皇太后聖壽節，照例在慈寧宮大殿升殿受賀，中和韶樂設於慈寧宮簷下，設丹陛大樂於長庚門，表案設於寶座前，設皇帝拜位於慈寧門正中。在這一天的早晨，皇帝率群臣到慈寧門，大臣們立在慈寧門外。禮部尚書奏請皇太后御慈寧宮，由太監接奏，皇太后戴朝冠、穿朝服出宮，中和韶樂奏《豫平之章》。皇太后在慈寧宮大殿正中寶座升座，樂止。禮部尚書向皇帝奏請行禮，皇帝在慈寧門正中站立，丹陛樂奏《益平之章》。鴻臚寺官引大臣們在慈寧門外各就拜位立。鳴贊官奏「跪」「拜」「興」（興就是起立），皇帝在鳴贊官口號中行三跪九拜禮，禮畢。禮部尚書奏請皇太后還宮，內監接奏，中和韶樂奏《履平之章》，皇太后從寶座下來，乘輿還宮，樂止。禮部尚書奏，禮成。皇帝從慈寧門退下，升輿還宮，王公百官退。

影片中如出現西太后過六十歲升殿受賀，就應該像上述情景，而不可能是大臣們都排着隊進入殿內。按制度，皇帝只在慈寧門中，王公大臣只能在慈寧門台階下。清代也沒有在行禮時喊「萬歲」

的制度。

當皇帝率百官退下以後，內監設皇后拜位於慈寧宮簷前正中，設貴妃、妃嬪拜位於左右稍後；公主、福晉、一二品命婦在東西丹墀，一切行禮儀式和前者一樣。但兩者是分別舉行的，不是男女混雜的情況。

5. 光緒在西太后生日朝賀時，應該是朝服。按清代皇帝朝服，據《會典》載：「皇帝朝冠冬用薰貂，十月朔至上元用黑狐，上綴朱緯。頂三層貫東珠各一，皆承以金龍四，上銜大珍珠一。夏，織玉草或籐竹絲為之……春秋用青絨。」

6. 有幾個鏡頭是特寫西太后梳妝的，這幾個鏡頭拍攝手法很好。但後側面的特寫鏡頭中看出，對「兩把頭」是什麼樣子，瞭解不夠。

我們中國婦女梳頭，在不同時代，不同地區，不同民族，有不同的特點。總的説來，梳「頭」是指頭上的髻而言，也就是説「髮型」。髻的樣式很多，但有個規律：就是這個髻有的在頭頂上，有的稍偏後，有的在腦後，有的下垂在後頸部。清代漢族婦女的髻，早期是稍偏後，晚期則髻在腦後。滿族婦女「兩把頭」的髻是梳在頭頂上的，腦後只有平平下垂的雁尾。如她腦後還有個很大的髮髻，和漢族北方婦女梳的「片纂」式頭一樣，另外還有「兩把頭」在頭頂。影片中那種滿漢雙上的髮型卻是沒有的。

滿族婦女頭頂上這個髻，俗名叫作「頭座」。這個頭座盤成並用頭繩紮穩妥之後，用一個形似眼鏡架的叉子，插在頭座上。以頭座左邊的一把頭髮往叉子的右圈上繞住，以右邊的一把頭髮往叉子的左圈上繞住，前面以「匾方」別住。頭座前面一排髮中間分開，往兩邊橫梳，也總繞在頭座上。姑娘不露出鬢來，叫作「抿頂」；婦人則露出紋過臉的方鬢角。頭座後面下垂的髮，把髮梢挽回來也紮在頭座上，唯一的要求是越平平地貼在腦後越好。用黑絲線在中間縫出一道中線，最下端略微翹起一點，這部份叫作「雁尾」（音椅兒）。因為左右前後的頭髮都要繞在頭座根上，所以這裡有個「頭箍」把這部份掩蓋起來。這個頭箍的製作，可以簡單地用一條有花色的線針織品，在頭座的根部圍起來；也可以無限的奢侈，用珍珠寶石串成一個頭箍。

前面所說的兩把頭上的「匾方」就是一根大扁簪，可以是銅的、銀的，也可以是金的、翠的。頭座中間貼着頭髮插一朵較大的花，叫作「頭正」，可以用絨絹花，也可以用珠翠一類的花，或鮮花。頭座左前面插一支鋪貼在髮上的花，叫作「扒花」。右前面插一支翹起的花，叫作戳枝花。這支花的下面戴一根大耳挖，一根小耳挖。兩把頭的兩翅上各有一個叉子針，插進去，在頭翅上只露出一朵平鋪着的梅花釘。頭座後插兩支「壓鬢花」。以上的花可以全用珠、翠、寶石的金銀首飾。也可以用絨絹花，或扎的珠花，也可以三者或兩者穿插着戴。上述的是兩把頭的梳法和式樣，以及戴首飾的規格。

後來在方法上有所演變，就是説兩把頭不用真髮來梳，改用青緞子做成兩把頭的形狀，套在頭座上。當然，頭座還必須用真髮盤成。前面一排髮，也照原來的方法梳成，只是後面的髮也梳在頭座裡面，而用假髮做成雁尾，以線拴繞在頭座上，以保持原來整個形狀。但下垂的程度比原來的長，差不多垂過領口，這是因為這種安裝青緞子的兩把頭，比原來真髮梳的加大了，至於首飾的形式和部位，完全保持原來的樣子。

7. 太后在宮中，或西苑，或頤和園，不論住在什麼地方，凡是從甲地到乙地，不但宮裡人沒有接連不斷大喊「駕到」的情況，即使小聲説話，也從來沒有「駕到」這個語彙。宮中有這樣一個習慣：就是太后或是皇后，譬如在頤和園住，有時從所住的宮步行出來閒走，當然前後總有太監宮女，如果看見前面有內務府的官員或工匠一類的人時，在最前面的太監有向對面來人暗示「主位來了」的責任。這種暗示不用説話，而是用嘴唇吹壓低聲音的口哨。這個對面的人就趕緊避開。如果地方較窄避不及的話，就轉過身，面朝牆垂手侍立，等候主位過去再走。

二、珍妃入宮經過

有家報紙轉來讀者的信，問珍妃和翁同龢是什麼關係，何以翁同龢推薦珍妃。又問李蓮英害過多少人等等問題。很顯然，這些問題想來都是由於看《傾國傾城》影片所引起。《傾國傾城》是根據楊村彬所編的《清宮外史》話劇本拍攝的。這些劇情只是劇情而已，請不要當真事來看。

肯定明確地說，珍妃能參加挑選的行列和被選中為嬪，與翁同龢毫無關係，時間也不是在光緒大婚一年多以後才挑選珍妃。事實是光緒大婚時同時冊封瑾嬪、珍嬪。光緒二十年同進為妃。後因珍妃習尚奢華，屢有乞請，姐妹二人同降為貴人，二十一年又同進為妃。《清史稿．后妃列傳》就是這樣記載的，其他可靠的史料也相同。

關於瑾妃、珍妃被選中的過程，據親見此事、當時的御前首領太監唐冠卿講，是這樣的：光緒大婚前的冬天，西太后為光緒選皇后，在體和殿（西六宮之一的儲秀宮前面）召備選的五個姑娘進內，依次排列。這五個人，首列是都統桂祥之女，即西太后的內侄女；其次為江西巡撫德馨之兩女；末列為禮部左侍郎長敘之兩女，即後來的瑾妃、珍妃。當時西太后面南坐着，光緒在座旁侍立，還有榮壽公主和近支幾個親王福晉都立在座後。

座前設一長桌，在桌上陳設着一柄如意，四個大紅繡花荷包。這是準備給選中的人的定物，如果選中為皇后，就給一柄如意；選中為妃嬪的給一個荷包。當時西太后指着五個姑娘向光緒說：「皇帝，看誰可以選為皇后就給她如意。」說着就把如意遞給光緒。光緒拿着如意就走向德馨的長女，剛要把如意遞給她，這時候西太后大聲叫「皇帝」，當時光緒愣了一下，看見太后示意，才明白太后的意思，不得已把如意遞給首列的桂祥之女。太后匆匆忙忙叫榮壽公主把兩個荷包遞給長敘的兩個女兒，就算挑選完畢，於是德馨的兩個女兒就落選了。這次選定以後，次年正月大婚典禮。皇后由大清門，經天安門、午門進宮。瑾、珍二嬪是在皇后進宮的前一日由神武門進宮。以上是珍妃被選中的真實過程。

光緒的意中人——德馨的長女，後來和一位名叫占鰲的世家弟子結婚，過着正常的日子，可能比正位中宮的生活要舒服多了。

光緒年間，北京有個名旦角演員余玉琴，據德、占兩家的親友們說，德馨的長女面貌很像化妝後的余玉琴。同時又據內務府的人說，光緒很喜歡看余玉琴的戲，常常點他的戲並且給很優厚的賞銀，於是當時人們流傳着一種猜想，就是說光緒看余玉琴，大概是一種精神上的安慰。這是一個笑話插曲，與上述史料性質不同，不能混為一談。

影劇中李蓮英的妹妹也和瑾珍二人站在一個行列備選，這僅僅是劇情而已。事實是不可能出現的。因為這次挑選的性質是選后選妃嬪，而不是內務府一年一度選宮女子。李蓮英的妹妹根本不可能在這個行列中取得備選的資格。並不是像劇本裡所說，因為什麼「滿不點元，漢不選妃」，這是一類市井里巷之語，皇帝不可能用這類市儈成語當作什麼依據的。況且清代也不是絕對沒有漢人妃嬪。順治的妃嬪中就有幾個漢人：恪妃石氏，灤州人、吏部侍郎石申之女。還有陳氏，生有皇子，名叫常寧。還有唐氏、楊氏都是漢人，至於旗人點元雖然只有一個崇綺（即同治皇后之父），也不能絕對說旗人沒有狀元。

清代皇帝行大婚禮的，只有順治、康熙、同治、光緒四朝。因為他們都是兒童年齡即皇帝位，到了結婚年齡，必須選后選妃。挑選的對象是八旗官員的女兒，而內務府包衣佐領下人員的女兒是不在被選之列的。另有一個類型，是在皇子時代已經結婚，如雍正、乾隆、嘉慶、道光、咸豐五朝，即帝位時，原來的福晉（皇子之妻）就冊立為后；原來的側福晉就冊封為妃或嬪，不存在選后選妃的問題。如果選，也只是屬於例行的選秀女。平時照例選入宮中的秀女有兩個來源：一種秀女是指八旗官員的女兒，地位較高。一種秀女，是內務府包衣佐領下的女兒，地位較低。八旗官員的秀女可選為嬪，或妃，或指配宗室王公大臣子弟。內務府包衣佐領下的秀女僅供內廷使令，叫作宮女子。每三年選八旗秀女由戶部主辦。每一年選內務府包衣佐領下的秀女由內務府主辦。

八旗秀女選入以後，封為貴人，或封為嬪、妃，都由皇帝的一句話來決定。例如西太后即屬於這個方式選進宮，最初封為貴人。內務府包衣佐領下秀女，當挑選時是有區別的，選的目的是供使令的，沒有選入即封名號的前例。但作為宮女子如果派去伺候皇帝又得到寵愛的話，也是由皇帝一句話來決定，可以封為常在、答應、貴人，慢慢升為嬪、妃都是可能的。譬如說，李蓮英的妹妹這樣一個人，的確當時西太后曾經傳進宮去，有時在左右像得寵的小貓小狗一樣。她已經取得這樣條件：假設光緒喜歡她，也是一句話，就可以給她一個常在、答應的身份，然後升為貴人、嬪、妃都是完全可能的，無須參加什麼備選行列的手續。不過光緒並沒有喜歡她，所以一切都沒有了。

三、召見官員

影片不止一次地在銀幕上標出歷史年月字幕，當然是以歷史故事的面貌出現的。我向來認為，以歷史故事為背景的題材編寫小説或劇本，除了大事不能變更以外，對於劇中角色和情節是可以創造的。但創造的人物必須是那個時代可能出現的人物，説話必須是那個時代人説的話。情節的發展必須不違背歷史條件。而這個電影劇本中的人物以真實人物而論，例如：光緒、翁同龢、李鴻章、恭王等人在銀幕上出現的言談舉止，絕不是他們應有的言談舉止。

1. 影片中新創造的人物，例如寇連材，在皇帝召見大臣的房間突然出現，慷慨發言，在人群中擠來擠去，連續喝酒，以及向太后上條陳；程月樓在頤和園晚上和珍妃相會。寇連材、程月樓這類人物，在當時的條件下都是不可能有的。

2. 光緒召見官員應該穿常服。常服冠冬季用海龍或紫貂，春秋用青絨，夏用織玉草或籐竹絲，上綴紅緯、紅絨結頂。穿常服袍，顏色可以用寶藍、古銅色、棗紅等（不用黃色），四開衩。外罩石青色的常服褂（沒有花色），穿靴不掛珠。

3. 光緒和翁同龢、李鴻章三人密談，這屬於召見的性質。召見的制度，如果地點在紫禁城內的話，習慣是在乾清宮西暖閣，或養心殿東（或西）暖閣。皇帝坐在木炕的座褥上，由奏事處太監到值房傳旨：「叫×××」（都是叫名字，不叫大人老爺等稱呼），然後領着被召見的人到暖閣門前，掀起簾子讓被召見的人進門。奏事處太監立即退出到院外，原來是內殿的隨侍太監也退出。

被召見的人進門，先跪安，口稱「臣×××恭請皇上聖安」。起立後，走到炕前，在已經鋪好的紅邊白氈厚墊上跪下。皇帝先説話，到談話完畢，還是由皇帝説「跪安吧」。這時候被召見的人跪安，然後倒退幾步，到了接近門檻的地方，轉身出門。召見，可以召見一個人，也可以同時召見幾個人，但室內只有皇帝和被召見的人，嚴格規定不許有另外的人，包括太監都不准停留在室內，這種召見的儀式和規定始終未變。如影片中光緒和翁同龢、李鴻章三人平起平坐，是絕對沒有的情況。

恭王奕訢是光緒的伯伯，但他進宮見光緒，還是照前面所說的屬於召見的儀式，沒有例外，不可能並座，更不可能躺在床上休息，也不可能有珍妃在旁服侍。

4. 西太后召見恭王和召見李鴻章、翁同龢時，恭王和翁同龢都不可穿便服。李鴻章雖然曾經賞穿黃馬褂，但馬褂是「行裝」。在北京也無須穿。這三個人被召見都應當常服補褂朝珠。這三人的常服冠的形式質地都一樣，就是普通所謂的紅纓官帽。恭王是紅寶石頂；李鴻章和翁同龢都是珊瑚頂；李是三眼花翎，翁則一眼翎。三人的補褂都是石青色；恭王的補褂是四團龍，前後是正龍，兩肩行龍。李鴻章是前後四爪正蟒，翁同龢的補褂，應當是仙鶴。

5. 恭王見西太后，在歷史上前後不同時期有不同的儀式。在同治初年，恭王是議政王身份的時候，召見的儀式是：進門跪安，然後站着説話，在他的身旁有個茶几，放一碗茶，但這碗茶從來也不喝，談話完畢跪安，倒退到門檻，然後轉身出門。在光緒年間則是以領班軍機大臣的身份出現，就完全和一般召見的儀式一樣了。但是也絕不可能出現大吵大鬧的情況。

6. 若是西太后稱恭王為六爺，而恭王向她説話卻是「你」怎樣，「你」如何，這在當時是沒有的。太后在召見其他大臣商量事情的時候，如果提到恭王，她是説「恭親王」怎樣怎樣，但當面在必須叫名字的時候，還是叫名字。而恭王見太后時則口稱「皇太后」，不可能有「你」「我」等代名詞。

珍妃沒有和恭王見面的可能，更不能稱恭王為老祖宗。

又，稱李鴻章為李伯爺，這也是設想出來的稱呼。他雖然封爵是肅毅伯，後來晉封為肅毅侯，在當時社會上習慣稱他為李中堂，從來沒有人稱他李伯爺、李侯爺。因為清朝大學士就是相國，比侯伯更尊貴。也不是對李鴻章一人如此，和他同時的人曾國藩、左宗棠都是侯爵，都是大學士，人都稱他中堂，而不稱他曾侯、左侯。曾國藩的兒子曾紀澤是三品卿銜出使外國，人都稱他曾侯爺；李鴻章的孫李國傑襲侯爵，作的官是廣州副都統，人都稱他為李侯爺，而不稱李副都統，這是因為官職沒有爵位高，所以很自然地稱呼為侯爺。

7. 官員們見太后時，一面叩首一面說着如「老佛爺萬壽無疆」等等的話，這在當時是沒有的。官員們不論是見皇帝或見太后，都是跪安，說：「臣××請皇太后聖安。」以下就是回話，或說所要奏明的事情，沒有其他廢話，也不能叫老佛爺。官員們當面必須稱她「皇太后」。至於太監，譬如李蓮英正在「該班」（值班）的時候，太后從屋裡走出來，李蓮英這時候只垂手侍立，既不需要行禮，也無須說廢話。如果太后問話，他立刻跪下回話，如果他主動要奏明什麼事，也要跪奏。如果不是他「該班」的時候，他主動進來奏事，一進門先跪安說「奴才×××請皇太后聖安」，不是說什麼「老佛爺吉祥」一類的話。當時「老佛爺」這個語彙是太監和內務府的官員們背地對西太后的一個代詞，但當面還是稱皇太后，至於大臣們不論當面或背地都不叫「老佛爺」。道「吉祥」這種問候方式，是太監們彼此之間見面互相問候時說的話。太監在帝后面前沒有這種規矩，見大臣們也沒有這種規矩；只有內務府的一些低級官員有的染上這種習氣，見了有地位的太監表示是自己人，問候一聲「××老爺吉祥」。在那個社會，有不少語言很講究分寸，是有區別的。

8. 一群穿戴朝珠補褂、頂翎輝煌的人在街上吃豆腐腦，這種情景在當時是不會出現的。這種打扮的人必須騎馬或坐車，自己無車也要僱用街上的車。從前較小的官員也有步行上衙門的，他們是把靴帽袍褂包在一個包袱裡拿在手上，身穿便服，走到衙門裡才換上官衣，這是常有的事。至於朝珠補褂穿戴齊整的官員，有沒有在街上吃東西的時候呢？也是有的，但一定是叫跟隨的僕人，或車伕去買了來，在車裡坐着吃，絕不可能自己在街上吃，那屬於「有失官體」。

四、怎樣看待李蓮英？

關於李蓮英的傳說，從前只聽到他貪污受賄的罪惡，沒有聽見過說他曾經害人的事。陷害珍妃這類事是不可能的。至於那些不屬於害人的事，例如什麼演禮時，大家都在等他一人，這類事也是不可能的。朝賀禮，無須演習，即使要演禮，也無須大家都等他。他也沒有不到的可能。

關於宮門費，在當時有些官員向太后進貢時，要向經手的太監送宮門費。李蓮英當時是總管太監，當然要多拿的，這是事實。至於劇本中李蓮英向皇帝要宮門費，這是不可能發生的。

曾經有過傳說：李蓮英調唆西太后與光緒之間的不和，或者說遇事刁難光緒等等，有些野史、筆記也有過這類記載。

我曾聽見三個人說過一些關於李蓮英的情況。這三個人，一是名畫家溥儒，我曾經向他學過畫，他是恭親王奕訢之孫。一是我從前的鄰居蒙古王阿拉坦瓦齊爾，他是光緒年間御前大臣、親王伯顏諾謨祜之孫。一是故宮博物院的技師徐文璘，他在光緒年間當過宮中造鐘處的「柏唐阿」（滿語，工匠的意思）。

溥儒說：「李蓮英，在當時能那樣聚斂發財，都是內務府那些人替他造的聲勢。譬如有個記名海關道，正在等待外放的時候，內務府有一種掮客式的官員，就向這個人來遊說，他可以走李總管的門路，包你一定得到肥缺。於是說出一個數目，經過要價還價的過程，最後成交，銀子被經手人拿走。等『引見』過後，旨意下來『蘇松太道，着××補授』。某人得到這樣效果，當然覺得投這筆資真是划得來，這條門路真靈。掮客也可以拿這件事作為活人廣告來吹噓，他就可以有更多的生意。行賄的人固然達到目的，可是實際李蓮英並不敢向太后說。這件事的效果也並非李蓮英的力量。因為，西太后這個人的性格，是以英明自居的，絲毫不肯大權旁落，怎能容忍讓李蓮英一個太監來操縱。假設李蓮英真有一次向西太后説某個官員賢否的話，不論這個官員是真的賢或否，李蓮英便會立刻被革去總管。

「李蓮英是個非常狡黠的人，他不會幹這樣蠢事。實際一些等待放缺的官，已經預備引見，不過有頭等肥缺，或次等的區別。總之會得一個缺，即使不走門路，也一定得到一個。這次不放，將來也必有。那些花錢走門路的人，得到好缺，其實也是碰運氣來的，但他認為是走門路的效果。又有些人花錢走門路，然而得次等缺的人，則遺憾地認為自己錢出少了，某人某人得到好缺一定比他出錢多。至於沒得缺的，也認為這次錢沒花到家，再等一次吧。這樣相因相果，加上那些掮客也故神其説，就造成更大的聲勢。

「李蓮英只是一心一意全副精神把太后伺候好，如果有人參奏李蓮英招權納賄賣缺的話，太后當然不會相信。她可以這樣想：李蓮英招什麼權，他從來沒向我保舉過什麼官，也從來沒説過某個官員不好。這就當然參不動，於是李蓮英的地位就更穩固，進銀子的機會就更多。」溥儒先生這些説法，當然來源於他的上輩。

阿拉坦瓦齊爾的祖父伯顏諾謨祜是教光緒一切禮節和騎馬射箭的師傅。在毓慶宮和翁同龢一文一武，每天和光緒在一起，兩人同是光緒的心腹近臣。如果説當時朝中有帝黨后黨的話，這個伯王和翁同龢都是地道的帝黨。阿拉坦瓦齊爾對於李蓮英的說法也是來源於他的上輩。阿拉坦瓦齊爾說：「李蓮英這個人，可謂真圓滑，不但西太后喜歡他，光緒皇帝也喜歡他。光緒從小時候就是由李蓮英擔任看護，光緒叫他『諳達』（滿語：老夥伴，也含有師傅的意思），並且對我們太王爺（指伯王）還誇獎過『李蓮英忠心事主』。」以上是阿拉坦瓦齊爾所說的話。

徐文璘先生在光緒年間除擔任修理鐘錶以外，還負責到皇帝屋中給鐘上弦（弦就是發條），他對於常去的地點和所接觸到的人都很瞭解。他說：「光緒住南海的日子，李蓮英住中海的『福祿居』。光緒常帶着隨侍太監到『福祿居』找李蓮英聊天。每次去的時候，李蓮英出門跪接，然後跟着進屋。光緒坐在前簷炕上，賞李蓮英坐，他叩過頭就坐在炕前腳踏上，陪着說話。光緒喜歡西洋鐘錶，李蓮英也愛擺弄鐘錶，有時拆卸了裝不上，就叫我（徐自稱）去。」以上是徐文璘先生所說的話。

這三條不同來源的資料，彼此沒有矛盾，並且可以互相補充。我認為溥心畬先生說李蓮英是非常狡黠的人，阿拉坦瓦齊爾先生說李蓮英真圓滑，這兩個評語都很恰當。當時太后已是老年人，而皇帝還年輕，誰都估計是太后先死。李蓮英對此也不會有什麼反常的估計，所以兩面討好的做法，對於李蓮英來說是立於不敗之地的策略。他也具備這種手段和條件，而故意刁難光緒以及調唆西太后整治光緒的傳說，似乎不合邏輯。因為如果這樣做，對於李蓮英自己是不利的。並且兩宮不和是事物本質決定的，李蓮英也起不了那樣大的作用。

太監的服裝沒有什麼特殊。有的話劇或電影工作者，都因為曾經看見過一張流行很廣的西太后照片，前面站着李蓮英、崔玉貴等人，太監都穿蟒袍，誤以為太監或高級太監以蟒袍為制服。（《甲午風雲》故事片也是如此）其實不然。按清代制度：元旦、冬至、夏至和帝后的壽日等盛大節日，七品以上官員都穿蟒袍。當然有品級的太監也如此。皇帝或太后生日每次穿蟒袍還不止一天，在這個期間內叫作「花衣期」。不過穿蟒袍外面還要罩補褂，這一套叫「吉服」。只有在夏季免褂期間，可以敞穿蟒袍不罩補褂。西太后帶着穿蟒袍的太監那幅照片，一定是在免褂季節內「花衣期」照的，所以說，並不是敞穿蟒袍就意味着高級太監。

李蓮英和寇連材對面說話，李蓮英的衣服戴着領子，而寇連材光着脖子沒有領子。可能是想以這兩人的服式不同來區別他們的地位高下。如果是這樣的話，可以用一個人有頂戴，一個人沒有頂戴來區別；或一個藍頂，一個金頂來區別，就合情合理了。清代服裝制度，穿官衣只有伏天的日子裡規定不戴領子，所以李蓮英的衣服無論質地多麼高級，寇連材的衣服無論是什麼樣的次品，但在戴領子或不戴領子這個細節上，二人必須一致，不然便成為在同一場景或同一鏡頭中，有穿着不同季節服裝的人了。

一九七九年六月七日

為電影《火燒圓明園》《垂簾聽政》答客問

【按：《火燒圓明園》和《垂簾聽政》兩部影片公演了，我看過之後，又閱讀了文化藝術出版社編輯出版的特刊。這本特刊載有一篇《李翰祥導演答本刊記者問》，其中有李先生幾句話，「我拍過不少清宮歷史片，我所追求的不是電影，而是生活，也就是說，我念念不忘的就是『真實』這兩個字。」我覺得這兩部影片，從真景真物來看，確實是前所未有的影片，「真實」二字是很地道的。但情節包括生活細節，卻有若干處不是當時所能發生的。究竟藝術真實和歷史真實是否有根本的矛盾？如何達到既是藝術手法，又不違背歷史真實？為了今後更好地拍攝這類題材的電影，可以從這兩部影片中吸取經驗，因此上述問題是值得探討的。這兩部影片的拍攝，是有關部門委託故宮博物院協助，並約請故宮朱家溍先生擔任顧問的。我作為故宮博物院的工作人員之一，自然很關心這兩部影片。我周圍的同志也紛紛向我詢問：歷史真的像影片裡描述的那樣嗎？我帶着這樣的問題，主動去請教了朱家溍先生，獲益匪淺。下面是我和朱先生談話的記錄（問，是整理者的話；答，是朱家溍先生的話）。——整理者】

這兩部電影您看怎麼樣？

這兩部電影的導演，李翰祥先生有靈敏的藝術想像力。又掌握熟練的電影藝術表現技巧，鏡頭很簡捷而貫串。老演員和青年演員的表演都很好，能使觀眾看到人物深邃而複雜的內心世界。還有，運用實景拍攝，場面宏偉，也是這兩部影片的特色。所以，我覺得這兩部影片一定是到處能叫座的。

關於拍攝歷史故事影片，「真實」二字應如何掌握它的分寸？

歷史上的大事和大人物都不能有所變更，不過電影或話劇是文學藝術作品，不能照直只搬歷史過程而沒有文學藝術創作，所以情節有所創作是允許的，也是必要的。但所創作的情節，必須不違反當時的生活方式，也就是說不超出歷史條件。

這部電影開始的畫面是同治登極，有兩大隊騎兵跑進太和門，在太和殿前仍騎在馬上，我看這就超出了歷史條件，不合乎當時的制度。您是怎樣看待這個問題的？

在拍攝前兩天，李先生和我說打算出現太和門內騎馬的畫面，我的回答是「不可以」，並且說明「法駕鹵簿」中的「仗馬」是由每一個校尉牽一匹備鞍轡的馬，在全副「鹵簿」的隊伍中只是牽馬而立，不能騎着跑進來。不料拍攝時仍然是騎着馬。這次在首映式的招待會上，李導演向我敬酒時還笑着說：「您看電影，一開頭看見跑馬，就該罵我了吧？」其實，嚴格說這場戲的問題還不止於此。例如畫面裡「中和韶樂」的樂工正做擊鼓、擊磬的動作，這都是不對的。因為「登極」禮，按清代的制度「丹陛大樂」、「中和韶樂」都是「設而不作」。當時我曾建議這場登極的戲，可以靜靜地有「鳴鞭」三下的聲音和「贊禮」的聲音。只要這種自然聲響就夠了，更能顯示出肅穆的環境氣氛，不用配襯樂。事先我曾說過：在殿內侍班的領侍衛內大臣，內大臣，豹尾班侍衛和記注官站立的部位，還提供了大朝典禮的彩色圖片，可以清楚地知道全體人員的位置。凡是執事官員都應東西相向站立，可是電影中出現的卻都是面南而立，殿內侍班的也超過法定人數太多了，分不出職務的不同。「鳴鞭」的人沒把鞭抖起來，只前後擺了兩擺，這樣不能使觀眾相信鞭子會有聲響。太和殿門前正中的「九龍曲柄蓋」，應該先不支起，等皇帝升座時才支起。它的作用是使殿外全體朝賀的人員和執事人員都知道皇帝升座了。可是電影中出現的「九龍蓋」，卻一直是已經支起的，並且皇帝升座以後，這柄蓋還不住移動，沒有找準位置。這些細節事先都講過，但在這種大場面中，對於眾多沒受過訓練的臨時演員，實在是不易指揮控制。還因為過度緊張，準備工作倉促，在拍攝時對於演員應先交待清楚的，往往也忘記交待。例如我曾說過：《清宮外史》《傾國傾城》等等話劇或電影，都有很多違背當時生活方式的情節、動作和語言。其中之一是后妃和宮女走路時掄着手絹。這在過去的上層社會，不論旗人還是漢人的婦女生活中，都沒有這個動作。而是在曲藝中「什不閒」的表演，常常出現掄手絹走路。這次拍攝，在養心殿又出現了東、西太后穿着朝服，掄着手絹，走向寶座的畫面。這是多年來話劇和電影相沿襲的錯誤的動作。

看了電影之後，您認為哪些情節是不符合歷史真實的？

李翰祥先生還是比較虛心的。他讓我修改分鏡頭劇本時，說最好大刀闊斧的修改，認為不能用的就不客氣的打「×」字。我坦率地照辦了。這兩個劇本，他接受我的意見，刪掉很多場。在現在保留的場面裡，關於情節和語言的修改，也接受了不少。還有一些是我提了意見，也就是我認為不符合歷史真實的地方，導演沒有採納。我覺得應該這樣看，顧問不能代替導演，一部片子是由導演負全責的，導演有自己的見解，對於顧問的意見可以採納，也可以不採納。這是正常的現象。

觀眾看歷史故事片，最關心的是「真事」究竟怎樣？「這件事是這樣嗎？」現在故宮博物院接到觀眾這類來信數量相當多，有的是向故宮博物院領導提出來的，有的是針對顧問提出來的，還包括不少中學歷史教師的來信。我們是歷史文物工作者，有責任回答讀者的問題，給讀者以準確的歷史知識。您作為兩部片子的顧問，我們想請您談談您的看法，這對今後拍攝歷史故事片是有益的。

我可以分兩方面來談，一是我在分鏡頭劇本上提過意見，作過修改，而沒有被採納的問題；一是分鏡頭劇本上根本就沒有，或從文字上看不出問題，而畫面上卻出現了，發生了問題的。總之，我認為兩方面都是與歷史、與當時的社會習俗風尚有出入的。為什麼要分成兩類來談呢？我想，這樣談有利於觀眾、讀者瞭解導演的棄取、創作意圖，有利於分析劇本的改編和歷史的真實。說到底，還是為了幫助讀者、觀眾準確瞭解歷史。下面我就一條一條談談。我先談第一方面的問題，大概有十一處：

1. 在召見大臣，商議守北京或退到熱河的問題時，電影中懿貴妃突然闖出來，慷慨陳詞，大義凜然，儼然是個主戰派。我在劇本上修改為：咸豐召見大臣時，懿貴妃只在室內竊聽，不闖出來，等大臣們退出，咸豐回到內室，懿貴妃向咸豐建議答應洋人的條件，就可以停戰了，也就無須到熱河去了。這樣改動的理由是因為召見的制度，除皇帝和被召見人之外，一概不能留在室內，更不許任何人闖進來。還有西太后和肅順等顧命大臣的矛盾，是咸豐死後輔政和垂簾不能兩立的表現。在懿貴妃時期，她與肅順之間並無矛盾可言。而且一副主戰派的形象，也過於美化了她。在歷史上她不是這樣的人物。

2. 選秀女的一場，咸豐戴着瓜皮小帽，從轎子上看見長春宮院中一群秀女在說笑，就跳下來看她們用手絹做老鼠玩。官員和秀女都叩頭稱「萬歲」，咸豐還說「平身」，這都是不可能的。這一段我在劇本上是按檔案記載修改的。咸豐戴常服冠、穿常服袍褂、乘步輿到延暉閣的樓下升座，看秀女。各旗秀女的車一律停在神武門外，由帶領的官員引秀女進御花園東門，一個行列繞到延暉閣前；每個秀女到御案前站定，等唱名後即走過去，不跪，不叩頭。選中與否都走過去，出門上車回家。選中的以後另有旨。執事的官員也不跪叩，並且不應有兵丁站崗的行列，更不會有穿甲冑的兵。因為清代中後期，所有官和兵的甲冑，只有在「大閱」典禮時才穿用，平時和戰時都不穿。秀女們只應穿家常衣裳，不應穿一律的服色。皇帝不說「平身」，官員們也不呼「萬歲」。這是戲曲詞，生活中是沒有的。

3. 關於用被子包着妃嬪，由太監抬着往皇帝寢宮送，這是導演相信了野史的傳説。實際的制度應該是每晚皇帝進膳時，譬如在養心殿，則各宮妃嬪們都進養心殿院的如意門到燕喜堂。遞綠頭簽，是養心殿內殿首領太監把寫着妃嬪名號的綠頭簽，擺在皇帝膳桌上，皇帝翻某妃的綠頭簽，首領太監就到燕喜堂叫某妃，再向其他妃嬪傳散，於是其他妃嬪各回本宮，等於下班了。被叫的某妃，在這個晚上就和皇帝共同生活。只有皇后一人不參加妃嬪們到燕喜堂聽叫的行列。皇后除自己居住的本宮以外，在養心殿範圍內還有體順堂，也是皇后的寢室。皇帝如果要和皇后共同生活，就主動到體順堂去，不能叫她。在分鏡頭劇本中，我是按上述制度修改的。現在電影雖然也有翻牌子，但是卻不在膳桌上，而是在太和門、乾清門等處追着遞綠頭簽。這是不可能的。用被子包着抬人，也是沒有的事。

4. 關於咸豐和蘭貴人在長春園相遇，聽見唱歌，然後一個跑，一個追。這不僅當時不可能，而且也是電影中早已被人看厭的陳腐舊套。這一段我在劇本上改為咸豐和蘭貴人相遇之後；就進入一個坐落，命太監叫蘭貴人。蘭貴人進門先跪請聖安，太監退出，然後咸豐問話。這一段我只能按着當時的生活方式來這樣創作，最後咸豐問蘭貴人會唱不會，蘭貴人唱了一支昆腔《玉簪記》的琴曲：「煙淡淡兮，輕雲。香靄靄兮，桂陰。歎長宵兮，孤冷。抱玉兔兮，自溫，自溫……」雖然這是我替影片編造的，但還不致於太違反當時的生活方式。我刪去了跑啊、追啊的畫面，還有現代型的《艷陽天》歌。可是，現在電影還是追、跑，唱現代的歌。

5. 皇后和懿貴妃二人為咸豐縫被，這在當時的生活方式裡，也是不可能出現的。

6. 咸豐死的時候，肅順用手在咸豐鼻子上試一試有沒有呼吸，經過試驗，知道已經死了，然後舉哀。這個舉動是不可能發生的。這一段在劇本上我刪掉了肅順的動作，改為太醫請脈，由太醫說「皇帝已經賓天」，然後舉哀。

7. 咸豐死後，恭王奔喪，從午門正中門洞跑出一隊騎兵。這個畫面在劇本中我也刪掉了。因午門的正門，除皇帝出入以外，只有頒詔頒朔等大典出入此門，平時一概不由此出入。即使紫禁城內值班的護軍營兵丁，出入也不走這個門。

8. 關於麗妃的情節，原來在分鏡頭劇本中是寫她在暴風雨的一個夜裡，跑到錘峰上跳下來自殺。當時我還就導演，保留了這段描寫，但改為麗妃作一個惡夢，不是真事。因為第一，她當時不可能跑到山莊以外的錘峰上去。第二，事實她並未自殺，同治時還尊為皇貴太妃，後來是善終的。現在，電影裡出現把麗妃逮捕裝罈子等情況，當然是沒有的事。不過我所看的分鏡頭劇本上，沒有這個情節，是後來加的。所以在看電影之前，我不知道。

9. 關於大喪，梓宮回京等情況。我在分鏡頭劇本中，把和尚、尼姑、喇嘛送殯，以及撒紙錢等一系列民間出殯的內容，都刪掉了。這是按照梓宮奉移的情況改寫的，但他們並未照我改的拍攝。梓宮奉移這個巨大的行列，應該是和活着的皇帝巡省一樣，用全副「騎駕鹵簿」。梓宮前後隨行的人員，仍舊是領侍衛內大臣，內大臣充任前引，後扈。持豹尾槍侍衛，帶弓矢佩刀的侍衛也照舊。梓宮上的罩是明黃色寸蟒緞做成的。在避暑山莊楠木殿几筵的陳設是在梓宮的明黃緞罩前面設寶座，也仍舊設明黃座褥，靠背、寶座前供案，案前設奠酒池，殿前扎素簷彩。而現在電影裡把棺材頭露出來，在院子裡還有挑竿白輓聯類似的點綴，這都是不應有的。在「騎駕鹵簿」中，樂器也應是「設而不作」，除許多馬蹄聲之外，別無聲響。

10. 關於恭王逮捕端華載垣時宣讀的諭旨和睿王醇王逮捕肅順時宣讀的諭旨，在分鏡頭劇本中我都照檔案上記載的這兩道諭旨原文改正過。因為這兩道諭旨的原文都很簡短，作為台詞也很順口。可是電影裡並沒照改正的念，並且還舉着一個照戲曲舞台上道具製作的聖旨，給人以滑稽感。

11. 石匠聽說「葉赫那拉氏」這句回答，立刻吃驚，以致把手打流血。關於這一段對話，我在分鏡頭劇本上曾經註明，努爾哈赤吞併葉赫的史實，在清代旗人、漢人中並不是盡人皆知的事，讀過《皇清開國方略》的人還是少數。廣大的老百姓根本不知道「葉赫那拉」這個姓氏，更無從知道他們之間的仇恨。這個傳說的普遍化是民國以來的情況。以上是在分鏡頭劇本上寫過的書面意見，也有口頭上問我時提過的意見。

除了上面十一處以外，是否就沒問題了？例如麗妃跳舞，就是清代宮廷生活中不可能發生的事。您怎樣看這個情節？

麗妃跳舞當然是不可能的事。清初繼承明代的教坊司，宮中還有女樂，後來撤消了教坊司，完全廢除了女樂。宮中一切戲曲、音樂、舞蹈都沒有女人。如果瞭解一下清代歷史上妃嬪的規章制度，以及平時對妃嬪們的要求，就知道不可能使妃嬪跳舞。在給我看的分鏡頭劇本上沒有這段情節，後來加上跳舞也沒向我徵詢，所以我不知道。

分鏡頭劇本上沒有，而畫面上出現了，發生了問題的還有哪些？

這大概也有十餘處，我也分條談談：

1. 在懿妃生兒子，麗妃生女兒時，太監向皇帝奏稱「生了一位太子爺」，「生了一位公主」，這兩句話，都是不對的。因為皇子在尚未被立為太子時，書面上稱皇×子（中間是排行數字），口頭上稱×阿哥（前面是排行數字），內廷行走官員和太監稱他們為×爺（前面是排行數字）。例如咸豐十一年七月，總管太監的記載上寫着：「萬歲爺賓天，大爺立為皇太子」。這個「大爺」，指的就是後來的同治皇帝。在初生時可以說，生了一位阿哥。公主是封號，在未受封以前，只能稱「格格」。

2. 皇帝召見大臣，無論在某個宮殿，都是在暖閣或次間，不應像電影中幾次出現的在明殿正中的寶座上。召見時，皇帝和大臣應穿同一類的冠服，如吉服，則君臣都是吉服。如果常服冠，常服袍褂、或掛珠、或不掛珠，君臣也是一樣。不可能出現大臣穿補褂，而皇帝戴瓜皮帽的情況。

3. 電影在商議戰守問題時，咸豐說：「調南軍勤王。」南軍的意思，是指南方的軍隊，但當時卻沒有這樣一個語彙。在當時的上諭和奏折中，常見的譬如「江南」「湖廣」「各提鎮」或「某人所節制各營」。

4. 電影中通州會議桌上的煙灰碟是現代物，老的洋貨盛雪茄煙灰的是各種造型不同的銅製品。如用中國式的，可用銅香盤。

5. 電影中咸豐到熱河的時候穿黃馬褂，清代皇帝的馬褂，在《皇朝禮器圖》《大清會典圖》都明載着是石青色（深藍），遇忌辰穿元青色（純黑）。故宮所藏有大量實物，除上述二色外，還有紅青色（黑中含紫）是會典所未載的。清代歷朝皇帝穿馬褂的畫像也都是上述顏色，所以說皇帝不穿黃馬褂。黃馬褂是賞給立下特殊軍功官員的一種特殊待遇。另外，御前大臣、領侍衛內大臣、內大臣等，在隨扈皇帝出巡時，都穿黃馬褂，是作為制服性質穿的。這種黃馬褂的扣絆是石青色的，賞穿黃馬褂的扣絆是黃色的。

6. 電影中幾次出現宮女隨着后妃們的車轎在地下跑路。按宮女隨着后妃出門，都是坐車，不可能在地下跑。

7. 電影中幾次出現從北京到熱河的「折差」，在路上騎馬奔馳，背景都在長陵的神道上，一個個石雕的文臣武臣像一閃而過。明陵在清代，仍然是被保護的禁地，絕對沒有人敢闖入。即使「折差」必須經過昌平州，也自有當時的大道，不會闖入禁地。

8. 電影中有皇后和懿貴妃命總管太監把《起居注》拿來查一查的鏡頭，按清代制度，后妃沒有調閱《起居注》的權利。

9. 電影中有「哨鹿」的特寫，一個人用手指放在口部，做吹哨的樣子。這是誤解「哨」的含義，以為是用手指和嘴唇來吹響。實際上，「哨鹿」是人吹的一種號角，聲音很像鹿鳴，可以把鹿誘來，鹿來之後就不吹了。真的鹿鳴可以誘來更多的鹿。咸豐那次到熱河，沒有打過獵，也沒有進過圍場。

10. 電影中咸豐和麗妃有一個穿甲冑騎馬的鏡頭。清代皇帝自進關以後，擐（huan）甲冑只有大閱、禡（ma）祭、還有對凱旋將士的郊勞等儀式，才作為軍禮服的性質穿用，打獵照例是不穿的。電影中麗妃的甲冑樣式大概是取材於一幅印刷品。這幅印刷品的來源，本屬古物陳列所的一幅油畫屏，來自避暑山莊。這幅油畫是個中國女子的肖像，穿着歐洲中世紀的騎士甲冑，無作者款，畫的背後也沒有其他附帶的文字記載。一九一四年，古物陳列所開幕時，內務部總長說，這大概是香妃的像，古物陳列所就作為香妃像，製版發售了很多。這幅油畫是誰的肖像，至今無可考，畫這種裝束肯定和雍正戴假髮，穿歐洲古代服裝的畫像是同樣性質的遊戲畫像，並不是真穿這種服裝。這幅油畫的印刷品和乾隆皇帝一幅騎馬像的印刷品，又被一位造假畫的人把它們捏合在一起臨摹，造出一張乾隆攜帶香妃打獵的畫，署款郎世寧。在國外這幅假郎世寧畫，也被許多不明真像的編者引用，編入有關的畫冊，於是常常被人當作根據。電影中這個畫面是不應出現的。

11. 電影中有桂良到恭王府去和恭王商量事情的鏡頭。桂良穿袍褂，恭王穿便服，戴瓜皮小帽，這是不對的。從前人家有客來，門房上來回事時，除了向主人說××拜會之外，還要說明來客是穿官衣，還是便衣，主人和來客要一致，不論主客的地位誰高誰低都是這樣。

12. 電影中有一幕在承德普寧寺祈禱的場面，喇嘛很多，拍攝大佛像的幾個角度選擇的很適當，畫面感染力很強，遺憾的是音響效果不對。這一幕是由和尚唸經錄的音。雖然同是佛教，但喇嘛與和尚的唸經，聲音、腔調、音樂都完全不同。如果這一幕請喇嘛唸經錄音，藏語叫作「岡棟」的大號筒聲音，將使這一幕的氣氛顯示出特點。普寧寺是喇嘛廟，不是和尚廟。

13. 避暑山莊的煙波致爽殿，後簷牆上原有個朱紅箋寫的「福」字，是屬於「貼落」性質，從前經常居住使用的地方，「貼落」隨着房屋用途的改變，或重新裱糊時，都可以保留或揭下來。譬如煙波致爽在咸豐死後，可以揭下「福」字來，但絕對沒有換上一個「孝」字的習慣。實際應該在拍攝時，避開大紅「福」字就可以了。貼上這個「孝」字是道具工作的「露怯」創作之一。

14. 電影解説詞説，梓宮回京途中，肅順安排了四個高手，要把西太后一網打盡。當然史實是沒有的，作為設想也是不合邏輯的。譬如電影劇本情節中，有肅順勸咸豐效漢武帝誅勾弋夫人的話，這也是根據傳説發展為戲劇性的設想，但這種創作在邏輯上還説得過去，還是可以允許的。

15. 電影中有宗人府衙門掛着宗人府牌子，菜市口掛着菜市口牌子，這都屬於道具工作的「露怯」創作。衙門的標誌只能出現在大門燈上有一行印刷體字，不是像現在政府部門掛着某局某院的牌子，街道的標誌只少數有牌坊的地方，如西四牌樓上有「大市街」三個字。府學胡同牌坊上有「育賢坊」三個字。菜市口是屬於沒有牌坊的地方，有「西鶴年堂」字號，也就等於菜市口的標誌。街道上掛個地名牌子，是民國以來的事情，清代是沒有的。

16. 電影中殺肅順一場，群眾憤怒氣氛的描寫是不必要的。劇中情節肅順是被害者，而此處百姓突然忿怒，令人不解，於情節有矛盾。肅順除少數政敵以外，當時因國庫空虛，曾一度停發八旗的犒賞，是肅順奏准的，引起旗人對他有些不滿是可能的。這與廣大老百姓無關，老百姓無非是看熱鬧而已，對肅順並無仇恨，況且中國老百姓也沒有拿雞蛋打人的習慣。一般思想還認為摔雞蛋是暴殄天物，吃還不捨得，哪裡捨得摔碎呢。

菜市口行刑的處所，即在平地上，並無高台。電影在這一場面中，還出現了「大理寺」的官衙牌，這是用不着的。因為大理寺不管行刑，照例監斬官是刑部侍郎。

17. 《火燒圓明園》的景中有《永樂大典》，按《永樂大典》，貯藏在皇城內，不在圓明園。

以上一些細節問題，是因為與我們探討的問題有關才提出來的。還有一些，不過看過就忘了。前面我已說過這兩部電影總的成就，所以就不一條一條的談優點了。

您在前面說過，歷史故事片不能只照搬歷史過程，在不超越歷史條件的原則下有所創作足允許的，也是必要的。請您在本片內容中舉例說明一下。

譬如我們從史料上知道，在和局破裂時，僧王逮巴夏禮解京，沒有任何記載說僧王和巴夏禮摔跤，而且僧王也沒有參加議和。但這一段摔跤情節，我覺得是可以允許的，並且在放映時還得到熱烈的掌聲，説明這個創作是觀眾批准的，歡迎的。這一段創作在寫分鏡頭劇本時，李翰祥先生把這段讀給我聽，問我可以不可以，我表示可以。他當時是連説帶演，旁邊還有副導演王淑琰同志，也表示贊成。不過，傳統的摔跤，沒有啊、啊的嚷，拍手的動作也是沒有的。還有一個近年來相沿襲的錯誤，就是僧王準備摔跤時把辮子繞在脖子上。近年來，一些電影、電視劇、話劇，還有京劇《火燒望海樓》等，都有準備打架先把辮子繞在脖子上的動作。在生活中，這是絕對沒有的。請設想，先繞上自己脖子，如果給對方揪住了，一把勒緊，豈不是給自己製造一個弱點嗎？實際上，在有辮子的年代裡，打架都是把辮子盤在頭頂上，勞動時也是這樣。

電影裡八里橋之戰，中國兵完全用刀槍弓箭，可能不合乎當時的情況吧？

是，當時固然還保留着弓箭，但兵丁已普遍使用舊式的火槍，也有炮。在這場戰景中，有許多官和兵穿戴甲冑，也是不對的。前面説過，甲冑只是閱兵時的軍禮服，作戰時是不穿的，有許多書面記載和清代遺留下來記實的圖畫為證。

為電影《譚嗣同》答客問

【按：歷史故事影片《譚嗣同》正式上演了。整理者看過之後，覺得這部影片很好，但也多少有一些問題，為此整理者走訪了這部影片的顧問朱家溍先生，下面是我們的談話記錄，「問」是整理者的話，「答」是朱先生的話。】

朱先生，您覺得《譚嗣同》這部電影怎麼樣？

這部電影不錯，譚嗣同夫婦、康有為、西太后、光緒、榮祿、翁同龢都演的不錯。王玉梅扮演西太后尤其好，面貌、舉止、語氣都很好，她的表演一掃自《清宮外史》《清宮秘史》演出以來演員所習慣的一套模式。

我認為光緒召見康有為是戊戌變法這一段歷史中的一件大事，具有近代史常識的人都知道，這一次是單獨召見，並沒有翁同龢在場。這種大事不應該輕易改動。您作為這部影片的顧問，難道沒提意見嗎？

我建議刪掉或修改的場子相當多，這一場我建議不出現翁同龢。導演對於我的建議基本上是採納了，但對這一場的修改意見他沒有接受。

關於這場戲，我的修改意見除了不要出現翁同龢之外，還主張不要把召見地點說成是頤和園仁壽殿。雖然有一條資料說召見康有為是在仁壽殿。但更為具體確切的是張元濟先生的記載，召見地點是西苑勤政殿（在中南海）。這一天除照例每日召見軍機處大臣之外，還分別單獨召見了榮祿、康有為、張元濟。這是當事人的記載，是第一手史料，當然是可信的。我認為儘管拍攝地點選景可以在仁壽殿內部，但是解說詞中應說歷史上的地點。

至於為什麼要讓翁同龢與康有為一同出現，據說導演認為不這樣不足以說明康有為是翁同龢保舉的。其實，在榮祿、剛毅向西太后奏對的一場戲裡，台詞中已說明了是翁同龢保舉的康有為，我認為已經達到導演目的。而且康有為這次被召見是因禮部侍郎徐致靖的保薦。退一步說，即便違背史實、也不應再違背當時的制度。因為皇帝同時召見兩三個人，只能是君臣間互相問對，被召見官員們彼此是不能對話的。因而電影中康有為聽到翁同龢讚美他，還說「翁師傅誇獎了」就違反制度了。並且在召見時彼此說客氣話是不可能的。按當時習慣，一個官員向皇帝保舉另一官員，照例不會當着皇帝和被保舉者的面說讚揚的話。又如西太后召見榮祿、剛毅、懷塔布的台詞也是成問題的。不論皇帝或太后，派某人去任某職，就是命令他去，如果這個人自己陳述理由說自己才力不夠等等，是可以的。但不會出現太后問榮祿你是當軍機大臣好？還是當直隸總督好？也更不會出現剛毅在旁邊搭腔說「榮大人去當直隸總督如何如何的好」。並且官員在奏對中提到另一人的時候，只能叫名，不能稱某中堂、某大人、某老爺。

這些錯誤的稱呼，您修改劇本沒提意見嗎？

我提了，導演可能因緊張的工作，而疏忽了。以致把少數的錯誤語彙又寫到分鏡頭劇本上了。例如袁世凱說：「我輩軍人……」這話是不對的，袁世凱練兵是「差」，他的官職是直隸按察使，後升兵部侍郎到總督、尚書都是文職。電影台詞中稱譚嗣同為譚大人，康有為為康大人，也是不對的。清代習慣，官至二品，才稱大人。譚、康官不過四品，不能稱大人。另外，官至大學士，才稱中堂，懷塔布當時是尚書，不能稱懷中堂，只能是懷大人。一般人都稱皇帝為皇上，但皇太后向皇帝說話，只能叫皇帝，不稱皇上。譚嗣同在召見時說：「請皇上朝綱獨斷。」「朝綱」一詞不是這樣用法。譚嗣同召見時應說：「請皇上乾綱獨斷」才是當時的語彙。在電影中梁啟超提及「日本大使館」。當時外國駐中國的使節，都是公使，不是大使。電影最後一段，西太后在頤和園要回宮的時候。李蓮英大喊一聲「備駕」。在修改劇本時，我曾建議說：「備駕」這個語彙，過去是根本沒有的。如果要說，只應傳旨「預備起駕」。也用不着大喊。這類大喊來源於戲曲舞台上的「某某駕到」「某某到」。電影硬搬戲曲舞台上的程式，是近年來拍歷史故事片常常使用的可笑的手法，過去生活中不是這樣的。說來話長，這裡不細說了。

這都是從台詞發生的問題，這部影片除台詞之外是不是就沒問題了？

在劇本上看不見的問題，有的在畫面上就看出問題了。例如：

1. 影片開演不久，就看到頤和園樂壽堂，這座殿宇的窗戶是上支下摘的，這種窗戶是雙層，外層是摘窗，白天要摘下來，露出裡面一層玻璃窗，晚間再把摘窗安上去。摘窗是在窗櫺裡麵糊上紙或紗的。現在頤和園為了開放安全，在摘窗上裝玻璃、不糊紙，白天也不摘。而這次拍電影有個特寫的鏡頭，是隔着窗櫺拍攝室內西太后在和宮女們説笑，這個畫面如果要拍就應摘下來露出玻璃，才合乎當時的生活狀況。

2. 譚嗣同所乘的車沒有車幃子，準備騎馬先把髮辮繞在脖子上，後來準備交手開打，也先把辮子繞在脖子上，這都是生活中沒有的事。近年來拍的影片，凡是清代故事都有以辮繞頸這個動作，也是很可笑的表演程式之一。實際上，從前的人準備勞動、或準備動手打架、或摔跤，都是把辮子盤在頭上，如果準備打架先用辮子繞上自己的脖子，豈不很容易被人揪住辮子勒脖子麼？

3. 「皇額娘」一詞，重音應在「額」字，並且「額」字應讀去聲。電影中幾位演員都把重音安排在「娘」字，並且「額」字讀平聲，是不對的。

4. 宣讀革職諭旨，應說「翁同龢接旨」，不應說「聽旨」。翁同龢叩辭時應穿常服褂、無補、戴涼帽，無頂。不應光頭。

5. 榮祿家中宴客，有女演員唱單弦牌子曲，其實當時八角鼓尚無女演員。自民國成立以後，逐漸才有女演員唱大鼓。

6. 譚嗣同、康有為等維新派在飯館一場，飯館太嘈雜混亂。從前北京飯館越是高級就越安靜。同場戲有婦女出現，但當時婦女絕無到飯館社交的可能，即便是妓女陪酒也不可能，那是民國以來才有的，在清代是禁止的。

7. 召見譚嗣同一場，不應走養心門的正門，應走養心門的東角門，凡召見都如此。

8. 榮祿的台詞裡有：「……禮部六堂官……」官字讀成「官兒」，北京話的習慣，在「做官」或「大官」「小官」等詞，可以有「兒」音、也可以沒有「兒」音。但「堂官」一詞，向來沒有「兒」音。這也和「西瓜」的「瓜」字從來不加「兒」音，而「香瓜」可以加「兒」音一樣。

9. 光緒和西太后說話的時候，李蓮英不能在旁插話，這是體制。他裝水煙時臉上也不允許有那麼多表情，在一定的場合裡太監臉上無表情，就是他們的表情。據寧壽宮的太監耿進喜說，儘管光緒也有時和李蓮英聊天，太后也有時和他說笑，但到了該拿出規矩的時候，就得拿出規矩，一點也不能含糊。

10. 譚嗣同夫人穿的裙子顏色已經接近白色，清代漢人婦女的裙子都是深色的，不穿近白色的裙子。

11. 斬犯都是五花大綁，雙臂反剪在後，綁在木樁上，從歷史的圖畫資料或照片資料都說明這一點，但畫面上譚嗣同等六人卻是像耶穌一樣綁在十字架上，這是中國從來沒有的。還有，在被斬人之前的地面上擺一個切菜木墩子，把人頭放在墩子上切，這也是清代刑制所沒有的。

存在上列一些問題，並不等於我否定這一部電影，你剛開始問我的時候，我已經說過這部電影拍的好，如果沒有上列缺點就更好了。肯定的說這部電影在歷史故事片中是問題最少的一部。

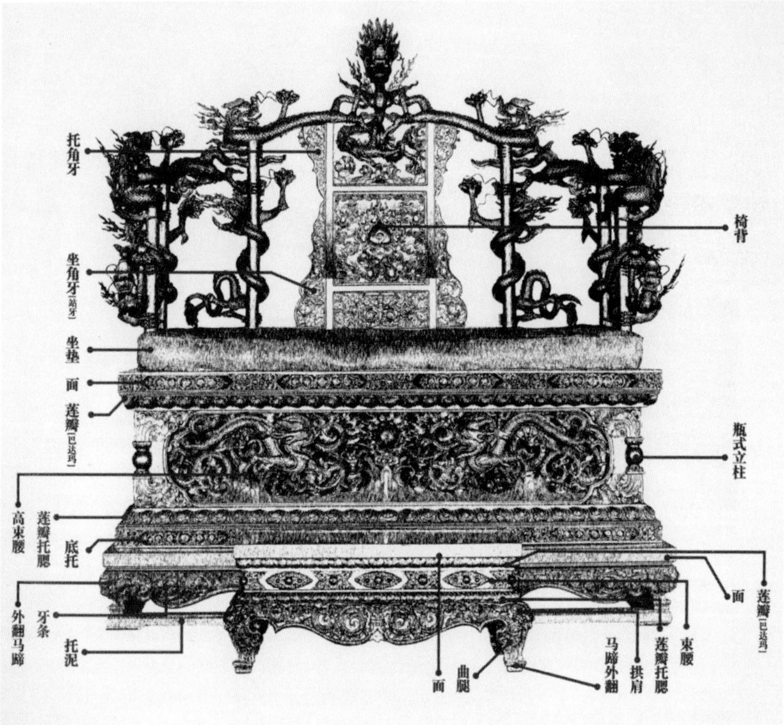
托角牙
坐角牙[站牙]
坐垫
面
莲瓣[巴达玛]
高束腰
莲瓣托腮
底托
外翻马蹄
牙条
托泥
椅背
瓶式立柱
面
莲瓣[巴达玛]
束腰
莲瓣托腮
拱肩
马蹄外翻
曲腿
面

寶座全形

寶座實景

清人畫弘曆戎裝騎馬像軸

黑漆描金三多錦袱紋長方匣

方匣全形

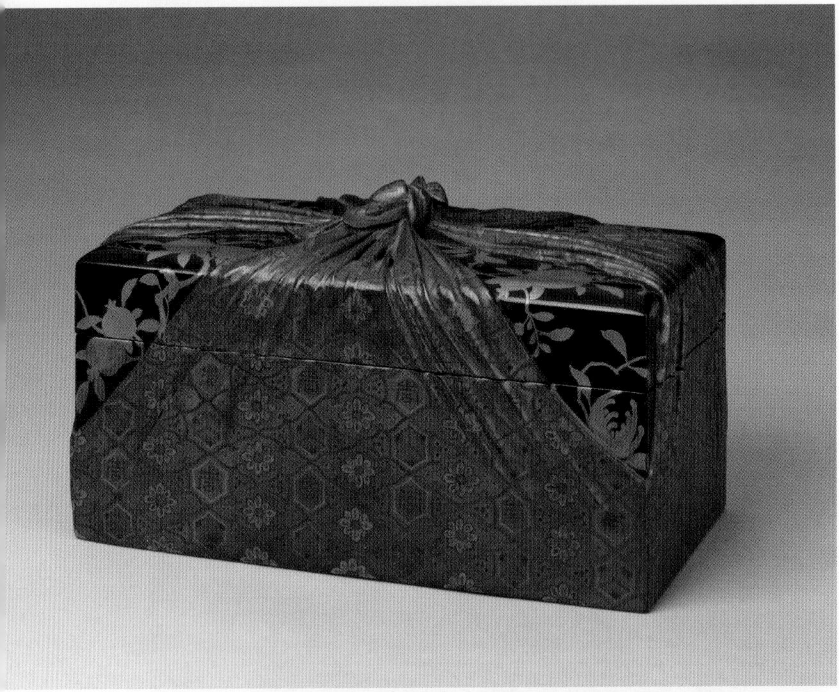

方匣面

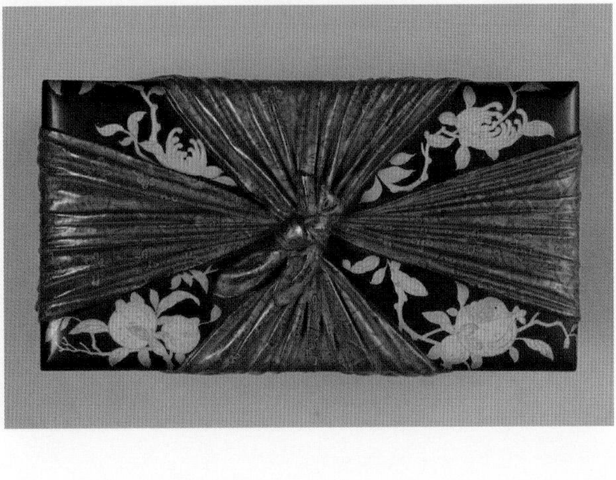

雍正款琺瑯彩藍山水圖碗

全形

局部

底

雜古雜雅木碗

全形

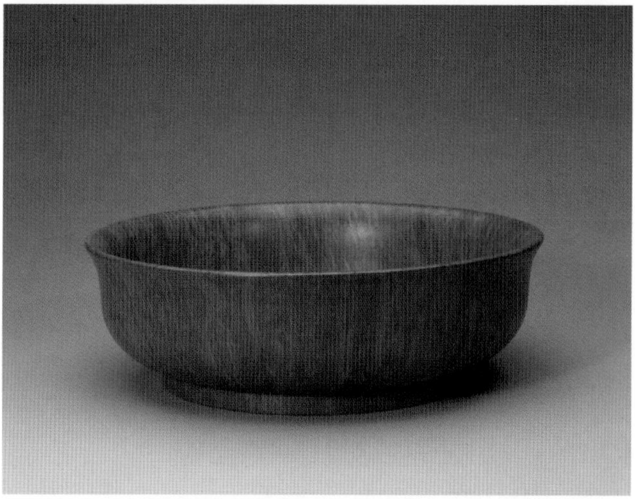

全形

底款

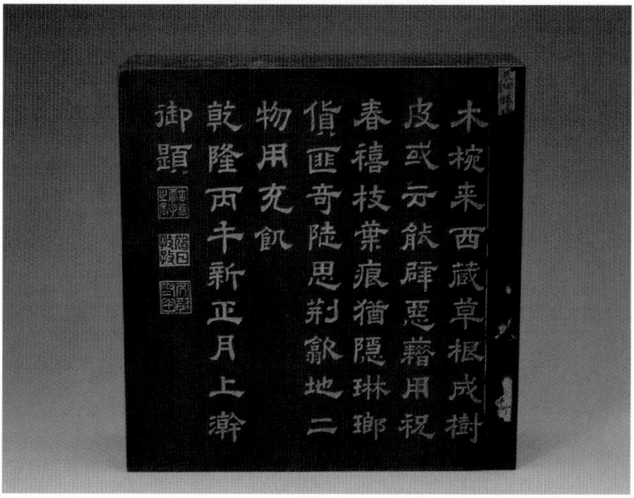
木椀来西藏草根成樹
皮或云能辟惡藉用祝
春禧枝葉痕猶隱琳瑯
貨匪奇陸思荊歙地二
物用充飢
乾隆丙午新正月上澣
御題

全形

蔡襄行書自書詩卷

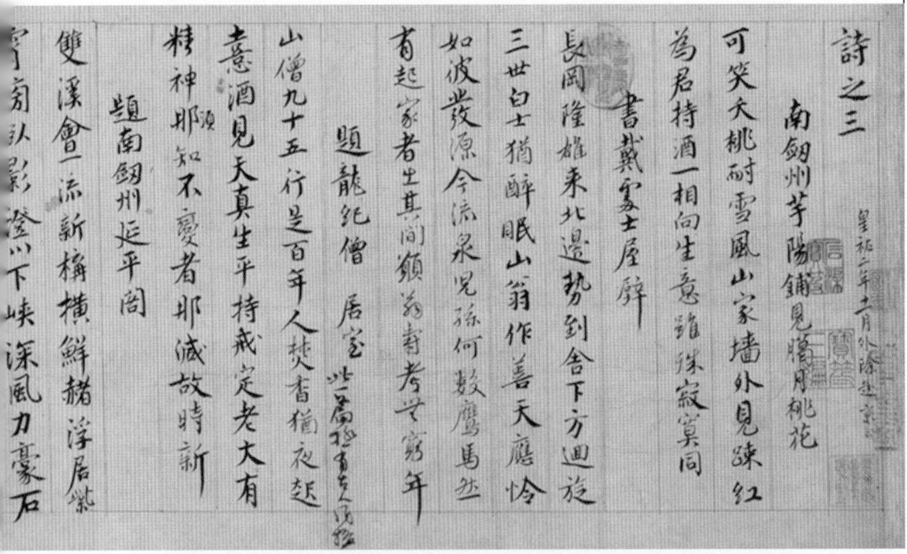
詩之三
南劍州芋陽鋪見臘月桃花
可笑夭桃耐雪風山家墻外見疎紅
為君持酒一相向生意雖殊寂寞同
書戴處士屋壁
長岡隆起來北邊勢到舍下方迴旋
三世白首猶醉眠山翁作善天應憐
如彼發源今流泉兒孫何數鷹馬然
有起家者出其間須為壽考無窮年
題龍紀僧居室
山僧九十五行是百年人焚香猶夜起
意酒見天真生平持戒定老大有
精神耶須知不變者耶滅故時新
題南劍州延平閣
雙溪會一流新構横鮮赭浮居
宵窗臥影澄川下峽深風力豪石

分段之一

凡汀洲生芳香草棲自閑冶主郡
黃士安高文勇拔賈頗我久踈悴
霜鬢衡盈把臨津張廣筵窮
畫傳清罕舞羣鼓鷙浪歡歌
扇妨雪慈矓餘適晚霽望外
迷空野曾是佳游人意處亦蕭洒
自漁梁驛至衢州大雪有懷
大雪壓空野遮車猶遠行乾坤
初一色晝夜忽通明有物皆遷白
無塵好覺清只看流水在却喜
亂山平遙岑飄飄起投花點點輕
玉樓天上出銀闕海中生舞柂摇
溶態閑鋪淅瀝聲客爐何暇
煖官酤去未能醒簫吹飄消春
凍新暘破曉晴更登分界嶺
南望不勝情
福州寧越門外石橋看西山晚照

米友仁瀟湘奇觀圖卷

分段之四

局部一

圖輯 八

下编　說藏品

清高宗南苑大閱圖

故宮博物院（編按：本書中「故宮博物院」除特別注明外，皆指北京故宮博物院。）所藏《清高宗大閱圖》（見圖輯二），絹本設色，本幅縱三百二十二點五厘米、橫二百三十二厘米，畫的是乾隆皇帝擐甲冑、乘馬、佩弓矢閱兵的肖像。從乾隆二十三年始掛在南苑行宮。

據《日下舊聞考》中關於南苑新衙門行宮的記載：「新衙門行宮，在鎮國寺門內約五里許，建自前明。宮門前鐵獅子二，上鐫延祐元年十月製，元時舊物也。垂花門內對面房御題額曰：邇延野綠。東壁聯曰：綠深草色輕風拂，紅潤花光宿雨晴。西壁聯曰：樹鳥鳴春聲漸暢，砌苔向日綠偏多。後殿屏扆間恭繪聖容，擐甲據鞍……」這裡提到的「聖容、擐甲據鞍」就是這幅畫像。

帝后像照例不署作者款，從這幅圖的畫法和水平來看，可以定為意大利畫家郎世寧的作品。畫的年代根據《清高宗御製詩三集》卷八十七壬寅三的一首詩，說明是乾隆二十三年戊寅所畫。《新衙門行宮雜詠書懷》：「大閱戊寅畫像斯，據鞍英俊儼鬚眉。而今下馬入齋者，白髮相看疑是誰。」這首詩作於七十一歲，所以看見自己中年時期英俊的畫像有無限感慨。乾隆二十三年（一七五八）郎世寧已七十歲，這個時期正忙於為長春園等坐落畫通景大畫的時期。這幅畫像主題之外的山和樹可能是郎世寧在如意館的學生王幼學等人畫的。

乾隆二十五歲登極，乾隆四年第一次舉行大閱。我從前曾經認為畫像的面貌相當年輕，可能就是第一次大閱時命郎世寧畫的。因為《清高宗御製詩》共五集外又有《餘集》和《樂善堂詩集》四萬多首詩，卷帙浩繁，不易全讀。最近偶然發現乾隆四十七年《大閱戊寅畫像》這首詩，證明這幅畫像是乾隆二十三年畫的，我從前認為乾隆四年所畫是估計錯誤。

據御製詩集載乾隆二十三年《仲冬南苑大閱紀事詩》：「二十年一舉寧為數（原註：乾隆己未大閱至今蓋二十年矣），周禮分明節候論。便設軍容示西域（原註：時哈薩克、布魯特、塔什干、回人等皆令預觀），佇看露布靖堅昆（原註：邇日盼將軍兆惠喜音殊切於懷）。好齊以暇千旓颭，既正還奇萬炮喧。風日晴和士挾纊，非予恩也總天恩。」這首詩記述當日的軍容和國內少數民族哈薩克、布魯特、塔什干、回人等參加這一大典的盛況，可以當作這幅畫像的說明。

清代皇帝大閱的情況，《大清會典》中有一段記載：「康熙二十四年，聖祖仁皇帝幸南苑大閱。擇南苑西紅門內曠地，八旗官兵槍炮按旗排為三隊。聖祖仁皇帝率皇子等擐甲，前張黃蓋，內大臣、侍衛、大學士及各部院大臣均扈從，後建大纛。聖祖仁皇帝周閱八旗兵陣，閱畢駕還行宮。特降敕諭，申明軍令，宣示於大閱之地。是日未閱前，官兵均賜食，閱後賜酒。」

「大閱」不是年年舉行，乾隆即位後第四年是第一次「大閱」，二十三年是第二次舉行。乾隆四年御製《南苑新衙門行宮即事詩》：「南苑重來羽騎馳，離宮未御已經時。新詩消遣閒中興，舊學商量靜裡知。花笑迎人誇得意，鳥吟為我話相思。留連不是耽風景，卻惜年華暗轉移。」這一年乾隆二十七歲。又過了二十年，在四十七歲大閱時，趁機會趕緊畫一幅像，也是「惜年華暗轉」的情緒。這幅畫像中的「大閱甲冑」，和故宮博物院所藏的乾隆大閱甲冑實物對照以及《皇朝禮器圖》所載皇帝大閱甲冑的質地、式樣、作法、顏色、花紋對照，完全符合。更説明這幅畫像是純粹寫實。

從乾隆二十三年起，這幅畫像貼在南苑新衙門行宮後殿屏上。辛亥革命後，段祺瑞任陸軍總長的時期，南苑駐紮着一部份軍隊，稱為「模範團」。段祺瑞有時到南苑檢閱部隊，曾經到新衙門行宮，看到殿中屏上這幅畫像。當時行宮已年久失修，他恐怕畫像有被屋漏雨水污毀的危險，就派裱工揭下帶回城裡。當時民國政府履行第一任臨時大總統孫中山所頒佈優待清皇室的條件「大清皇帝尊號仍存不廢……暫居宮禁」的規定，溥儀還合法地住在宮中，並保留着「內務府」等為皇帝服務的機構，段祺瑞就把這幅畫像交給內務府大臣耆齡。耆齡把畫像保存在乾清宮。清代帝后像原來都供奉在景山壽皇殿，只有這一幅後收進的沒有進壽皇殿。《故宮物品點查報告》也記載着點查這幅畫像在乾清宮。

關於雍正時期十二幅美人畫的問題

《紫禁城》一九八三年第四期（總第二十期）所載《雍正妃畫像》，係黃苗子先生撰文，故宮博物院提供照片（見圖輯三）。這十二幅畫，故宮博物院很早就公開陳列過。關於畫像的名稱問題，最早也是我說過：「可能畫的是雍正的妃」。因為畫中牆上有「破塵居士」題字，並鈐「圓明主人」璽等，都說明是雍正的親筆；而畫中室內外的背景都是寫實的畫法，並且地道是那個時代的家具陳設；所繪人物面貌也近似肖像的畫法，因此我這個估計就被許多同事所認可，並且曾以《雍正十二妃》的畫名出現過。我記得我還曾經糾正說：「我雖然說可能是雍正的妃，但看來只是四個女子的面貌，不像十二個女子的面貌。」黃苗子先生受《紫禁城》雙月刊編輯部的約請，撰文介紹這十二幅畫像時，還和我電話聯繫過，他同意我的看法，沒寫十二妃，把題目寫作「雍正妃畫像」。這十二幅畫自從我說過「可能是雍正的妃」，多年來「可能」二字逐漸被人去掉，演變為就是雍正的妃。在黃苗子先生撰文和我電話聯繫時，如果我還堅持必須說明僅僅是「可能」，那麼黃先生一定會重視我的意見，文章題目也就不會定為《雍正妃畫像》，而我當時沒有堅持，現在我先向苗子先生檢討我的錯誤。

今年（一九八六）因為研究清代木器家具的製作，看到清代內務府檔案中木作的記載，其中有一條：「雍正十年八月二十二日，據圓明園來帖，內稱：司庫常保持出由圓明園深柳讀書堂圍屏上拆下美人絹畫十二張，説太監滄州傳旨：着墊紙襯平，各配做卷桿。欽此。本日做得三尺三寸杉木卷桿十二根。」根據這條檔案材料，昔日往事記憶猶新，當年我曾在延禧宮庫房工作時，為這十二幅畫編過目。記得這十二幅畫是托裱過的，但沒有天桿，沒安畫軸，當然也沒有軸頭，除畫心本幅以外，只是四周有綾邊，托裱相當薄軟，平整毫無漿性，每幅畫有一根杉木卷桿，比一般畫軸要細得多。最近居然我還找出了當年我自己寫的編目筆記，記載的尺寸和上述檔案完全相符。這十二幅畫每幅用杉木卷桿捲着，收貯在庫房很多年，除我以外，凡當年在延禧宮庫房管理過書畫的同事，一定還有人記得此情形。這十二幅畫正式托裱成軸是近年的事。

當初只是根據畫的時代特點和題字，估計有可能畫的是雍正妃，現在新發現了這條檔案，已經證明沒有這個可能了。因為根據清代內務府檔案記載慣例來分析，凡「裱作」托裱妃嬪們的畫像，都是記載為「某妃喜容」「某嬪喜容」「某常在喜容」等等，都是書以名號的，最概括的寫法，也要稱之為「主位」。以這十二幅畫而論，如果是雍正之妃，或雍親王時期的側福晉，無論當時她們是活人還是已經死去的，最低限度當年也曾經是側福晉，那麼到了雍正十年，在檔案上也要概稱為「主位」，不能寫作「美人絹畫十二張」。因此，可以得出結論：這十二幅不是雍正妃的畫像，只是「美人絹畫十二張」而已。

這十二幅畫中的題字，很明確是尚為雍親王時期的胤禛親筆，當年貼在圓明園深柳讀書堂圍屏上的。畫中的家具和陳設都是寫實，例如那「黑退光漆」「金理鈎描油」「有束腰長方桌」「彩漆方桌」「波羅漆方桌」「斑竹桌椅」「彩漆圓櫈」「黃花梨官帽椅」「黃花梨多寶格」，桌案和多寶格上陳設的「仿宋官窰」瓷器、「仿汝窰」瓷器、「郎窰紅釉」瓷器，以及「剔紅器」「仿洋漆器」和精緻的紫檀架、座等等，都是康熙至雍正時期家具和陳設最盛行的品種。對於這十二幅畫，現在我有個建議，應另取一個名稱，是否可以叫作《雍親王題書堂深居圖》十二幅，或者叫作《深閨靜晏圖》十二幅。

來自避暑山莊的一件畫屏

辛亥革命以後，優待清皇室條件內有「大清皇帝暫居宮禁，日後移居頤和園」的內容，所以當時溥儀先生仍在宮內。到一九一四年讓出「外朝」部份，包括三大殿及文華、武英兩殿，成立古物陳列所，由當時北京內務部管轄。

記得在我十歲左右的時候，也就是一九二三年期間，隨着父母到古物陳列所參觀，曾看見有被稱為身穿戎裝的「香妃」畫像的掛屏。後來一九四六年我到故宮博物院工作，一九四七年古物陳列所和故宮博物院合併，這時期那幅戎裝畫像已南遷未歸，在古物陳列所還保存着俞滌凡先生所臨摹的一幅，另外有原作的照片和很多印刷品。

當時根據自己的歷史知識，已經知道乾隆帝只有一個容妃和卓氏，是回部的女子。如果說這個「香妃」實有其人的話，指的當然就是容妃。不過畫像的面貌絲毫沒有回部女子的特點，而且畫的這身打扮，是歐洲古代騎士的甲冑，這與回部也沒有什麼關連。即使是一幅妃嬪或公主的肖像，也只是一種遊戲性質的肖像，就像雍正帝有一幅着西洋服裝的畫像，以及雍正、乾隆都有很多古裝像、佛裝像等，是同樣的作品。

根據故宮博物院所藏清代遺留下來的無名稱無款識的畫像，往往背後粘貼着當時的記載籤子，我曾問古物陳列所的古物保管科科長曾廣齡先生：「這幅『香妃』像背後是不是寫有容妃的籤子？」曾先生回答我：「沒有。」我又問：「最原始起運時的賬本子是怎麼樣寫的？」曾先生回答：「關於這件藏品，在賬上只是寫油畫屏一件。」

曾先生原是清皇室內務府的人，當一九一四年成立古物陳列所時，到承德、奉天起運古物，都由他經手操辦，這幅油畫屏就是他經手、由承德避暑山莊運回北京的。後來古物陳列所的展覽工作，也是他經手，所以他最清楚。

我又問：「既然原賬上只是油畫屏一件，而原畫背後也沒有記載的紙籤子，那麼根據什麼定為『香妃』畫像呢？」曾先生笑着回答：「總之是官大錶準，當時文物運到北京後，內務部朱總長看見這幅畫像，就說這大概就是香妃吧。其實他也沒有什麼根據，只是順口一說而已，就定下來了。」到此我方知所謂《香妃戎裝像》也者，不過是以意為之而已；但這幅肖像畫畫的是誰，尚待考證。

旃檀佛像和複製品的下落

弘仁寺在北海的西鄰，俗稱旃檀寺；清代後期毀於火。高士奇所著《金鰲退食筆記》記載着遊弘仁寺瞻仰旃檀佛的感受：「弘仁寺前樹二坊，東曰廣恩敷化，西曰普渡能仁。入寺數武，白石甃方池，上跨三梁，綠荷出水，朱魚吹藻。其西作獸首，自牆外汲太液水貫注之。池北天王殿，殿東西分峙兩樓以懸鐘鼓。再進為慈仁寶殿，左曰弼教、右曰翊化，又進為大寶殿，左曰覺德、右曰普慧。旃檀佛像高五尺，鵠立上視，後瞻若仰，前瞻若俯，衣紋水波骨法見其表。左手舒而直、右手舒而垂，肘掌皆微弓、指微張而膚合，三十二相中鵝王掌也。勇猛慈悲、精進自在，以意求皆備。相傳為旃檀香木，扣之聲鏗鏘若金石，入水不濡，輕如髹漆，晨昏寒暑其色不一，大柢近於沉碧。萬曆中慈聖太后始傅以金。」

旃檀佛像的傳説中，所謂升忉利天為母説法等等當然是神話，但釋迦如來和優填王都是實有的人。優填王命巧匠刻旃檀木為佛像，時當周穆王十二年辛卯，這也不是神話。應該説這是一件最古的木雕佛像。從高士奇生平評論古代書畫的文字中，可以知道他的藝術鑒賞水平非常高，而他對於旃檀佛像是全面肯定，給予無以復加的讚詞，所以這尊造像藝術感染力是可以想見的。然而這一件世界性的藝術品已毀，如果我們想要瞻仰，只有看複製品了，即雍正十三年用白檀香木在弘仁寺原像前就地照樣成造的一尊。

據雍正十三年的諭旨，這一尊照樣仿製的旃檀佛像是供奉在賢良寺。雍正御製賢良寺碑文：「賢良寺者，朕弟和碩怡親王故邸第也……王遺言以邸第作佛宮，今既沒，因成其願。敕賜額曰賢良寺，識其實也……」

賢良寺在東城冰盞胡同，即東安市場之東，校尉營內。規模宏偉、建築堅固，一向保存很完整，我幼年曾到寺內去過多次。從清代官員們的日記或詩集中可以瞭解到當時的生活習慣，凡外官來京陛見，在北京沒有住處的人，都是住會館（各府州縣多有會館）或住廟而不住旅店。會館多半在宣武門外，而宮中召見的時間每天都是很早，即使住會館也要在召見的前一天臨時在東城尋個廟宇住下，或者有的人來京直接就住廟。還有京官奉旨到外地辦事，雖然在北京有家，但在尚未見皇帝覆命以前，還不能先回家，也要住廟。所以東安門外一帶區域內的廟，特別合乎這項需要（召見官員一般是進東華門）。如東安門附近的真武廟、關帝廟都是常常客滿。而賢良寺離東安門也不遠，並且屋宇有二百餘間，大小院落也有很多處。環境安靜寬敞，歷來為督撫大員們來京必住的地方。李鴻章在北京東總布胡同有一座住宅，而他本人卻常住賢良寺。光緒二十六年下半年李從兩廣總督任上奉旨來京辦理議和事，就長期住在賢良寺，議和的辦事機構也設在賢良寺；辦理機要的人員也住在寺中。每天和各國官員的交涉談判，西安行在的電諭和李鴻章的電奏緊張的來往。賢良寺成為全國最重要的地點。最後辛丑和約就是在寺內完成的。賢良寺應該很好地保存，成為一座國恥紀念館。不僅是對學生進行愛國主義教育，對於幹部更為重要。

不幸的是於一九九三年把這座廟拆掉了。聽説是為了蓋一個合資的賓館。北京報紙上常説「要奪回古都的風貌」，可事實是不斷的主動扔掉古都風貌，如賢良寺不僅是風貌問題，還是近代史上有國恥紀念意義的處所。已經消失了，只有望「洋」興歎吧，北京還有早已定為市級文保單位的順承王府，不是拆了嗎？現在須查尋的是寺中大殿原有的雍正十三年仿製的旃檀佛像，如果是已經和拆房碴土一起拉出填坑，當然也就無話可説了。如果施工單位交給北京市文物單位，把佛像作為文物已經保管起來，那就太好了，請將本文第一段所錄的雍正十三年的成造檔案附在一處，使後人知道這不是一般的佛像，而是優填王造像唯一的複製品。

清代畫琺瑯器製造考

清代的畫琺瑯工藝，在康熙、雍正、乾隆三個朝代中空前地提高，尤其是雍正年間，造辦處從原來採用西洋料，發展為自己燒煉琺瑯料九種，是當時西洋料所沒有的顏色，這在當時是一個劃階段的新成就，是瓷器史上值得一提的事（見圖輯五）。研究瓷器的前輩所著《匋雅》及《飲流齋說瓷》，對清代琺瑯彩的說法，有些揣測之詞在內，後出的專著《古月軒瓷考》，對前人雖有所辨正，但著者自有其不同角度的揣測之詞，這是因為過去未發現可靠的史料的緣故。現在從故宮博物院及第一歷史檔案館所藏清代檔案中，初步搜集到一些直接的、可靠的史料，對於畫琺瑯器的研究，可使我們脫離過去的那些揣測之詞的影響。下面選擇其中關鍵的部份，分門別類，按年月編次，從中可以說明造辦處的畫琺瑯、煉料的是什麼人；畫花寫字的是什麼人；燒造的是什麼人；哪些人參加了這一整體工作；有哪些作品以及製作改進的過程等。

一、燒煉琺瑯料的技術人員

1. 雍正二年，二月初四，怡親王交填白脫胎酒杯五件，內二件有暗龍，奉旨：此杯燒琺瑯。欽此。於二月二十三日燒破二件，總管太監啟知怡親王。奉王諭：其餘三件爾等小心燒造。遵此。於五月十八日做得白瓷畫珐瑯酒杯三件，怡親王呈進。

2. 雍正六年二月二十二日柏唐阿宋七格等奉怡親王諭：着燒煉珐瑯料。遵此。於本日員外郎沈喻、唐英說：「此係怡親王着試燒珐瑯料所用錢糧物料，另記一檔，以待試煉完時，再行啟明入檔。」本日送交柏唐阿宋七格。

3. 雍正六年七月十二日，據圓明園來帖內稱：本月初十日，怡親王交西洋珐瑯料：月白色、白色、黃色、綠色、深亮綠色、淺藍色、松黃色、淺亮綠色、黑色，以上共九樣。新煉珐瑯料：月白色、白色、黃色、淺綠色、亮青色、藍色、松綠色、亮綠色、黑色，共九樣。新增珐瑯料：軟白色、香色、淡松黃色、藕荷色、淺綠色、醬色、深葡萄色、青銅色、松黃色，以上共九樣。郎中海望奉怡親王諭：將此料收在造辦處做樣，俟燒玻璃時照此樣着宋七格到玻璃廠每樣燒三百斤用，再燒珐瑯片時背後俱落記號。聞得西洋人說：燒珐瑯調色用多爾們油，爾着人到武英殿露房去查，如有，俟畫「上用」小珐瑯片時用此油。造辦處收貯的料內，月白色、松花色有多少數目？爾等查明回我知道，給年希堯燒瓷器用。遵此。

4. 於七月十四日，查得武英殿露房舊存收貯多爾們油十六斤十兩二錢。西洋國來使麥德羅進的多爾們油四半瓶，連瓶淨重十二斤四兩。從蔣家房抄來的多爾們油一瓶，連瓶淨重一斤四兩，共三十斤二兩二錢。於七月十七日寫折啟知怡親王。奉王諭：着拿一小瓶試看。遵此。

5. 九月初二日，首領太監吳書來說，奉怡親王諭：今配燒琺瑯用的紅料，將玻璃廠的柏唐阿，着吳書挑選二名學配紅料。遵此。

6. 雍正七年閏七月初九日，據圓明園來帖內稱：怡親王交年希堯送來……吹釉琺瑯人胡大有一名……

7. 雍正八年三月初六日，據圓明園來帖內稱：郎中海望持進畫飛鳴食宿雁琺瑯煙壺一對，呈進。奉旨：此鼻煙壺畫得甚好，燒造得亦甚好，畫此煙壺是何人？燒造是何人？欽此。海望隨奏：此鼻煙壺係譚榮畫的，煉琺瑯料是鄧八格，還有太監幾名、匠役幾名，幫助辦理燒造。奉旨：賞給鄧八格銀二十兩，譚榮銀二十兩，其餘匠役人等，爾酌量每人賞給銀十兩。欽此。本日，用本庫銀賞鄧八格二十兩，譚榮二十兩；首領太監吳書，太監張景貴、喬玉，每人十兩；催總張自成、柏唐阿李六十，每人十兩；胡保住、徐尚英、張進忠、王二格、陳得、鍍金匠王老格，每人五兩。記此。

8. 雍正九年四月二十七日柏唐阿鄧八格來說：內務府總管海望傳，着在圓明園造辦處做備用瓷器上燒琺瑯各色器皿等件。記此。

9. 二十七日據圓明園來帖內稱：二十五日柏唐阿馬維祺，為燒琺瑯活計立窰，用高二尺八寸、寬二尺五寸木桌六張，高五尺、寬三尺立櫃一件，板櫈六條，水缸二口，長七尺、寬六尺鐵頂火一份。回過內務府總管海望，着用造辦處庫內無用木頭做給。記此。

10. 乾隆元年三月十七日，首領吳書來說：乾清宮總管蘇培盛，交小太監何德祿、王成祥、楊如福、魏青奇四名，傳旨：着給琺瑯作，學燒琺瑯。欽此。

從上列史料可以看出宋七格是負責煉料全部工作的，鄧八格是具體操作的，胡大有是吹釉的，都是主要的作者。其餘參加燒造的，如吳書等人也是技術人員，都是作者之一。

造辦處製作的包括畫琺瑯在內的工藝美術品，所以達到高度精美，除實際操作者之外，怡親王允祥、郎中海望、員外郎沈喻和唐英等也起了一定的作用。怡親王允祥和莊親王允祿在雍正弟兄當中都是屬於沒有政治野心而愛好藝術的人。凡鈐有怡親王收藏印記的古代書畫都是相當好的，從他的藏品就可以説明他的欣賞水平。所以他管理造辦處，合格的製品都精緻不俗。海望是一個富有設計能力的人。沈喻是個畫家，有不少作品傳世，他所畫的避暑山莊三十六景曾雕版刷印成書。唐英後來在江西主持燒瓷器。這些人在怡親王允祥管理之下，發揮自己所長，所以當時造辦處製作的工藝品能夠取得那樣的成就。

二、畫琺瑯的畫家

1. 雍正三年九月十三日，員外郎海望，啟怡親王：八月內做磁器匠人俱送回江西，惟畫瓷器人宋三吉，情願在裡邊效力當差，我等着在琺瑯處畫琺瑯活計，試手藝甚好。奉王諭：爾等即着宋三吉在琺瑯處行走，以後俟我得閒之時，將宋三吉帶來見我。如其果然手藝精工，行走勤慎，不獨此處給他錢糧食用，並行文該地方給他養家銀兩。記此。

2.、3. 雍正五年十一月二十七日，郎中海望、員外郎沈喻，為畫琺瑯人，並南匠告假回南一事，寫得漢字啟折一件。內開：畫琺瑯人張琦，告假六個月為省親搬取家眷來京事。係廣東巡撫楊文乾養贍。畫琺瑯人鄺麗南，告假六個月為省親定姻事。係兩廣總督孔毓珣養贍。

4. **賀金昆，畫院的畫家，錢塘人，善人物花卉，他的畫在《石渠寶笈續編》中有著錄。**

雍正六年二月十七日，郎中海望，奉旨：照先做過的琺瑯畫九壽字托碟樣，再燒造二份，將腰圓形的亦燒造二份。爾等近來燒造琺瑯器皿花樣粗俗，材料亦不好，再燒造時，務要精心細緻，其花樣着賀金昆畫。欽此。

5. **譚榮，即曾畫飛鳴食宿雁琺瑯鼻煙壺，受雍正誇獎，得賞銀二十兩者。**

雍正六年七月十五日，據圓明園來帖內稱，柏唐阿黑達子持來，畫琺瑯人南匠譚榮具呈紅紙折一件，奉怡親王諭：着照紅紙折內所開房屋數目查明，向房庫人員說租給譚榮居住。遵此。於八月十九日，據圓明園來帖內稱：郎中海望傳，着西華門外平常入官房一所，行文給南匠譚榮住。記此。

6. 雍正六年七月十一日，員外郎唐英啟怡親王，為郎世寧徒弟林朝楷，身有癆病，已遞過呈子數次，求回廣東調養，俟病好時，再來京當差，今病漸至沉重，不能行走當差等語。奉王諭：着他回去罷。

八月二十日，據圓明園來帖內稱，郎中海望啟稱：畫琺瑯人林朝楷，因身病告假回廣，前六月內已經回明。奉王諭，准其回廣在案。今又據呈「林朝楷來時，原係廣東總督送來之人，蒙皇上賞賜伊本地安家銀兩，今若不知會總督，惟恐林朝楷在廣難以居住，故此求轉啟王爺知會總督，將林朝楷在廣所食安家銀停止，俟林朝楷病好了來內廷效力時，再行知會」等語。奉怡親王諭：不必行文知會，爾等將總督家人傳來，說我的話，帶信與總督知道，今造辦處畫琺瑯人林朝楷，係有用之人，因身病告假回廣東養病，將伊送回廣東，到廣之日，將伊本地所食安家銀兩暫行停止，俟病好，照舊着人將伊送上京。來時將伊所食安家銀兩再行發給。遵此。

7.、8. 雍正七年閏七月初九日，據圓明園來帖內稱：怡親王交，年希堯送來畫琺瑯人周嶽、吳士琦二名……於本月初十日，將年希堯送來畫琺瑯人所食工銀一事，郎中海望啟怡親王。奉王諭：暫且着年希堯家養着，俟試準時再定。遵此。

9.、10. 雍正七年十月初三日，怡親王府總管太監張瑞，交來年希堯處送來匠人折一件，內開：畫畫人湯振基、戴恆、余秀、焦國俞四名……

11. 郎世寧，著名的意大利畫家。過去曾傳説琺瑯彩器上面的西洋畫都是郎世寧畫的，純屬揣測之詞。郎世寧的繪畫傳世作品見於《石渠寶笈》著錄很多，也見於如意館的日記檔，而畫琺瑯器的記載只有一次，雖然不能肯定沒有第二次，但從一般畫琺瑯器上西洋畫面的技術程度來看，也不完全像是郎世寧的手筆，估計他畫的琺瑯器是極少的。

雍正八年十月二十六日，據圓明園來帖稱：首領太監薩木哈持來高足紅瑪瑙杯一件，有靶紅瑪瑙杯一件。傳旨：着內務府總管海望照高足杯樣，足矮些的，做金胎琺瑯杯一份，亦隨蓋隨托碟。着郎世寧畫好些的花樣……欽此。於雍正九年十月二十八日做得二份，內大臣海望呈進訖。

按：金胎畫琺瑯器本來少，至於杯隨蓋、隨托碟成份的尤其少，可能因為是特殊的器物，才特命郎世寧作畫。

12. 鄒文玉，畫院的畫畫人，康熙五十六年曾和冷枚、徐玫、顧天駿、金昆等人合畫《萬壽圖》。

雍正十年四月二十九日，內大臣海望傳旨：……再水墨畫琺瑯甚好，將畫畫人戴恒、湯振基伊二人着畫琺瑯活計，其所進之畫持出，再唐岱所進之畫亦持出，其餘活計俱好，着留下。欽此。畫畫人戴湯二人改畫琺瑯。

雍正十年七月初一日，圓明園來帖內稱，太監滄州傳旨：百花斗方山水大碗，畫得甚好。欽此。內大臣海望傳：着將畫百花斗方山水畫琺瑯人鄒文玉，用造辦處庫內銀賞伊五兩。記此。

十月二十八日，司庫常保，首領李明久奉旨：琺瑯畫青山水甚好。欽此。於十二月二十八日，柏唐阿鄧八格、宋七格來說，內大臣海望諭：鄒文玉所畫琺瑯，數次皇上誇好，應遵旨用本造辦處庫銀賞給十兩。遵此。

雍正十一年五月初一日，據圓明園來帖內稱：司庫常保，首領太監薩木哈，奉旨：今日進的金鏨西洋番花水盂一件，白瓷胎畫琺瑯青山水酒圓一對，俱做得甚好。欽此。司庫常保隨奏稱：西洋番花水盂，係雍和宮隨來的鏨花匠胡鈜所做，畫琺瑯山水酒圓係造辦處畫琺瑯人鄒文玉所畫，此二人技藝甚好，當差亦勤慎，但伊等家道貧寒，所食錢糧不敷養贍家口之用，等語。具奏。奉旨：爾降旨與海望，應如何加賞錢糧之處酌量加賞。欽此。本日內大臣海望遵旨將胡鈜、鄒文玉二人每月所食錢糧加賞一兩，自本年六月起按月關領。記此。二十四日內大臣海望奉旨：裡邊做活計的匠役賞給好飯吃。欽此。

13. 乾隆元年四月十四日，催總默參峨，為畫琺瑯人不足用，另欲將畫琺瑯人張維奇情願進內當差，照例行取錢糧，每月工食銀五兩，二八月衣服銀十八兩，回明內大臣海望、監察御史沈喻、員外郎三音保準行。記此。

畫琺瑯自銅胎發展到填白瓷胎，成為清代瓷器中的極精品，它的畫面風格隨着瓷胎也在變。把畫琺瑯的作者，按年月排列出來就能說明這個變化：雍正三年至五年，擔任畫琺瑯的有宋三吉，是江西景德鎮畫瓷器的人；張琦、鄺麗南，是廣東畫銅胎琺瑯器的人。而從六年即開始有賀金昆、戴恆、湯振基、鄒文玉、譚榮等畫院畫家參加畫琺瑯的工作。如賀金昆就是很著名的花鳥畫家。所以精潔如玉的填白瓷胎和晶瑩鮮艷的琺瑯料，加以名畫家工筆花卉、山水的作品，自然要使這一工藝品放出異彩了。

三、畫琺瑯的書家

1. 徐同正，原是武英殿修書處的寫字人，後調到造辦處，雖然不是專門為畫琺瑯器寫字的人，但下列這條史料是載在「琺瑯作」的檔案內，估計徐同正就是為畫琺瑯器足底寫款的人。

雍正五年八月三十日，據圓明園來帖內稱：郎中海望為造辦處無寫篆字的人，啟怡親王，今有寫宋字人徐同正會寫篆字，人亦老實，欲給徐同正工食食用，令其在造辦處效力行走等語。奉王諭：爾等酌量料理。遵此。本日郎中海望、員外郎沈喻，同議得每月給徐同正工食銀五兩。記此。

2. 戴臨，是武英殿待詔，《石渠寶笈》和《秘殿珠林》都著錄有他的墨蹟，故宮藏品中曾見戴臨寫的《魏徵諫太宗十思疏》大掛屏，另一面是高其佩的畫。戴臨雖非著名的大書家，但寫在琺瑯彩瓷器上的詩句，娟秀而不纖弱，氣靜神閒，與琺瑯彩的畫風相得益彰。

雍正九年四月十七日，內務府總管海望持出白瓷碗一對，奉旨：着將此碗上多半面畫綠竹，少半面着戴臨選詩句題寫，地章或本色配綠竹，或淡紅色，或何色酌量配合燒琺瑯。欽此。於八月十四日畫得有詩句綠竹碗。白瓷碗一件，傳：着畫梅花，或本色，或紅色地章燒琺瑯。記此。

雍正九年十月三十日，司庫常保奉上諭：將琺瑯葫蘆做幾個，畫斑點，燒本色，蓋子鍍金，葫蘆上字照朕御筆，着戴臨寫。於十月二十八日做得大些小些樣各一件，呈覽。奉旨：照大些樣燒琺瑯葫蘆色，其字寫時着戴臨再放些，畫樣准做。欽此。於十年三月初三日呈進訖。

四、畫琺瑯繪製燒造過程中的設計和修改

1. 雍正三年正月十九日，郎中保德、員外郎海望，交成窰五彩罐一件、黑玻璃用泥銀合燒鼻煙壺一件。傳旨：嗣後燒琺瑯，照五彩罐上花樣畫……欽此。

2. 雍正三年正月二十日，郎中保德交定窰甜瓜壺一件，奉怡親王諭：俟我來時再說。遵此。於二十二日，海望將此壺交琺瑯作催總張自成持去，着仿此壺樣做木樣。記此。

3. 雍正四年八月十九日，郎中海望奉旨：此時燒的琺瑯活計粗糙，花紋亦俗，嗣後爾等務必精細成造。欽此。

4. 雍正四年八月十九日，司庫常保持出有鎖青玉壺一件，奉旨：着照此壺樣式燒琺瑯壺一對，再比此壺收小些，做金壺一對。此壺靶甚大，收小些，蓋子做安簧的，鎖不必用。於五年十月二十九日

做得琺瑯壺。於七年十二月做得金壺。奉旨：先前做過的三足琺瑯馬蹄爐與通身花樣對的不准，今改做四足與通身花樣，其花樣改畫些亦可。九月二十五日，海望持出琺瑯盤一件。奉旨：此盤外面淡紅色地，深紅色花，花樣畫的好看。嗣後造琺瑯器皿，照此盤套畫。顏色不拘，深淺紅、藍、綠、黃，燒造幾件。欽此。

5. 雍正六年八月二十日，郎中海望畫得『太平如意慶長春』瓶花樣一張，隨桃式掛瓶樣一張，呈覽。奉旨：爾等酌量造辦。欽此。於九月二十七日，做得琺瑯式掛瓶一件，隨象牙茜色長春花一束。

6. 雍正七年四月初二日，據圓明園來帖：郎中海望持出洋漆萬字錦條結式盒一件。奉旨：照樣燒造黑琺瑯盒。欽此。於十月二十八日做得。十七日持出古銅小瓶一件。奉旨：此瓶式樣甚好，着照此瓶做木樣，燒造琺瑯瓶一件，口線、腰線俱鍍金。欽此。於八月十九日做得。

又持出大些古銅瓶。奉旨：此瓶款式好，爾照此款式燒造琺瑯的幾件。欽此。於八月十四日燒造得一件，進呈。奉旨：此瓶釉水比先雖好，其瓶淡紅地、深紅花，淡綠地、深綠花，太碎太小，不好看，嗣後不必燒此等樣。或錦地，或大些枝葉花樣，用心燒造。欽此。於八年十月三十日，做得琺瑯瓶一對，呈進訖。

7. 雍正七年四月十七日，據圓明園來帖：郎中海望持出呆白玻璃半地瓶一件，傳旨：此玻璃瓶顏色甚好，底子不要浮楞，砣平。其身上畫琺瑯綠竹，寫黑琺瑯字，酌量落款，章法畫樣呈覽過燒造。

着玻璃廠照此瓶燒些。照此瓶顏色用別樣好款式的亦燒些，上面或畫綠竹，或畫紅花，或如何落款之處，酌量配合燒造。欽此。郎中海望，將呆白玻璃半地瓶上畫得綠竹，並字款、圖章，呈覽。奉旨：竹子甚好，但竹葉略多些，先照此樣燒造幾件。欽此。本日交玻璃廠柏唐阿石美玉訖。

8. 雍正十年正月二十九日，太監滄州交呆白玻璃胎泥金地畫琺瑯花卉水丞一件。傳旨：此水丞款式甚好，但口白線寬了，改畫細些。其週身花卉改畫好花卉，燒造幾件。欽此。」

9. 雍正十年五月二十四日，首領薩木哈持出畫琺瑯芙蓉四寸瓷碟一件，傳旨：照此碟尺寸，畫黃地梅花碟六件。於六月二十九日做得畫琺瑯黃地紅白梅花四寸碟六件。又持出畫琺瑯葵花海棠蜜蜂酒圓一件，傳旨：照此酒圓上花樣，隨大隨小畫百蝶茶圓幾件。欽此。七月二十七日，太監滄州傳旨：着燒琺瑯畫黑地白梅花四寸瓷碟一對，琺瑯畫紅地白梅花四寸瓷盤一對，俱畫好着些。欽此。於八月十二日畫得。

10. 雍正十年八月初八日，司庫常保奉上諭：畫黃地琺瑯夔龍瓷碟，紅色大線再吹時用西洋大紅吹做，再瓷碗足嗣後不必畫回文錦。欽此。八月初八日，柏唐阿鄧八格回明：擬做畫琺瑯畫黃菊花瓷碟、盤、碗、茶酒圓，共九對。於九月初八日做得，內白地黃菊六對，綠地黃菊二對，白地墨菊一對。十五日奉上諭：琺瑯盤、碗、茶圓、酒圓，俱燒造的甚好，嗣後將水墨的多燒造些。欽此。九月初三日，宮殿監李英傳旨：將彩漆壽字桌上應用的，着做淡綠琺瑯盤十二個，畫十二節花卉。欽此。於十一年八月初八做得。

11. 雍正十年八月初九日，據圓明園來帖內稱：本日太監滄州傳旨：着雍和宮查有脱胎填白瓷小碗、碟、茶圓拿些來畫琺瑯用。欽此。於九月初一日，將脱胎填白瓷酒圓四件，上畫琺瑯墨菊花。本日司庫常保持出填白釉橄欖式瓷瓶一件，奉旨：着畫黃菊花，寫詩句，配六腿座。欽此。於九月初八日做得。九月十一日，司庫常保奉旨：綠地黃菊花盤子上山子青色甚好，再畫琺瑯水墨山水器皿俱用此青畫。欽此。

12. 雍正十年十月二十八日，奉旨：藍地琺瑯碟畫的甚好，顏色不好，嗣後往精細裡做。畫青山水甚好，嗣後照樣燒造些。欽此。十一月二十七日奉旨：所進墨菊花碟，嗣後少畫些。青山水茶圓、酒圓俱好，再畫些。其畫青竹茶圓，但竹子不宜青色，嗣後青色竹子不必畫。欽此。

13. 雍正十二年三月初八日，首領太監薩木哈持來瓷胎畫琺瑯孔雀碗一對，傳旨：此碗花樣畫的甚好，着照樣再畫幾對。欽此。於五月初二日畫得孔雀尾瓷胎琺瑯碗一對，呈進訖。

14. 雍正十三年正月初十日，司庫常保持來畫琺瑯大玉壺春瓶一件，傳旨：此瓶上龍身畫的罷了，但龍鬚甚短，足下花紋與蕉葉亦畫的糊塗，嗣後再往清楚裡畫。欽此。

15. 乾隆元年正月初七日，太監毛團交青玉雙管瓶一件，傳旨：照此雙管瓶樣式，燒造琺瑯雙管瓶一件，畫吉言花卉，先畫樣呈覽。欽此。於本月十四畫得雙管瓶紙樣一張，一邊畫青花百福蓮，一邊畫黃地西番花樣，呈覽。奉旨：准做黃地西番花樣。欽此。十九日太監毛團交春秋萬紀絹畫一張，係吳域畫，上畫流雲架、三友瓶。傳旨：照畫三友瓶樣式做琺瑯瓶一件，隨銅架。欽此。於三月十一日，將撥得蠟座，畫得合牌三友瓶樣，呈覽。奉旨：准做。欽此。於八月二十日做得。四月十七日胡世傑交來洋漆二層子母盒一對，傳旨：照樣燒琺瑯子母盒一對，其托泥腿放高些。欽此。於二年八月十二日做得。

16. 乾隆元年五月十七日，太監毛團傳旨：玻璃器皿上燒軟琺瑯伺候呈覽。欽此。於二十日，司庫劉山久、首領薩木哈將燒造得亮藍玻璃軟琺瑯鼻煙壺二件，持進交毛團呈覽。奉旨：鼻煙壺上花卉畫得甚稀，再畫時畫得稠密些，俱各落款。欽此。於二年三月至七月又做得十一件。十一月十一日，太監憨格交紅磁碗一件，傳旨：着將此碗燒琺瑯花樣。欽此。於十一月十九日做得呈進。

17. 乾隆二年四月二十六日，交瓷畫琺瑯百花獻瑞壺蓋一件，傳旨，着照此蓋花樣燒造玉壺春一對。欽此。五月十一日，首領吳書畫得白瓷玉壺春瓶樣，呈覽。奉旨：准燒。欽此。於九月初九日，燒造得畫琺瑯紅龍玉壺春二件。

從上列十七條史料中可看出，關於畫琺瑯器的花樣、式樣，也是盡量利用其他工藝品種好的成果，還有更多的花樣是特地設計的。設計的方式，首先是畫紙樣（即平面圖）。其次是木樣或合牌樣立體模型（多層紙裱的紙片或紙板），需要鏤雕的活計，則先撥蠟樣（也是立體的）。除了琺瑯作的畫琺瑯人自己畫樣之外，畫院的畫家（如畫畫人吳域）也參加過畫樣。還有管理人員如海望，不但畫過紙樣，而且在呆白玻璃瓶上試畫綠竹、字款、圖章。海望在雍正年間，由內務府員外郎管理造辦處升郎中，雍正八年升總管內務府大臣，到乾隆元年，雖然早已由內務府大臣升任內大臣，但仍舊管理造辦處。在這十多年中，造辦處各作活計內多次見過「海望畫得××紙樣」的記載。他未嘗以繪畫著名，也未具體做過一件工藝美術品，卻是一個出色的設計者。

五、畫琺瑯器的燒造地點

清代銅胎畫琺瑯的製造地點，文獻足徵的首先是廣東，不僅有前面所引用從廣東挑選畫琺瑯匠的記載，而且故宮博物院藏品中還有銅胎畫琺瑯燈帽內「粵東祥林店」的牌記為證。其次是《揚州畫舫錄》中有琺瑯名工王世雄的記載，此外就是北京了。北京造辦處琺瑯作有前面所引用的大量銅胎畫琺瑯的記載，還包括金胎銀胎的。具體地點是：造辦處、圓明園、怡府。玻璃胎畫琺瑯，從上面引用的記載看，燒胎繪製都是在北京造辦處玻璃廠和琺瑯廠做，尚未發現其他地點的記載。瓷胎畫琺瑯的脫胎填白釉瓷器，都是江西燒的，至於繪製燒造成為畫琺瑯彩瓷器，則大量是在北京紫禁城內造辦處及圓明園造辦處和怡王府，而且每次都有具體的記載。雍正年間，有江西年希堯燒來瓷胎的一筆總賬：

雍正七年二月十九日，怡親王交有釉水瓷器四百六十件，係年希堯燒造。郎中海望奉王諭：着收

> 起。遵此。於本日將瓷器四百六十件交柏唐阿宋七格訖。於七年八月十四日，燒造得畫琺瑯瓷碗三對、畫琺瑯瓷碟二對、畫琺瑯瓷酒圓四對。九月初六日燒造得畫琺瑯瓷碗二對……

以下每年陸續燒畫琺瑯瓷器，至十三年十月止。

雍正七年以前，製作琺瑯彩瓷器除用宮中舊脫胎填白釉瓷器以外，還多次命江西燒造瓷器處年希堯燒造填白瓷器備用。雍正七年這一批四百六十件是最多的一次。這個燒造程序一直繼續下去到乾隆年。

> 乾隆元年五月初二日太監毛團傳旨：着海望寄信與員外郎唐英另將燒造琺瑯之白瓷器燒造些來。欽此。

琺瑯彩瓷器的胎在江西燒造，雍正年的成品都是在北京造辦處繪製燒造，乾隆年的成品也大量是在北京完成的，但也有例外：

> 乾隆三年六月二十五日，太監高玉交瓷器一百七十四件。傳旨：交與燒造瓷器處唐英……再五彩琺瑯五寸瓷碟一件，五彩琺瑯暗八仙瓷碗一件，收小些，亦燒造。欽此。

很顯然，上述五彩琺瑯瓷碟、瓷碗是在江西完成琺瑯彩這一道工序的。當時唐英在江西管理燒造瓷器。

還在康熙給江寧織造曹家的諭旨中有康熙五十九年二月初二日朱諭：「近來你家差事甚多，如瓷器琺瑯之類，先還有旨意件數，到京之後，送至御前覽完，才燒琺瑯。今不知騙了多少瓷器，朕總不知……」這道朱諭説明曹家經手辦理過燒造琺瑯。曹寅在世時的差事是江寧織造兼兩淮鹽政，來往於江寧和揚州，揚州是銅胎畫琺瑯的產地之一，曹寅曾經手造辦過銅胎畫琺瑯是很可能的事。但在瓷器檔案中從慣例來看都是直接命江西燒瓷器處辦理，而沒有必要由曹家經手辦理，從這道朱諭來看，很可能曹家從曹寅到曹都曾經手造辦過瓷胎畫琺瑯器。康熙年還有一個宜興胎畫琺瑯的品種，是雍正、乾隆兩個時代所沒有的。故宮藏品中有：宜興胎畫琺瑯四季花蓋碗十件、菊花茶碗二件、蓋盅一件。提樑、海棠等式茶壺五件（現存台灣省）。這些都是畫五彩花卉、堆料康熙御製款。康熙以後就沒有這個品種了。但在檔案中尚未發現這一品種的燒造記載。因而不敢肯定這一品種的琺瑯彩工序是在何處完成的（器胎是宜興製造的）。

以上是關於清代畫琺瑯史料的擇要彙集和初步的考證。

附錄：

故宮藏瓷中，瓷胎畫琺瑯的原藏處——端凝殿左右屋內，共有四百件，另有乾隆款瓷胎洋彩六十一件和很多銅胎畫琺瑯器未列在四百件內。這些瓷胎琺瑯器每一件或兩三件盛一木匣，匣內糊囊，匣蓋上刻填色品名。這是瓷胎畫琺瑯唯一的數量最大、品種最多的集中點。據造辦處匣裱作日記檔載，這一批瓷胎畫琺瑯，自乾隆三年九月始，陸續配製楠木匣，珍藏在乾清宮。有一本《乾清宮琺瑯、玻璃、宜興瓷胎陳設檔》，道光十五年七月十一日立，每頁有「內務府廣儲司」騎縫印，墨筆楷書全部品名件數。這本檔冊中，除最末一行無具體品名的各樣琺瑯器六十七件下貼有黃簽，寫着每年陸續賞給蒙古王公、達賴、班禪及各屬國國王，已經註銷外，其餘所開列的全部品名、件數都和現存實物完全相符，説明三百年來這批精品一直保存完整。

本附錄是上述四百件藏品的目錄（銅胎的和乾隆款洋彩瓷器未列入）。這份目錄是照錄原盛匣蓋上刻的名稱。從這些名稱中可以看出有不少和前面所彙集的檔案記載完全相符。例如目錄中雍正款第六十三項黑地白梅花四寸碟，就是雍正十年七月二十七日傳旨燒造的，第五十六項八十四項黃菊白地碟、第九十一項黃菊白地茶盅，是雍正十年八月初八日傳旨燒造，九月初八日做得的。現將這部份藏品目錄作為附錄，供參考。（編者按：朱家溍先生附錄原文列出四百件藏品目錄，此處抽去。有興趣的讀者可參看朱家溍先生所著《故宮退食錄》。）

清雍正年的漆器製造考

清代工藝美術品發展到雍正乾隆時期達到高峰，此後逐漸下降，這是一個總的規律，漆工藝當然也不例外。清代漆工藝繼承明代的傳統品種，如黑漆、朱漆和金漆的家具，以及其他保留原來做法的品種等。此外，有些品種則有所發展或創新。康熙、雍正、乾隆三朝的漆器又各有風格特點和不同品種的重點發展（見圖輯四）。本文依據清《內務府養心殿造辦處各作承做活計清檔》和故宮所藏漆器，來探討雍正一朝的漆器品種和製作概況。茲將檔案中自雍正元年至十三年關於製作漆器的記載，按年月次序摘錄，從中可以看出養心殿造辦處「油漆作」在雍正年間所製漆器的全部品種和總數量，以及江寧、蘇州、揚州、貴州、福州等地部份進貢漆器的品種和數量。這樣就可以清楚地瞭解雍正年間在造辦處內漆器製作有什麼重點品種發展，缺什麼品種，雍正皇帝對漆器有什麼要求，以及從貢品部份來看當時社會上漆器流行的品種。

雍正元年正月二十六日，怡親王交洋漆雙梅花香几一件，王諭：照此樣式再放大一些，做香几五件，改做夔龍腿子。遵此。於二年五月初四日，做得彩漆香几五個，呈進訖。

正月二十八日，怡親王交填漆花盤二件，王諭：照此樣做二件，俟呈覽活計時要用。於九月二十八日做得，呈進訖。

二月十三日，怡親王交洋漆小圓盤一件，王諭：仿此樣旋做木樣，或三足，或滿足，中心起台，另做幾個。遵此。於四月二十九日做得洋漆小圓盤八件。

三月十四日，怡親王交舊填漆小圓盤一件，王諭：照樣做一件。於十月初十日做得。

三月二十日，怡親王交嵌玉螭虎黑漆盒盛荷葉式端石硯一方。奉旨：此硯甚好，另配做硯盒。欽此。於七月初十日另配漆盒一件。

八月初二日，弘德殿首領太監郭進玉交廠官窰缸一口，花梨木座；小缽盂缸一口，槐木座。傳旨配做彩漆架子，畫樣呈覽再做。欽此。於九月二十八日，畫得紙樣。奉旨：照樣准做。欽此。於十二月二十九日做得。

十月二十六日，奏事郎中雙全交描金龍漆皮捧盒大小四十個，係貴州巡撫金世揚進。傳旨：交養心殿。

按：檔案中「做得洋漆小圓盤八件」，所謂「洋漆」，是指「描金」，就是《髹飾錄》（明・黃成撰）一書中：「描飾第六」的描金，一名泥金畫漆。《兩山墨談》（明・陳霆撰）卷十八云：「近世泥金畫漆之法出於倭國，宣德間嘗遣漆工楊某至倭國，傳其法以歸。楊之子塤遂習之，又能自出新意，以五色金鈿並施，不止循其舊法……倭人來中國見之，亦指稱歎，以為雖其國創法，然不能臻其妙也。」據近三十年來我國考古發掘出土的戰國時代施金施銀的漆器，王世襄先生在他的《髹飾錄解説》一書中，引用五項發掘的實物，證明兩千多年前我國已在漆器上廣泛使用描金描銀，儘管具體方法與日本所製「末金鏤」及「蒔繪」有不同之處，但肯定描金之法是由中國傳往日本的，時代約在隋唐之際，或更早。當然另一方面我們也不否認描金漆器在日本有高度的發展，並在一定程度上反過來影響了中國的漆器工藝。這裡所謂「洋漆」和下列檔案中還將出現的所謂「洋金」，都是指在黑漆地或紅漆地上描金，或加彩或不加彩，可能當時習慣上認為描金之法來自東洋，所以用個「洋」字。又據清代檔案《圓明園漆活彩漆楊金定例》中關於彩金像描金的條款：「平面畫戳掃金雲坐龍，上紅黃二色金，開黑漆……」可知，所謂「楊金」，指的也是這種漆工藝。描金漆包括黑漆地描金、紅漆地描金。描金之法多種多樣，有「黑漆理描金」「彩金像描金」「金理鉤描金」「金理鉤描油」「識文描金」「灑金」等，各有特點。故宮藏有這些品種，都屬於這類描金漆。也有雖名為描金卻不屬於這類描金的，如上列檔案中貴州巡撫所進描金龍皮捧盒就是另一種。它的作法是在牛皮胎上刷黑漆或朱漆作地，再在漆地上用金畫花紋，最後再罩上一層籠罩漆，這在《髹飾錄》中被稱為「描金罩漆」。故宮藏品中有不少這種「描金罩漆」的盤碗盆盒。

雍正二年正月初四日，總管太監張起麟交洋漆海棠式茶盤一件，傳旨：照此盤大小，改做雙圓式朱紅漆畫龍戲珠花樣茶盤幾件。欽此。本日張起麟啟知怡親王，奉王諭：照此盤大小多畫樣子幾張，看準時再做。遵此。

二月初五日，總管太監張起麟交烏銀腰形盤一個，黑圓漆盤一個，說：怡親王諭：烏銀腰形盤收拾好交進去，再照烏銀腰形盤、黑漆圓盤樣做卷胎紅漆地彩漆花盤，每樣做幾件。遵此。於十月二十九日，做得五彩托胎盤二十四件，紅漆托胎小盤二十四件，怡親王呈進訖。

八月十一日，郎中保德交喜相逢漆盒一件，傳旨：照此形，蓋上畫壽桃二個，底子畫壽桃一個，周圍牆子上下俱畫壽字九個，畫樣呈覽。再有畫過的好樣子亦畫樣呈覽。照膳盒大小，比膳盒小些的二樣做四十副，盒上畫暗八仙九壽四福。欽此。於本月十九日畫得捧盒樣一件，保德呈覽，奉旨：照樣准做。欽此。於九月二十九日做得八仙慶壽彩漆捧盒四十個，並原樣捧盒一件呈進訖。

十二月初六日，太監杜壽傳旨：四方長方盤多做些，盤上畫各樣花卉。欽此。於三年四月十四日做得長方漆盤四件，張起麟持去訖。

粘補收拾填漆豎櫃一對。螺鈿櫃一對隨頂櫃二對。黑漆堆金龍豎櫃一對隨頂櫃四對。

按：這一年正月傳做的雙圓式朱漆畫龍戲珠茶盤和八月所做的八仙慶壽彩漆捧盒，都是有雍正年款的漆器。二月所做的紅漆托胎小盤和五彩托胎盤是無年款的。所謂紅漆托胎小盤，在乾隆年間曾大量製作，名為「脱胎」。乾隆題詩云：「吳下髹工巧莫比，仿為或比舊還過。脱胎那用木和錫，成器奚勞琢與磨……」脱胎的做法是從古代「夾紵」的方法來的，特點是非常輕巧。在粘補收拾的活計中，黑漆堆金龍豎櫃一對隨頂櫃四對，是比較特殊的器物，櫃門上浮雕的升龍蜿蜒生動，龍身高出黑漆地約三厘米，從殘缺處可以看出是用漆灰堆成，然後泥金罩漆。這種做法在《髹飾錄》中稱為「隱起描金」。故宮藏品中此種櫃雖有數對，但從製作水平和風格上看不出先後，都應是清初所製。櫃門上銅飾件雖有「乾隆年製」四字，但飾件與櫃門漆皮接合不嚴，當是乾隆年間修理時後配的飾件。通過上列檔案的記載，可以證明黑漆堆金龍頂豎大櫃不僅不是乾隆年製，而且是雍正以前的製品，因為雍正二年時已經需要粘補收拾了。

雍正三年六月十一日，為做寶座屏風行取紫檀木事，怡親王奏聞。奉旨：不必用紫檀木，做漆的。欽此。於八月二十六日做得退光漆五屏風寶座一張，地平一份。柏唐阿六達子送至圓明園，交郎中保德，安在正大光明殿。

做菱花式紅漆盤（矮牆子，盤內畫九龍，裡外底子俱紅）；如意式紅漆盤；圭式紅漆盤；朱漆雙圓式彩漆盤；海棠、梅花、菊花、葵花各式彩漆盤；合牌胎退光漆畫葵花罩蓋盒；退光漆安欄杆小書格；筍式百福百壽漆盒（內盛蟠桃九熟漆盤九件）；黑退光漆帽架（照洋漆帽架樣做）；萬福長方漆盒。

按清《內務府養心殿造辦處各作成做活計清檔》木作檔案內同年同月日亦有圓明園正大光明殿陳設退光漆五屏風寶座的製作記載，據載係杉木胎。漆家具的胎骨是由木作來做，所以有木質的記載，而油漆作只有漆活計的記載。油漆作所做器皿胎骨是本作製作。《髹飾錄》中云「棬榛，一名胚胎，一名器骨」。漆器最常用的胎是木胎，所以盤、碗、盒、匣等漆器用木胎的就不再註明胎質。上列檔案中所謂「合牌胎」，是用布和紙做成的胎骨。

雍正四年正月十五日，太監王安傳旨：着將黑退光彩漆桌做三四張，各長二尺二寸一分，寬一尺四寸五分，高五寸六分。欽此。於十二月二十八日做得四張。

正月十七日，員外郎海望奉旨：怡親王奏過：說家內漆匠無有可做的活計，因此着做些漆盤。今漆盤不必多做，將大香几、小桌子做些。欽此。自六月至五年十二月做得黑漆香几一件、盤二件、小桌二張、朱漆圓香几一件、洋漆方香几一件、退光漆畫洋漆香几四件呈進訖。

三月十三日，員外郎海望持出雕漆荔枝盒一件。奉旨：此盒做法甚好，着問家內匠役若做得來，照此做幾件，將原物擦磨收拾，仍交進。欽此。於本月二十七日收拾得交進訖。

做得紅漆彩金碗托；黑漆香几；紅漆痰盂；紫漆痰盂；有抽屜退光漆條桌二張；有欄杆朱漆三層香几；彩金退光漆書格四個；彩金紅漆罩盒。

六月十八日，據圓明園來帖內稱：員外郎海望奉旨：着做長三尺、寬四尺、高九寸圓腿黑漆書桌一張，紅漆一張。欽此。於九月二十日做得呈進訖。

九月初四日，郎中海望持出榆木罩漆膳桌一張，長二尺六寸八分、寬一尺七寸八分。奉旨：爾等做漆桌時照此桌款式，將上面水欄邊放寬，批水牙收窄，其批水牙有尖稜處着更改，腿子下截放壯些，不必起線。上面畫何花樣，爾等酌量彩畫。欽此。於本月十四日，畫得彩漆壽字夔龍式桌樣一張，番草花式桌樣一張。郎中海望呈覽，奉旨：此夔龍式桌樣牆子的竹子靈芝不必用，束腰內或畫福字，或壽字流雲。桌子尺寸爾等不能定準，先或用楠木或用紫檀木大小做三張呈覽過再做彩漆。欽此。於十月初五日做得呈覽。奉旨照樣做長三尺、寬二尺、高八寸五分紅漆桌二張；長二尺八寸、高九寸黑漆桌八張；長二尺七寸、寬一尺八寸、高七寸五分紅漆桌二張，黑漆桌八張。於五年閏三月做得一張，六年三月做得六張，十二月做得四張，黑漆膳桌九張。

九月十七日，員外郎海望奉旨：着做徑圓七寸、通高一尺四五寸九層退光漆香盒幾對。欽此。

按上列檔案，這一年內漆作與木作合作製作漆家具較多。檔案中「家內漆匠無有可做的活計」，「着問家內匠役若做得來，照此樣（雕漆荔枝盒）做幾件」，所謂「家內」，都指的是養心殿造辦處各作。通過此項記載，說明當時養心殿造辦處漆作內尚無雕漆手藝的匠人，所以隔了十四天只有把原物擦磨後交進的記載，而此後並無照樣做得雕漆荔枝盒若干件的記載。

雍正五年二月十一日，據圓明園來帖內稱：郎中海望奉旨：着將彩漆小木船、蓮花瓣葫蘆式托碟做幾件，流杯亭用。三月二十八日做得大葫蘆式托碟十二件，小葫蘆式托碟八件。織造烏林達，那爾泰進來桃式托碟八件。奉旨：將此三樣俱交清茶房，若用的着伺候。欽此。

三月初一日圓明園來帖內稱：郎中海望將黑退光漆畫洋金、金錢花瓷碗一對，退光漆畫喜相逢洋金蝴蝶瓷碗一對呈覽。奉旨：此碗款式不好，碗裡釉水亦不好。着傳給江西燒造瓷器處，將無釉好款式的瓷碗燒造些來，以便漆作。八月二十九日張玉柱交來無釉瓷碗八十件。傳旨：此碗係年希堯燒造的，着交海望。交柏唐阿蘇七格持去漆做訖。

閏三月初一日，奉上諭：萬字房內着做漆屏風寶座地平一份。海望先畫樣呈覽。奉旨照樣做。於六年六月做得。

四月初八日，太監劉希文交來嵌珐瑯人物腰圓片西洋小漆盒一件。傳旨：留樣，着照此樣用黑漆、紅漆各做幾件。欽此。本日郎中海望令太監劉希文量得小洋漆盒長一寸七分、寬一寸四分、高九分、子口高一分。劉希文交進訖。初九日，員外郎沈喻傳做黑紅漆盒各四對。十月二十九日做得二對。十二月二十九日做得四對。六年十二月二十八日做得二對。七年正月做得二對。

做得黑漆盤、盒、碗各十件；黑退光漆面銀朱裡桌一件。

六月初七日，傳旨：懋勤殿有常寫字用的黑漆桌，照其尺寸、做法做二張。於六年十一月十九日做得黑退光漆圓腿朱裡靨桌四張。八月初八日做得寬五尺黃色石紋彩漆插屏二座，安在萬字房戲台屋內擋門。

七月十三日，蘇培盛傳旨：着照養心殿西暖閣門外陳設桌樣，或用彩漆，或用黑漆彩金做幾張。

欽此。本日員外郎沈喻傳做黑漆畫洋花桌四張，彩漆桌四張。記此。催總馬爾漢量得桌子尺寸，長三尺、寬二尺二寸五分、高二尺五寸七分。七年十一月做得黑漆洋金桌二件。郎中海望交首領太監王進玉持去養心殿後殿西次間內陳設訖。七年八月初六日做得彩漆桌四張；黑漆西洋描金桌二張。交蘇培盛持去訖。

七月十八日圓明園來帖內稱：本月十六日郎中海望奉上諭：爾等造辦處有朕先交的象牙席，照席尺寸做一黑漆床。欽此。

七月二十六日，據圓明園來帖內稱：郎中海望持洋漆長方小罩籠一件。奉旨：做法甚好，或做爐罩，或做何物罩，不拘大小，其擋子做圓棍，爾等酌量配合。欽此。十月二十九日做得仿洋漆嵌白玉烏木邊欄杆座子，紫檀木柱象牙雕夔龍群板罩籠一件。六年五月初四日做得楠木胎西洋金番花漆罩籠一件。

七月二十七日，圓明園來帖內稱：郎中海望奉旨：用漆做套盒，或方或圓做樣呈覽。六年十二月二十日做得黑漆拱花罩套盒二件，配黑漆架二件；堆漆暗花方罩蓋盒一件。

九月十一日做得填漆桌一件：黑漆西洋金香几一件。

按這一年內的退光漆畫花描金瓷碗是個新品種。《髹飾錄》「剔紅」類，論金銀胎剔紅項下，楊明註云：「又有瓷胎者。」」故宮藏有剔犀大瓶為瓷胎，又有紫砂胎雕漆器，製作時代都早於雍正。至於黑退光漆畫洋金花卉的瓷碗，則是前所未有的做法。再有，「黑漆拱花罩套盒」和「堆漆暗花方罩蓋盒」這兩種做法在《髹飾錄》中應屬於「陽識」類的「識文」，或描金，或描漆。後者與《髹飾錄》中的「堆漆」含義不同。《髹飾錄》「堆漆」原文：「又各色重層者堪愛……」楊明註：「複色者要如『剔犀』」，而「堆漆暗花」顯然不是「各色重層」，也不能出現複色如剔犀的效果。王世襄先生在《髹飾錄解説》一書中分析認為：「堆漆」在現代漆工藝中是一個含義比較廣泛的名稱，凡用漆堆起的花紋，不論上面再貼金或塗彩都叫「堆漆」。筆者認為造辦處檔案中的「拱花」與「堆漆」的區別，前者是「識文」描金或描彩，後者是「識文」上面與地漆同色，所以名暗花。因此這個「堆漆」和近代「堆漆」的含義相近，是廣義的。

雍正六年正月二十七日，郎中海望奉旨：着照洋漆彩金饅首式小盒樣式做紅漆和黑漆的各幾件。欽此，於五月初四日做得畫洋金番花饅首式紅漆盒四個、黑漆盒四個。做壽意彩漆手卷式筆筒一個。郎中海望持出漢玉一統太平一件，隨紫檀木架，黑堆漆夔龍萬字錦式匣盛。係宜照熊、劉師恕進。奉旨：此架還好，不必換。黑堆漆匣做法、花紋亦甚好，着留樣，嗣後若做漆水匣子等件有用此做法的俱照此做。欽此。黑堆漆罩座佛龕一件，欽此。四面鑲嵌漢玉圈，玻璃圓光上安漢玉頂，內供漢玉佛一尊，玉山子一樣。奉旨：罩座上面堆漆花紋甚好，爾等留樣。

二月初四日，郎中海望、員外郎沈喻、唐英傳做壽意漆夔龍萬字錦式匣。

八月二十六日，首領太監董自貴交來裡有釉外無釉瓷碗大小一百二十九件，說太監劉希文、王太平傳旨：着漆做。記此。本日交柏唐阿六達子漆做訖。

按上列檔案中「黑堆漆夔龍萬字錦式匣」，這種堆漆和雍正五年七月所做「堆漆暗花」不同，這種堆漆既註明有萬字錦，顯然是質與文不同色。《髹飾錄》言堆漆，「其文以萃藻、香草、靈芝、雲鉤、條環之類……又各色重層者堪愛，金銀地者愈華」，云云。夔龍萬字錦式匣正符合這個解釋。據此則應該說「堆漆夔龍萬字錦式匣」是真正的堆漆做法，不是廣義的堆漆。

雍正七年正月，做得大官釉盤碗配黑漆座、黑退光漆畫洋金花紋書格、佛龕。

二月十六日，郎中海望、員外郎滿毗傳做備用托盤漆盒二十八件。五月初四日做得黑退光漆畫洋金節節雙喜盒子五對、黑退光漆畫洋金喜壽蓮蓮盒二寸、紅漆畫洋金雙喜聯綿盒、紅漆畫洋金蓮艾盒各二對，郎中海望持去訖。

三月十三日，副領催趙老格持來福壽香盒紙樣一張，說：郎中海望傳着做杉木棬胎漆盒一對，香几一張。記此。十月二十八日做得。

三月十四日，葫蘆胎花囊做黑漆裡。楠木胎漆罩畫洋金節節雙喜歲歲雙安黑漆堆暗花玻璃罩佛龕。黑漆描金海棠式四層香盒。紅漆描金碗托四件。

四月十一日，郎中海望持出洋漆萬字錦條式盒一件。奉旨：照樣或燒造黑琺瑯盒或做漆盒。欽此。於閏七月做得黑漆洋金萬字錦條結式盒五件呈進。奉旨：此盒子甚好，大有洋漆的意思，但裡子略不像些。欽此。十八日持出洋漆長方盒二件。奉旨：此盒樣甚好，不獨做漆盒，或石盒亦可，照樣做幾件。欽此。於七月三十日做得玻璃罩鐘黑漆洋金罩蓋盒一件。十二日持出填漆圓盒一件。傳旨：此盒做法甚好，着照樣做二對。欽此。二十四日做得黑退光漆畫洋金金錢菊花嵌玻璃堆地景如意式盒二對呈進。奉旨：做得甚糙，再做時精細着。

七月二十一日，太監張玉柱、王常貴交來金漆萬壽鼎案一件；仿洋漆萬國來朝萬壽圍屏一座；雕漆雲龍寶座一張，錦褥全份；仿洋漆百步燈四架；萬福攸同甜香炕几一張，洋漆甜香炕椅靠背一件。俱係隋赫德進。

七月二十九日，郎中海望持出紫檀欄杆合牌胎透花紗罩都盛盤一件。奉旨：爾照此尺寸將紅漆的做幾件。其罩子要入在欄杆內，柱子要入在欄杆上，罩內四板各安掐口腿子，罩蓋面上另畫夔龍光花樣，不必雕刻壽字，擋面上彩畫壽字，糊硬紗。欽此。九月二十九日做得紅漆畫洋金夔龍壽字糊硬紗都盛盤。

十月二十五日，太監張玉柱交來……各樣漆香几十九件；波羅漆都盛盤四件；斑竹中號書桌一張。係年希堯進。傳旨：着送呈圓明園。

十二月初九日，郎中海望為做仿洋漆活計修造窨事奏稱：合牌樣式在外邊，現做未完，得時呈樣。此地窨，奴才意欲在園內選地蓋造等語具奏。奉旨：園內地方蓋造似覺不便，爾酌量或在西山，或在外邊選地方蓋造。欽此。隨又奏稱：若在西山選地方蓋造，路途遙遠，奴才難以照看，欲在造辦處相近的地方蓋造等語。奉旨：好。欽此。二十四日，做得地窨小樣一件。郎中海望呈覽。奉旨：南面若開大，仍還透灰，砌磚時開一窗戶。欽此。

按：這一年裡的作品仍以洋漆金花佔多數，不僅宮中如此，隋赫德是江寧織造，從江南進來的貢品也是仿洋漆的品種佔多數，應該說這是當時的風尚。雍正本人對這個品種也特別欣賞。他認為造辦處漆作所做黑漆洋金萬字錦條結式盒做得好，大有洋漆意思，只是裡子略不像，指的是做成了黑漆裡，沒有做黑漆灑金，所以不太像洋漆。為了擴大製作，所以要蓋造地窨。在隋赫德貢單中還有個新品種，也是當時江南流行的，如洋漆甜香炕椅靠背。「甜香」應作「填香」，這種做法就是在漆面上刻陰紋花樣，在陰紋低陷的線條內填香料（類似紫金錠）和清漆。

雍正八年，雜活作，五月初三日做得黑漆挺鑲嵌紫檀木座像牙茜綠夔龍桃，黃玻璃托珊瑚頂香袋挑桿一對，隨銅鍍金撒花寶蓋珠口纓絡。

做得填漆八角長方盤二件、黑漆筆管二件、洋漆盒大小五件。奉旨：着交海望畫樣。記此。

六月十四日內大臣海望傳做仿洋漆各式樣大小盒。十二年十二月二十八日做得九對。

十月三十日，內大臣海望奉旨：爾照年希堯進來的番花獨梃座方面桌，或黑漆或紅漆的做一桌，桌面不必做方的，做圓的，座子中腰安轉軸，要推的動。欽此。

十一月初一日，首領太監杜進朝交來菊瓣式彩漆五龍捧壽盤一件，說：總管太監呂興朝傳旨：着照樣做十件。九年十一月初一日做得十件。柏唐阿李六十交進訖。

內務府總管海望傳：打做仿洋漆活計席簹一座。記此。

按：年希堯從江南進來的番花獨梃座方面桌，當是江南漆家具新品種，為雍正帝所賞識。雍正帝命造辦處製作的獨梃加轉軸漆圓桌，又是此類江南漆家具的另一新品種。

雍正九年四月二十六日，內務府總管海望持出無釉白瓷碗四件，奉上諭：將無釉白瓷器上做洋漆，半邊或畫寸龍，或畫梅，或竹，或山水；半邊着戴臨寫詩句。欽此。於五月初五日畫得久安長治碗一件、飛鳴食宿蘆雁碗一件、綠竹漪漪碗一件、紅梅碗一件，呈進訖。

五月初八日，內務府總管海望奉旨：前日着造的觀音菩薩，衣褶做掃銀堆畫彩金花，花樣照新織來西番小花樣錦花樣彩畫，面部用泥金面。欽此。海望擬得菩薩法身高一尺六寸六分。記此。於十二年七月初六日做得。

五月十九日，內務府大臣海望奉上諭：造辦處所做洋漆活計甚好，着將做洋漆活計之人每人賞給銀十兩。做的荷葉臂格亦好，亦賞給銀十兩。欽此。隨又奏稱：做洋漆活計，還有柏唐阿左世恩、佛保、六達子三人管理……於本日內務府大臣海望定得匠役花名銀兩數目，計開：洋漆匠李賢、洋金匠吳雲章……每名十兩……彩漆匠孫盛宇、王維新、秦景顏，家裡漆匠王四、柳邦顯每名銀五兩，家裡漆匠達子、段六……每名銀三兩。

十月十四日，司庫常保持出五龍捧壽茶盤一件，奉旨：着做大些，比先年舊樣做矮些，比此樣做高些，不必用壽字，其瓣收小些，欽此。於十年六月做得四件。

十一月初十日，宮殿監督領侍陳福交來黑漆琴桌一張，高二尺五寸、長三尺二寸五分、寬一尺二寸五分；洋漆琴桌一張，高九寸、長二尺六寸。傳旨：着照黑漆的尺寸、樣式做二張，內一張做彎棖，內一張彎棖下落一寸做屜板；再照洋漆琴桌樣式收短一寸，亦同前做法。欽此。於十年十一月初二日做得。

按：清代內務府造辦處匠人是不可能在其製作的工藝美術品上署名的，因此工藝美術史上留傳下來的作者姓名是很少見的。上列檔案中所記的匠役花名銀兩數目，給清代漆器工藝史上的空白做了一點補充，這是非常可貴的。

雍正十年正月二十四日，內大臣海望傳做備用船上寶座，黑退光漆上畫彩五福流雲夔龍捧壽，欽此。十一年三月十二日做得。二十八日諭做楠木胎洋漆銀口盒一對，於八月十四日做得。

二月初七日，做戒急用忍字樣彩漆流雲吊屏四件。

二月十六日，司庫常保持出西洋藍綠玻璃金花座各二件。傳旨：配做蠟扦用，欽此。於六月十九日配做得彩漆盤，銅鍍金接油蠟扦。

四月十七日，首領太監薩木哈持出洋漆包袱式盒二件，說：宮殿監督領侍陳福傳旨：此盒式甚好，照樣將黑漆紅漆盒做些，畫花卉漆盒亦做些。欽此。十一年五月初一日做得二件。

五月十三日，首領太監薩木哈奉旨：造辦處做的方形漆盒，內安玻璃鏡，盒面上畫竹子。欽此。

閏五月初五日，據圓明園來帖內稱：九年八月十四日司庫常保、首領太監薩木哈持出五龍捧壽茶盤一件，奉旨：照樣做幾件，比先做過的舊樣收矮些，比此樣放高些，盤內不必用壽字，其菊花瓣亦收小些。欽此。六月十一日做得五龍茶盤四件。本日太監滄州傳旨：今日呈進的紅漆茶盤略寬大，再做時做秀氣着，其茶盤邊瓣放奢些，外邊添畫龍。再漆水顏色紅些方好。欽此。十二年五月初二日做得紅漆五龍茶盤十二件。

六月二十七日，內大臣海望奉上諭：着傳與年希堯，將長一尺八寸、寬九寸至一尺、高一尺一寸至一尺三寸香几做些來，或彩漆，或鑲斑竹，或鑲棕竹，或仿洋漆，但胎骨要輕妙，款式要文雅。再將長三尺至三尺四寸、寬九寸至一尺、高九寸至一尺小炕案再做些，或彩漆，或鑲斑竹，或鑲棕竹，但胎骨要淳厚，款式亦要文雅。欽此。本日交內務府總管年希堯家人鄭天錫持去。八月二十三日，內大臣海望奉上諭：爾傳與年希堯，將各色漆水好、款式小的硯盒做些來。其硯不必令伊配做，俟送到時令造辦處配綠端石硯。欽此。九月十二日交九件。

九月十五日，司庫常保、首領太監薩木哈持出黑漆竹節式畫花卉竹子雙友筆筒一件，說：太監滄州傳旨：着照此筆筒樣式做法，做筆筒幾件，不必畫花卉，單畫竹子。欽此。柏唐阿六達子持回。十二月二十八日做得一件。十一年十月二十八日做得雙圓筆筒一件。

十月二十八日，司庫常保、首領太監李久明持出洋漆盒一件。奉旨：此盒花紋甚好，嗣後造辦處如做漆盒，可照此花紋，不必獨照此盒款式。再爾等進的漆盒，其漆水雖好但花紋不能入骨，可使匠役小心加工仿做，務期入骨。欽此。做香色彩漆盤四件。

十二月初八日，司庫常保、首領太監李久明奉旨：着做紅漆圓盤二件、腰圓盤二件。欽此。十一年三月十一日做得。

按：上列檔案中雍正提出花紋「務期入骨」，從故宮藏品也可看出雍正年製作漆器精益求精，與雍正的這種要求是相符的。年希堯是內務府總管，在江西燒造瓷器，命他在江南定製彩漆鑲斑竹的器皿是附帶的任務。這種器皿也是當時漆器的一個新品種。

雍正十一年五月，做楠木胎黑洋漆畫洋花帽架二對，內襯香囊。做洋漆銀口長方盒二對。

雍正十二年正月初七日。內務府總管年希堯家人鄭天錫送來十年八月十五日內大臣海望奉旨：爾傳與年希堯先將各色漆水好、款式小的硯盒做些來。俟送到時令造辦處配綠端石硯。欽遵在案。今送到各式漆盒三十六件。記此。

七月二十五日，司庫常保持來宮殿監督領侍李英交來洋漆炕桌四張，係高其卓進；洋漆書桌二張，係准泰進。傳旨：洋漆桌六張着接做紫檀木腿高桌，漆水不可傷損。欽此。十月初十日將書桌配接椴木雕臥蠶紋腿高桌樣，洋漆炕桌配接椴木雕如意腿高桌樣，由首領太監薩木哈持進呈覽。奉旨：准做。欽此。十三年正月二十四日將洋漆桌六張配接做得紫檀木活腿高桌六張。

十月十五日，據宮殿監副侍李英傳旨：着照漆皮盆做一合牌樣，再比此盆放大些，收小些，亦各做一合牌樣，俱交閩海關准泰照樣各做皮胎漆盆幾件。欽此。

十月二十八日，司庫常保來說：宮殿監督領侍李英傳旨：着照膳房桌樣做黑漆膳桌二張，其包角金葉做銅鍍金包角。欽此。

按：上列檔案中洋漆炕桌配接紫檀木腿成為炕地兩用的桌，在當時是個新品種。除配接者外，在一件紫檀家具上加黑漆描金描彩也是雍正年間的新品種。

雍正十三年三月十八日，宮殿監李英傳旨：恩佑寺、壽皇殿二處着做填漆銅鍍金包角圖塞爾根二張。欽此。

三月二十三日，司庫常保傳旨：做端陽節洋漆帽架八件。欽此。

四月十一日，太監高玉交來黑紅漆攝絲筐籮十八套，每套十件，係李學裕、春山進。傳旨：漆水不好，着造辦處另漆，改做黑漆裡畫洋金筐籮。欽此。

綜觀上列記載，雍正元年至十三年，造辦處油漆作所製漆器品種有：黑漆（包括揩光與退光）、朱漆（包括揩光與退光）、渾金漆、金漆、填漆、戧金漆、戧金細鈎填漆、堆漆、嵌鈿、嵌金銀、脱胎漆、皮胎漆、葫蘆胎漆、洋漆，黑漆與象牙、竹、木、玉、石、琺瑯、金、銀等多種材料合製的器物。

外地的一部份品種有：貴州巡撫金世揚進呈的皮胎漆器；江寧隋赫德進呈的金漆器、仿洋漆器，雕漆器、填香漆器；江西燒造瓷器處年希堯進呈的仿洋漆器、波羅漆器、鑲斑竹漆器；兩淮高其卓進呈的洋漆器；福州准泰進呈的洋漆器、皮胎漆器；蘇州進呈的脱胎漆器。以上雖只佔全國各地漆器品種和數量的一小部份，但代表着當時社會上最流行的品種。

從故宮藏品來看，雍正年所製漆器，有的帶有「雍正年製」款識，如雍正款雙圓式朱紅漆畫龍戲珠盤；雍正款瓦式朱紅漆描彩花鳥盤；雍正款黑漆描金百壽碗；雍正款紅地彩漆描金五龍雲壽橢圓菊瓣盤；雍正款彩漆描金花鳥長方盤；雍正款金漆勾蓮圓盒等。這類漆器是無須檔案印證的。但傳世的漆器很多是無年款的。雍正、乾隆無款的器物與清後期無款的器物是很容易區別的。但雍正無款器物與乾隆無款器物的區別在工藝美術品領域中最容易被忽略。凡是無款而又極為精緻的工藝美術品往往都被認為是乾隆年造，雍正無年款的漆器也是同樣的命運。如據前面所列檔案，雍正十年曾製作洋漆包袱式盒，現在故宮藏品中還有一件；檔案中多次提到做得黑漆描金几；雍正十年諭年希堯所做鑲竹漆器；雍正七年江寧織造隋赫德進呈的黑漆描金填香炕椅靠背等。這一類無年款的漆器，從前在文物鑒定工作領域，包括我本人在內，都認為是乾隆年造的，但通過檔案來印證實物，上述各種漆器有的具有很明顯的雍正年製的特點，而且檔案上只有上列雍正年間的記載，乾隆年造辦處檔案上未再出現過，所以可以肯定是雍正年製而非乾隆年製；有的類似的名稱在雍正、乾隆兩個時期的檔案上都曾出現過，對於這類貌似乾隆時期而又無款為證的器物，只應認為是雍正至乾隆時期的製品，而不可簡單地劃歸為乾隆年造。

雍正元年至十三年，這十三年中造辦處檔案記載所製的漆器品種約二十種，洋漆器數量佔相當大的比重，並且雍正還屢次親自提出具體要求，又專為洋漆器建造窨室，並特賞給洋漆器作者銀兩，這些都說明洋漆類是雍正朝漆器製作的重點品種。其他與竹、木、瓷等材料結合製作的器物也都和洋漆有關。可見洋漆器（即泥金畫漆、描金）是雍正年間漆器製作的重點品種。此外，從江南、江北、福建等地進呈的器物品種來看，仿洋漆器所佔的比重較大，可見它也是社會上流行的品種。

清雍正年的家具製造考

清代的家具製作，一部份繼承明代。明式的案、桌、椅、凳在清代始終流傳、製作和使用，同時又發展新的做法、造型和裝飾，成為清式。

順治年的工藝製作，凡屬於漢文化範疇的，基本是明末的老樣子，沒有什麼大變化，因為工匠還是天啟崇禎時代的人。例如，順治刻本大字《孝經》和《資政要覽》，其字體、刀法、版式完全和明代經廠刻本一樣。至於家具則向來無款，有款識的家具是個別的。因為未見過有順治款的家具，所以也就不能確指順治年的家具是否有什麼特點了。

康熙年的家具，在故宮博物院的藏品中，如黑漆嵌螺鈿平頭大案、黑光漆嵌軟螺鈿書格和彩漆香几等件是有年款的。乾隆年，有劉墉、張照等題識的條桌，乾隆題識的屏風以及寧壽宮花園三友軒室內有松竹梅裝飾的桌、椅、凳。這些在清代家具中是屬於極少數，而傳世的大量清代家具是沒有款識的。過去根據家具的造型風格大致劃分清代家具為清初、乾隆、嘉道以下、晚清四期。凡製作新穎、質美工精的都稱為「乾隆造」。趨於一般化而木質做工較為遜色的，甚至「偷工減料」而規模仍未改的，則認為是嘉道以來的製品。同治大婚所製的一批以雕刻腫鼻子龍為特點的桌、椅、凳、櫃和光緒年頤和園重修後新進的一大批更為粗俗的家具，是晚清的典型作品（頤和園陳設的有一部份清前期的家具不在此例）。總之，清代的家具和其他工藝美術品是同樣的發展規律，發展到乾隆年達到高峰，過此逐漸下降。因此，「乾隆造」代表着「清式」，這個論點是可以成立的。但這還不全面，應該説，康熙、雍正、乾隆三個時期製作的家具代表着清式；更確切地説，清代家具新的做法、造型、裝飾在雍正時已經大備。傳世的清代家具，過去我們定為「乾隆造」的，其中不少應是「雍正造」。在工藝美術品領域中，其他器物也存在這樣的情況，例如製作瓷胎畫琺瑯器，自康熙時開始，至雍正時增加許多種色釉，燒造技術精益求精，在瓷器史上成為佔重要地位的品種。到乾隆時更大量燒造。因為瓷胎畫琺瑯器都有年款，人們決不會把雍正時製品劃為乾隆時製品。前已提及：木器有款的是極少數，並且從未見過雍正時家具的款識，因此要説明雍正時曾製作過的家具品種、做法、造型、裝飾等等，就必須以傳世實物對照文獻來分析。

關於雍正年製作的家具和當時的文獻，本文擬就故宮博物院藏品和原藏故宮、現藏中國第一歷史檔案館的清代《養心殿造辦處各作成做活計清檔》所提供的資料進行探討。養心殿造辦處（以下簡稱「造辦處」）設有若干工種，當時稱為「作」，例如「玉作」「琺瑯作」等等，「木作」是若干「作」中之一。造辦處「木作」的製作範圍，以木質而論，包括榆木、松木、椴木、杉木、柏木、黃楊木、沉香木、楠木、紫檀木、花梨木、紅豆木（即紅木）、木；以製作而論，包括桌、案、椅、凳、几、床、屏、箱、櫃、架、車、轎等，配製其他器物的架、匣、盒、蓋、座等，以及室內的隔斷、碧紗櫥、花罩、隔扇、窗等木裝修，木匠活一應俱全；以製作者而論，則是優秀工匠集中的場所，包括由廣東和蘇州調來的最高手藝的木匠。又因造辦處的製作網是全國性的，所以「木作」也和其他「作」一樣，有時奉旨派外地的督撫、關差、織造在外就地製作解京的器物也屬於造辦處掌管。

因此雖然所根據的實物和文獻是清代皇宮中所有，但其中也有民間流行使用的木器，例如榆木罩油八仙桌、杉木箱等，都是一般使用的，所以代表性是比較全面的。茲分類敘述如下：

一、案、桌、几類

據《造辦處各作成做活計清檔》中木作的記載：雍正元年，曾做紫檀木邊豆瓣楠木心套桌一張，紫檀木膳桌八張，花梨木膳桌三張，包鑲銀飾件紫檀木邊楠木心桌二張，赤金飾件紫檀木邊豆瓣楠木心桌六張，包鋄銀飾件花梨木邊楠木心桌三張。弘德殿用的楠木桌一張，長二尺七寸，寬二尺，高二尺。一封書楠木桌一張，高一尺八寸，長三尺六寸，寬一尺九寸，桌邊出五寸。雍正三年，曾做花梨木雕壽字飯桌十八張，紫檀琴桌一張，花梨木邊腿、紫檀心、紫檀牙子、柏木提角板。雍正四年，曾做楠木桌一張，長二尺二寸一分，寬一尺四寸五分，高五寸。又高五寸六分紫檀桌一張，楠木一封書書桌一張，寬二尺二寸，高一尺四寸八分，長三尺六寸。同此尺寸花梨桌一張。楠木折疊小桌一張，長二尺，寬一尺三寸，高一尺。紫檀木轉板桌一張。蔡挺進的紅豆木做紫檀木牙紅豆木案一張，長七尺五寸，寬一尺五寸六分，高二尺七寸三分。又一張長六尺，寬一尺五分，高二尺八寸。紅豆木轉板書桌一張。六月十五日奉旨：「比轉板書桌再長些，三桌面桌做一張。再疊落長條書桌做一張，先畫樣呈覽。」七月二十五日，做得有抽屜楠木條桌一張，無抽屜楠木條桌一張。奉旨：「着做夔龍式彎腿二層面矮書桌一張，先做樣呈覽。」本月十八日，畫得中層安屜板、矮桌面桌樣一張。七月二十五日做得。七月十六日，海望持出杉木罩油圖塞爾根桌一張，奉旨：「着照此款式，面用紫檀木，其邊與下身俱用杉木，做紅漆彩金龍膳桌二張，酒膳桌二張。」十二月二十日做得。七月二十三日，郎中海望奉旨：「着照如意館內陳設的一封書炕桌樣式尺寸，做高麗木邊紫檀木心炕桌幾張。」又傳做楠木折疊腿桌一張，長三尺，寬一尺三寸，高二尺五寸。十一月初五日做得。

雍正四年正月十五日，太監王安傳旨：着將黑退光彩漆桌做三四張，各長二尺二寸一分，寬一尺四寸五分，高五寸六分。欽此。

九月初四日，郎中海望持出榆木罩漆膳桌一張，長二尺六寸八分，寬一尺七寸八分。奉旨：爾等做漆桌時照此桌款式，將上面水欄邊放寬，批水牙收窄，其批水牙有尖稜處着更改，腿子下截放壯些，不必起線，上面應畫何樣花樣，爾等酌量彩畫。欽此。本月十四日畫得彩漆壽字夔龍式桌樣一張、番草式桌樣一張，郎中海望呈覽。奉旨：此夔龍式桌樣，牆子上的靈芝不必用，束腰內或畫福字，或畫壽字流雲。桌子尺寸爾等不能定準，先或用楠木或用紫檀木大小做三張呈覽過，再做彩漆。欽此。於十月初五日做得楠木膳桌大小三張呈覽。奉旨：照樣做長三尺、寬二尺、高八寸五分紅漆桌二張，長二尺八寸、高九寸黑漆桌八張，長二尺七寸、寬一尺八寸、高七寸五分紅漆桌二張，黑漆桌八張。五年閏三月做得一張，六年三月做得六張，十二月做得四張，黑漆膳桌九張。

十月初三日，太監魏國用面奉上諭：爾與海望商量着做圓形三足香几一件，隨套，比現香几做秀氣、矮些，以備出外用。

十月三十日，太監劉玉傳旨：照怡親王進的活腿四方香几做二件，或漆的、或木的，做秀氣着。欽此。五年五月九日做得紫檀香几二件。

正月十五日，散秩大臣佛倫傳旨：筵宴上用的圖塞爾根桌子，兩頭太長些，抬桌子人難以行走，着交養心殿造辦處另做一張。比舊桌做短些，外用黃套。欽此。正月十八日做得花梨木圖塞爾根桌一張，長三尺六寸，寬三尺四寸三分，高一尺八寸，水線八分。催總馬爾漢交內管領海成持去訖。

雍正五年七月二十一日，海望奉旨：養心殿東暖閣陳設的鑲銀母花梨邊插屏式鐘一件，上嵌銀母花紋甚好。爾照黑漆面抽長扶手香几的尺寸配合做花梨木桌一張，長二尺三寸七分，寬一尺四分，高一尺一寸，邊寬九分，厚九分，腿卷頭寸半。其面上安玻璃，着郎世寧畫一張畫襯在玻璃內，周圍邊上照插屏鐘上花樣用銀母鑲嵌。欽此。十月二十九日做得同樣黑漆面的一張，紅漆面的一張，不鑲玻璃。又做黑退光漆抽屜條桌一張，黑漆圓腿書桌一張，紅漆一張，長三尺、寬二尺、高九寸。黑地彩漆桌九張，填漆桌四張。黑退光漆圓腿朱裡屜桌四張。

七月二十四日，郎中海望奉上諭：擱爐小香几着做幾件。其香几面子見方六七寸，高二三寸，下安配四腿，腿心挖空，從香几面上透眼，一邊插匙，一邊插箸，中間安爐。欽此。八月二十七日做得合牌樣呈覽，奉旨：香几腿子再往裡挪些，安抽屜不必長方，做見方的。欽此。九月初三日做得香几，郎中海望呈覽。奉旨：照此樣略放高些，或漆或紫檀酌量做，一邊安爐，一邊安鑷子。欽此。九月十一日做得紫檀香几一件進呈訖。十二日做得楠木胎黑漆透眼小香几二件，隨銅鍍金匙箸二份，象牙琴帚二件，老鸛翎括子二件。二十六日，據圓明園來帖內稱：郎中海望奉旨：將烏拉石面香几做一件，用硬木，做圓腿，該安帳子，並如何尺寸，爾等酌量。欽此。

八月十五日，郎中海望傳旨：痰盂盆放在坐褥上不能穩，爾或用木、或用合牌罩漆做拐彎掐座褥香几數件。其拐彎處若不能討牢可用鋸拿，再用硬木做長一尺上下，寬六七分，厚三四分扁形直棍，一頭帶圓形痰盂托，以備插在椅墊上用。欽此。

八月做得鑲黃蠟石面花梨香几一件、烏拉石面一件。

十月初一日，海望奉旨：着照九洲清晏陳設的洋漆方香几大小高矮做圓腿香几，托板下安算盤珠，或四足，或做硬木面下邊安小牙子，或做漆面，下面用鐵拉扯，不必安牙子。欽此。

雍正六年正月十三日，太監王太平傳旨：照先做過的玻璃面鑲銀母花梨木桌，再做二張，其高矮寬窄大小尺寸俱照舊桌一樣做，桌面不必鑲嵌，做黑漆面的一張，紅漆面的做一張。欽此。於本月十四日，員外郎唐英帶木匠盧玉量桌長二尺三寸七分，寬一尺四分，通高一尺一寸，邊寬九分，厚九分，腿子卷頭一寸半分，高八分，見方九分。八月初八日做得黑漆退光面、鑲嵌銀母西番花邊、花梨木桌一張。郎中海望呈進，奉旨：爾照此桌樣再做幾張。欽此。本日郎中海望、員外郎沈喻、唐英傳先做二張。八月十七日做得紅漆面的一張。十二月二十八日做得黑漆面的一張。七年五月初四日又做得黑漆面的一張。

二月十八日，郎中海望傳做備用坐褥夾掐香几二件。

三月十七日，圓明園來帖內稱：本月十四日郎中海望持出黑退光漆條桌一張、紅漆條桌一張、紅油燈掛椅一張。奉旨：着照此紅漆條桌尺寸、黑漆條桌樣式，做得紫檀木條桌一張、紅豆木一張、紅漆桌四張。照此紅椅樣式做紫檀木椅四張、紅漆椅八張。椅子上的牙子、棖子有可更改處俱更改。欽此。

五月十四日，據圓明園來帖內稱：初二日副總管太監蘇培盛傳旨：着照養心殿西暖閣陳設的彩漆桌樣式做花梨木硬楞桌幾張。欽此。五月二十九日做得長三尺三寸、寬一尺四寸八分、糊布裡紫檀木邊楠木心圖塞爾根桌一張。六月初一日小太監瑞格傳旨：照五月二十九日呈進過的紫檀木邊楠木心圖塞爾根桌再收窄一寸五分做一張。

五月十五日，據圓明園來帖內稱：十二日副總管蘇培盛傳旨：着照今日進的黑漆軟楞桌的尺寸，照懋勤殿圓腿桌的樣式，做黑退光漆桌二張。再照養心殿西暖閣陳設的彩漆桌的式樣做紅漆桌四張。於八年五月初六日做得黑漆面朱漆裡圓腿桌四張，九年正月二十八日做得黑退光漆面朱漆裡圓腿桌四張。

十月初九日，郎中海望傳做壽意花楠木面紫檀木桌一張，長二尺九寸五分，寬一尺九寸五分。

十月二十八日傳旨：做紫檀木邊豆瓣楠木心嵌銀母如意花紋桌。

馬爾漢量得高二尺八寸二分，長四尺八寸八分，寬二尺二寸四分，十二月二十八日做得。

雍正七年六月初五日，據圓明園來帖內稱：本月初四日太監劉希文傳旨：萬字房，「佳氣迎人」屋內床上擺的隨洋漆書格如意式洋漆彩金桌一張，着照此桌款式用紫檀木做一張。欽此。於六月二十七日做得紫檀木如意式桌一張，高八寸九分，長三尺一寸五厘，寬一尺一寸半。做花梨木桌一張，長二尺八寸八分，寬一尺三寸三分，高一尺五寸。

七月二十五日，據圓明園來帖內稱：二十四日太監劉希文傳旨：隨琺瑯爐楠木香几做的不正，再做一件。欽此。

十月初九日，郎中海望、員外郎滿毗傳做備用安錶鏡紫檀木香几陳設一件。十二月十八日做得紫檀香几，上安雍正六年二月初七日交出的聖壽無疆錶一件。

十月二十五日，郎中海望持出做花紋石漆面四方黑漆香几一件，奉旨：此香几漆面做法甚好，此後再做活計照此漆面花紋做。欽此。

十二月二十八日，太監張玉柱傳旨：養心殿東暖閣東落地明內靠南面坎窗下，着做花梨木桌二張。欽此。二十九日傳旨：做花梨木桌一張，長二尺八寸八分，寬一尺三寸三分，高一尺五寸。欽此。

雍正八年二月十七日，據圓明園來帖內稱，郎中海望奉旨：着做紫檀木圓桌一張，逕二尺六寸，高九寸，腿子做直的。再照樣做漆桌九張，俱隨紅猩猩氈面錦刷子雲緞裡。欽此。

三月初六日，員外郎滿毗傳做杉木桌一張，給西洋人郎世寧畫畫用。三月十二日做得杉木桌交畫畫房柏唐阿王幼學訖。

九月二十九日，首領太監張玉柱傳旨：着做長二尺七寸五分，寬一尺二寸六分，高八寸一分楠木琴桌一張，紫檀木桌一張，漆桌二張，其漆的做下預備，用時再安琴墊，做三副。欽此。

十月三十日，海望奉旨：爾照年希堯進的波羅漆桌樣將大案、炕桌、琴桌樣畫樣呈覽，交年希堯做此來。

十月三十日，內務府總管海望奉旨：爾照年希堯進來的番花獨梃座方面桌，或黑漆或紅漆的做一張，桌面不必做方的，做圓的，座子中腰安轉軸，要推的動。欽此。

十二月初四日內務府總管海望畫得波羅漆大案樣二張、炕案樣二張、琴桌樣二張、瓷瓶大樣五張、小樣七張呈覽，奉旨：案几照雙層書格式樣，其餘准做。欽此。

雍正九年十一月初十日，宮殿監督領侍陳福交來黑漆琴桌一張，高二尺五寸，長三尺二寸五分，寬一尺二寸五分。洋漆琴桌一張，高九寸，長二尺六寸。傳旨：着照黑漆的尺寸樣式做二張，內一張做彎棖，一張彎棖下落一寸做屜板。再照洋漆琴桌樣式收短一寸，亦同前做法。欽此。十年十一月初二日做得。

雍正十年六月二十七日，據圓明園來帖內稱：本日內大臣海望奉上諭：着傳旨年希堯，將長一尺八寸、寬九寸至一尺、高一尺一寸至一尺三寸香几做些來，或彩漆、或鑲斑竹、或鑲棕竹、或仿洋漆，但胎骨要輕妙，款式要文雅，再將長三尺至三尺四寸、寬九寸至一尺、高九寸至一尺小炕案亦做些。或彩漆、或鑲斑竹、或鑲棕竹，但胎骨要淳厚，款式亦要文雅。欽此。本日交內務府總管年希堯家人鄭天錫持去。

十一月十五日，司庫常保、首領太監薩木哈持出仿洋漆書桌一張，說：太監滄州傳旨：此桌甚好，但桌腿不好，可將桌面取下，另做紫檀木桌腿。其原漆桌腿另配做紫檀木桌面。再漆桌面邊上回紋錦不用，着用紫檀木包鑲。欽此。十一年四月初六日做得。

雍正十一年三月二十六日，員外郎滿毗、三音保、司庫常保傳做紫檀木書桌一張，其腿內安進簧獨梃帽架一件，又做一塊玉紫檀木面楠木胎洋漆桌，漆面紫檀木邊腿桌，紫檀木圓腿圓棖書桌二張，各長二尺二寸，寬一尺二寸五分，高一尺二寸。五月初一日，又做得一張，橫棖長一寸六分，豎棖長二寸四分，呈進訖。隨奉旨：此桌再做時橫棖放長二寸，豎棖放長五分。欽此。本日又傳旨：裡邊有陳設湘妃竹邊、波羅漆面炕案一張，此案款式甚好，着照樣做幾張。但湘妃竹難得，可用棕竹做。欽此。

雍正十二年十月二十三日，司庫常保持來洋漆炕桌四張，係高其卓進，洋漆書桌二張，係准泰進。傳旨：洋漆桌六張着接做紫檀木腿高桌，漆水不可傷損。欽此。十一月初十日將洋漆書桌一張接配椴木雕臥蠶腿高桌樣，洋漆炕桌一張配接得椴木雕如意雲腿高桌樣呈覽。奉旨：准做。欽此。十三年正月二十四日，將洋漆桌六張配接做得紫檀木活腿高桌六張。

以上是雍正年所製作的案、桌、几等，從總的數量和尺寸可以看出是矮的多，高的少。雖然只出現過幾次炕桌、炕案的名稱，但從尺寸可以說明多數是炕桌、炕案、炕几。上列稱為圖塞爾根，飯桌、膳桌或筵桌都屬於炕桌類型。清代宮中凡正式的筵宴，還保留着歷代大宴的慣例，即席地而坐，地下鋪棕毯和坐墊，用矮桌。另外清代的室內裝修有所演變，尤其是北京，把木床和磚炕的形式結合起來，成為室內固定的裝置，有前簷、後簷和順山牆三種位置的木炕，比原來的床面積要大很多。不僅宮中如此，住宅也同樣流行，因此炕桌、炕案、炕琴桌、炕几的需要量就多起來，並產生摺疊腿、活腿等地下炕上兩用的桌，以及拐彎掐坐褥的香几，等等。這和抽屜桌逐漸多起來一樣，都是清代家具製作的傾向。

上列的如意式桌、轉板式書桌、疊落式書桌、玻璃面襯繪畫的桌、彩漆鑲斑竹桌、彩漆描金紫檀桌、彩漆番花獨梃座中腰安轉軸的圓桌、香几面透眼安爐瓶盒和烏拉石面香几等，這些製作新穎的精緻桌案，都具有雍正年造的特點，為前所未有。這些品種在故宮博物院的藏品中一般都有，但轉板桌未見，不知其構造。至於疊落式書桌，其桌面有較大面積，此外還有高低不同較小面積的几案面。故宮藏品中亦缺此品種，大約已毀於咸豐庚申年火燒圓明園之時。外間流傳有乾隆時福康安府中的一件，辛亥以後先父購得於東四榮興祥古玩店，且早已捐獻給國家，現陳列於避暑山莊，傳世只此一件。此外紫檀桌加彩漆描金的做法，也始於雍正年間。

二、椅、凳類

雍正元年四月十九日，清茶房首領太監呂興朝傳旨：着做楠木春凳二個，杉木罩油春凳四個，俱長四尺三寸五分，寬一尺三寸，高一尺二寸五分。欽此。

七月初六日，太監王安傳旨：做杉木杌子一張，高二尺，長一尺四寸，寬一尺二寸。七月初十日做得。

雍正三年六月十一日，為做寶座屏風行取紫檀木事，怡親王奏聞，奉旨：不必用紫檀木，做漆的。欽此。八月二十六日做得退光漆五屏風寶座一張，地平一份，柏唐阿六達子送至圓明園，交郎中保德，安在正大光明殿。

雍正四年五月十二日，太監王安傳旨：着做船上用的矮寶座一張。欽此。於本日做得合牌樣一件呈覽。奉旨：扶手不必做花的，做素圓棖，靠背做寬些，穿籐子。欽此。六月初三日做得高麗木矮寶座一張，隨葛布坐褥一個，籐屜一個。海望呈進訖。六月初三日傳旨：着照船上高麗木寶座尺寸款式做花梨木二張、紅豆木的二張。欽此。六月二十四，七月十四日做得。

雍正五年七月二十六日，郎中海望奉上諭：或楠木、或漆做竹式杌子，長二尺九寸，寬二尺四寸，後面安靠背，高九寸，其寬比杌子兩邊各窄二三寸。欽此。

傳旨：着做抽長楠木杌子二件，上下見方一尺一寸，牙子上下俱要矮些合尺寸，其信（芯）子本身高九寸，抽起要一尺八寸，放下只九寸。

七月二十八日，做楠木板凳一條。

雍正六年二月十三日，太監王太平交來圓腿長方楠木杌子一張，傳旨：着照樣用楠木做黑漆的幾張，紅漆的幾張，頂板、底板俱不用起線，俱不要渾邊，其底板做重些。欽此。

本日催總馬爾漢量得面寬一尺四分，進深九寸，厚四分，腿子徑圓五分半，通高一尺五寸八分，底足高三分，徑圓七分，楠木長方圓腿杌子一張。

雍正七年三月三十日，宮殿監督領侍陳福傳做：蒙絲籐線二十兩，魁籐皮蒙絲線六兩，魁籐線香滚子十斤。四月十五日做得魁籐線香滾子三斤、本色蒙絲籐線四兩、魁籐皮蒙絲線三兩。滿毗交太監趙連璋持去訖。四月二十一日做得本色蒙絲籐線十一兩。籐子匠梁達子交首領太監薩木哈持去訖。

十月二十一日，太監張玉柱、王常貴交來：

沉香木天然萬年福祿一座、金漆萬壽鼎案一件、仿洋漆萬國來朝萬壽圍屏一座、雕漆五龍寶座一張，錦褥全份、仿洋漆甜（填）香炕椅靠背一座、仿洋漆雲台香几一張、仿洋漆百步燈四架、萬福攸同甜（填）香炕几一張、甜（填）香炕几上陳設小香几一張、甜（填）香花瓶一座、宮定香盤一個，俱係隋赫德進。

雍正八年十月，做長一尺二寸八分，寬九寸五分，高七寸五分楠木杌子，石青素氆氌面，布襯布裡，絮黑春毛氈、棉花褥。

雍正十年正月二十四日，內大臣海望傳旨：做備用船上寶座一座，黑退光漆上面彩漆五福流雲，夔龍捧壽。欽此。十一年三月十二日做得。

以上雍正年造的椅凳，除一般杌子、春凳和圓明園正大光明殿的五屏風寶座以外，特殊的家具是大杌子有九寸的矮背和船上用的矮寶座。這兩件至今還是故宮的藏品。如果沒有這條檔案記載，是無法確認為雍正年造的，更無法知道又寬又大而不合常規尺寸的矮寶座是船上用的。杌子而有矮背，非椅非杌，可能也只做這一次。

江寧隋赫德所進的家具中，雕漆五龍寶座、仿洋漆甜（應作填）香炕椅靠背，亦故宮現存的家具。雕漆五龍寶座刀法精密，圓潤渾厚，不露刀鋒，雲紋舒捲生動，在雕漆家具中堪稱珍品。仿洋漆填香炕椅靠背，可能是當時江南家具的時尚款式。所謂填香，是在椅子雕刻圖案的陰紋中如填漆之法，填以香料，其質頗似「紫金錠」。所謂炕椅靠背，是只有椅面和靠背，無腿，靠背坡度可隨意控制，陳設在炕上用的，傳世亦僅此一件。

三、床、榻類

雍正元年四月初七日，怡親王奉旨：着做矮欄杆床一張，長七尺，寬五尺二寸，高一尺二寸，右邊扶手上配做楠木夔龍式衣架一件，隨簾子。左邊扶手上配做楠木夔龍式帽架一件。欽此。

七月二十三日，郎中保德傳旨：着做松木床一張，長七尺五寸，寬五尺五寸，連架子高六尺五寸。不要甚重，做輕着些，周圍安楠木欄杆架。欽此。

二十六日，郎中保德傳做杉木矮床一張，長七尺五寸，寬五尺五寸，高四寸。床架子用楠木做。十月二十一日做得。

九月二十三日，怡親王諭：照先做過楠木床樣再做一張，外口長七尺，裡口寬四尺五寸，三面欄杆，柱子用鈎搭，兩邊配做衣架，前面安掛幔帳桿子，要用時安上，要不用時便取下來方好。遵此。

十月初一日，郎中保德奉旨：做楠木床一張，高二尺二寸五分，長三尺五寸，寬一尺五寸，做結實着。欽此。

雍正三年七月十六日，員外郎海望傳旨：着做抽長花梨木床二張，各高一尺，長六尺，寬四尺五寸。中心安籐屜，用錦做床刷子，高九寸。欽此。十九日做得抽長床小木樣一件，員外郎海望呈覽。奉旨：腿子上做頂頭螺螄。欽此。八月初八日，海望又奏，為抽長床上刷子應用何樣做等事。奉旨：床刷子做錦的，床面做氈的好，其做床刷應用錦，爾將造辦處庫內錦拿幾樣來朕看，選過再做。初九日送得五匹呈覽。奉旨：深藍地小菱花錦做床套用。二十四日做得二張送往圓明園安放。二十五日又做得二張，無籐屜。八月初八日員外郎海望奉旨：照爾先傳做的花梨木籐屜床尺寸一樣做柏木床二張，其刷子抽長腿子俱照樣做。

九月二十二日，郎中趙元奉怡親王諭：托床做硬木的甚沉，今或做彩漆、或做油漆，照樣料估做法，幾時可得，議妥回我知道。遵此。二十六日郎中趙元回稱：南木匠汪國興等說，托床宜用榆木，杉木做法等因啟知怡親王。奉王諭：好，盡力將油漆的並彩漆的各做二張。遵此。十月二十日畫得油色托床樣三張，員外郎海望呈怡親王看。奉王諭：黃油色地，暗三色夔龍照樣做一件，其餘二張不必做油的，爾用木包鑲的，做高麗木欄杆寶座。遵此。十二月初六日員外郎海望奉旨：將未做完的花梨木包鑲有推桿托床上疊落處照矮處取平，前幫上的面板做窄些，寶座耳幫安扶手，靠背不必做高了。欽此。十二月十四日，做得花梨木包鑲樟木高麗木寶座托床一張。員外郎海望呈進訖。十二月十六日做得杉木油漆托床二張。柏唐阿六達子送至圓明園交郎中保德收訖。

十一月二十二日，員外郎海望奉旨：花梨木床夔龍欄杆上做圓盤帽架，抽筒痰盂托。欽此。十二月初六日奉旨：花梨木床夔龍欄杆上做銅掐、銅梃，紫檀木痰盂托二件，梃子再放長些。欽此。十二月初做得。

雍正四年正月初十日，太監杜壽傳旨：圓明園安園屏燈，平台處東西長炕中間着做床一張，高九寸，長六尺，其寬的尺寸除炕沿九寸以裡為寬。欽此。三月二十六日做得楠木床一張。

二十六日傳旨：着做一封書楠木床十八張，各長三尺，寬二尺二寸，高九寸。四月十一日做得。

三月二十三日，海望奉旨：着做包鑲花梨木床一張，高一尺一寸，寬四尺五寸，長七尺。欽此。六月十八日做得合牌小床樣呈覽。奉旨：着照樣做。但兩橫頭各安抽屜二個。欽此。七月十四日做得。

六月二十七日，郎中海望傳旨：瀑布處正殿內着做筆管欄杆床一張，上安靠背、帽架、衣架、痰盂托、瓶托、書燈、閒餘書架。再照此床不必安欄杆，做小床一張，周圍牙板俱照大床一樣，或用紫檀木做、或用紅豆木做，爾等商量。七月初二日至八月初二日陸續做得。

雍正五年正月二十三日，據圓明園來帖內稱：太監策旺傳旨：着照呈進過的硬木托（拖）床樣再做二張，賜怡親王。不必用硬木做。欽此。十一月二十六日做得杉木胎香色彩漆油面畫三色夔龍托床二張。郎中海望啟怡親王，奉王諭：着送至交輝園去。遵此。本日柏唐阿蘇七格送至交輝園交烏和裡達張保住收訖。

三月二十六日，海望傳旨：着照九洲清晏後殿內洋漆床樣，收短一尺，放寬二寸，用楠木做一張。欽此。本月二十七日做得長三尺九寸四分、寬二尺六寸、高一尺五寸七分楠木床一張。

六月二十四日，圓明園來帖內稱，郎中海望奉旨：着做長五尺四寸、寬三尺三寸、高一尺四寸八分，紫檀木包鑲床一張，隨床做圖塞爾根桌一張。再床旁邊做一疊落香几，通長三尺二寸、寬一尺；頭層比床高一尺，面長一尺二寸；二層比床高二寸，面長二尺。欽此。六年五月初九日，照尺寸做得。

七月十八日，圓明園來帖內稱，本月十六日郎中海望奉上諭：爾等造辦處有朕先交的象牙席，照此席尺寸做一黑漆床。欽此。

雍正八年九月二十九日，宮殿監副侍李英傳旨：着做長二尺二寸、寬一尺九寸、高九寸楠木床一張。欽此。做楠木閒餘板一副，閒餘架二個。

以上是雍正年造的床、榻類家具。清代工程文獻和陳設檔中提到的木床有兩種含義：一為室內固定的裝置，或有罩、或無罩、或前後簷、或順山等位置的床，又稱木炕；一為可以移動，非土木相連的床，即家具品種中的床或榻。本文即指後者。

這裡羅列的品種有架子床，即可以掛帳子的，有只安裝欄杆而無帳架的，還有可裝卸架子的以及不安欄杆的。這四種床不僅故宮有藏品，外面流傳的也很多，但這幾種以尺寸而論，最矮的只有四寸或五寸高的床，卻從未見過。還有左右扶手上有帽架、衣架，有可以升降的痰盂托，筆管欄杆床上有靠背、衣架、瓶托、書燈、間餘書架（即無腿足裝置的懸掛式小書架），兩層几面的疊落式香几。故宮無此種藏品，外面亦未見有流傳，可以說是雍正年特有的床。還有這裡所說「托床」，一般羅列床、榻品種是不會提到這種家具的。按「托床」應作「拖床」，照檔案原文抄錄故仍寫「托」。拖床是北方冬天凍冰以後在河上的一種簡單的人力運載工具，民間的拖床只是一個簡單的長方形木架，板面上載物或坐人，下面安兩個鐵條，以便滑行。在御園中的拖床當然就要精工細做如檔案所說的做法。

四、櫃架類

雍正元年四月十八日，總管太監張起麟傳旨：着做衣服格子一件，共做三格，每格長六尺、寬三尺、高一尺二寸。每格子上安環四個。格蓋高五寸，俱要子口，格子座高八寸，周圍比格子大一寸。

欽此。八月初八日做得。

四月二十日，畫得陳設玩器木格二件。怡親王呈覽，奉旨：照樣做楠木書格，每樣一對，俱高四尺、面寬二尺五寸八、深一尺五寸，兩旁下邊俱安板。欽此。八月十一日做得二對。

九月初四，怡親王諭：着做書架一連，高六尺九寸、寬八尺八寸、入深一尺。書架四個，各高六尺九寸、寬五尺二寸、入深一尺。春凳二連，高二尺二寸、寬一尺一寸、長一丈一尺。遵此。

九月十二日，太監王安傳做楠木包鑲書格三架，高七尺、寬三尺、入深一尺二寸。

雍正三年六月十九日，員外郎海望奉旨：爾做書格一架，先做樣呈覽。欽此。本月二十二日做得合牌書格樣一件，員外郎海望持進呈覽。奉旨：此書格做杉木胎，外用漆作，前面安玻璃片，格內、格頂上壁子中安書格，後面依壁子平。爾等將書格上用的玻璃與保德商議妥當再做。欽此。做得退光漆出欄杆小書格。八月初三日，海望傳旨：做花梨木格子一對，高二尺七寸、寬一尺三寸、長四尺。中層安小抽屜，下屜要配安大抽屜，外面掛緞簾子，抽屜俱安西洋鎖，畫樣呈覽過再做。初九日，員外郎海望畫得花梨木書格樣四張呈覽。奉旨：爾照此六個抽屜的畫樣做花梨木書格四個，其餘三張畫樣，每樣做一個共七個。欽此。八月二十四日做得。

八月初十日，海望奉旨：將四方書格或見方一尺八寸以下、一尺二寸以上，高六尺以下、一尺九寸以上，爾將硬木做幾對，上安欄杆。欽此。九月初九日、十月二十九日共做得紫檀木安欄杆四方小書格二對。

九月三十日，員外郎海望奉旨：着做見方八寸、高三尺書格一件，爾先做樣呈覽。欽此。十月十五日做得書格樣一件呈覽。奉旨：照樣做一件。其柱子邊框用紫檀木做，牙子用象牙做。欽此。十月二十九日做得紫檀木四面鑲象牙牙子書格一件呈進。

十一月七日，太監劉玉交來衣架紙樣一件，傳旨：照樣做楠木衣架一件，高二尺五寸、寬三尺，上邊橫樑做圓的，兩邊立柱用木棖，中間橫棖亦做圓的。兩邊托泥木長一尺、厚二寸。下底要平，上面做磨楞，兩邊橫棖做扁方的。欽此。十一月二十八日做得。

暢春園衣爾喜達雅圖持來貼金頂豆瓣楠木玻璃櫃，着收拾。

十二月初六日，海望奉旨：着做小掛格櫃子一件，高一尺二寸、寬一尺、入深三寸，外安櫃門，內安抽屜，俱要西洋鎖。欽此。

雍正四年七月十五日，奉旨：着做徑圓九寸、入深五六寸，紫檀木圓光壽字書格一件。後面安玻璃圓鏡一面，下座子照四季平安座子做。九月二十八日做得紫檀圓光象牙鑲玳瑁壽字安玻璃書格一件。

雍正六年三月十六日，郎中海望、員外郎沈喻和唐英傳做紫檀木集錦書格一件，面寬一尺八寸、入深九寸、高一尺四寸。七年五月做得。

七月初五日，副總管太監蘇培盛傳旨：乾清宮東暖閣樓上，着做楠木邊書格六架，要安得五百二十套書，每架屜子上隨紗簾一件。其簾照西暖閣內架上紗簾一樣做。欽此。員外郎唐英量得書格，每架通高八尺四寸、寬五尺六寸五分，進深一尺六寸，每架書格做四屜，每屜高一尺七寸。

雍正七年十月二十五日，太監張玉柱交來（前略）……斑竹大號書架二對、斑竹中號書架二對、斑竹小號書架一對、斑竹坐几十二張、各樣漆香几十九件、斑竹中號書桌一張，係年希堯進。傳旨：着送至圓明園。

十月二十九日，據圓明園來帖內稱，郎中海望奉旨：着做花梨木豎櫃三對，中層安二層抽屜，上層安一層抽屜，中層安隔斷板一層，畫樣呈覽過再做。欽此。十一月初五日畫得花梨木櫃樣呈覽。奉旨：中層抽屜落矮些，上層漆一屜板，照樣做三對。欽此。於十二月初九日，做得花梨木豎櫃三對，各高五尺九寸六分、寬三尺六寸、深一尺六寸八分。俱釘白銅飾件，白銅鎖鑰匙，裡糊杭細。

雍正九年三月十五日，催總胡常保持出紫檀木鑲玻璃西洋櫃一件，添補收拾。

以上雍正年造櫃架類家具，最高八尺的書架，現仍在乾清宮暖閣，每一層掛一副青緞緣亮紗簾，保存着原狀。這種樸素無雕飾的大書架，是明清以來流傳製作使用的。雍正年製的，也不排除這種格調。高五尺九寸的花梨木大豎櫃也是這種類型。又因室內多固定木炕，所以不僅如前一節所列炕桌類的几案製作較多，同時適應陳設需要的小書架、小櫃格也多起來，這是清式家具的特點之一。

在小櫃格中，如紫檀木四面鑲象牙牙子書格、黑光漆出欄杆小書格、紫檀圓光象牙鑲玳瑁壽字安玻璃書格，這些是雍正年製作的，具有小巧精緻的特點，這些特點又影響到乾隆時的製品。還有櫃格安裝玻璃、安裝洋鎖，都是當年時新的東西。

五、屏類

雍正三年八月二十八日，據圓明園來帖內稱，總管太監張起麟傳旨：着做寬四尺三寸、高六尺，硬木靠牆半出腿玻璃鏡一面。再有架子玻璃鏡掛屏，或造辦處庫內、或廣儲司庫內多選幾份。欽此。二十九日，朗中保德又傳旨：爾等將靠牆陳設半出腿玻璃鏡，並牆上掛的玻璃鏡，可選庫貯大些玻璃多做幾面。欽此。九月十七日做得楠木半出腿玻璃插屏一座。

十月十五日，員外郎海望交洋漆小櫃一件，奉旨：下邊配紫檀木托泥，四角紫檀木，櫃壁上安頂板，嵌在吊屏旁，板壁上用原有飾件。合扇不好，另做。再做水牌一面，水牌的兩面周圍邊畫彩漆，中心油粉油，上安轉軸提環掛在板壁上，以備當書格用，尺寸按書格橫頭做。欽此。十二月十九日做得。

十二月十八日，傳旨：做四宜堂後殿東間花梨木床，東邊照西邊圍屏亦安二扇。欽此。四年正月二十三日做得。

雍正四年五月初七日，員外郎海望奉旨：四宜堂東次間，着照先做過的靠床圍屏做四扇，兩面俱糊紗，前面或玉色、或月白色，後面或香色、或淡紅色。此四扇圍屏係夏天用的。欽此。五月二十四日做得。

雍正五年閏三月二十九日，首領太監程國用交來紫檀木半出腿玻璃插屏一件、錦簾一件，傳旨：將此插屏交給海望送往圓明園。再照此插屏做一件，若無此尺寸玻璃微小些亦可。欽此。

九月三十日，圓明園來帖內稱，郎中海望畫得八仙祝壽炕屏九扇紙樣一張呈覽。奉旨：准做。欽此。九月二十八日做得，隨花梨木小案二張。

牡丹畫片十二張，各高四尺四寸五分、寬二尺三寸，高其佩進，傳旨：着做炕屏，其做法俱要精細文雅。

雍正九年四月二十八日，王常貴交來玻璃圍屏二架，計二十四扇，說係祖秉圭進，奉旨：着交內務府總管海望。欽此。

又洋漆雕填金邊玻璃穿衣鏡一件。大玻璃鏡二面，各長五尺一寸、寬四尺三寸。又二面各長五尺七寸、寬三尺七寸。毛克明、鄭關賽進，傳旨：着配做半出腿插屏。欽此。

雍正十年八月二十二日，據圓明園來帖內稱，司庫常保持出由圓明園深柳讀書堂圍屏上拆下美人絹畫十二張，說：太監滄州傳旨：着墊紙襯平各配做卷桿。欽此。本日做得三尺三寸杉木卷桿十二根。

以上雍正年造屏類家具，有圍屏、炕屏、吊屏、插屏等。清代室內隔斷除沿用板牆以外又有了一個新品種碧紗櫥，就是由可以移動的圍屏增加橫楣和上下檻以及左右立柱，大邊成為固定的間隔。但可以移動的圍屏仍舊製作使用，就像床炕結合成為固定位置的木炕以後仍舊製作使用架子床、羅漢床等可以移動的床榻類家具，是一樣的規律。也正是由於固定木炕的發展，就有了應需而生的小炕屏。炕屏是典型的清式家具，如雍正五年海望所設計的八仙祝壽炕屏、隨花梨木小案二張，這就是炕屏、炕案成份的家具。插屏是單扇的座屏，不論有任何藝術加工或是某一件藝術品的框座，總是只起屏障和觀賞的作用。但清代由廣州進口外國玻璃以後，插屏安裝「擺錫玻璃」，成為穿衣鏡，這也是典型的清式家具之一。而所謂半出腿靠牆的玻璃插屏，則是當時流行的家具。至今故宮尚有幾處這種裝置。

六、蓋、架、座、匣類及其他

雍正二年正月二十四日，總管太監張起麟交漢玉磬一件，傳旨：着配架子，爾等先做樣呈覽，朕看準時再做。欽此。二月十七日做得夔龍式磬架木樣一件。怡親王呈覽。奉旨：照樣用紫檀木做。欽此。於四月初三做得。

八月十二日，郎中保德奉旨：着做異獸紫檀木靶碗座子九對，異獸身上安並頭蓮，空內開眼安瓷靶碗，其碗向總管太監處要有壽意宣瓷靶碗。欽此。八月二十九日做得。

雍正三年八月初十日，員外郎海望奉旨：將盛東西的匣子或一尺上下、寬八寸、高六七寸，爾等酌量配合做硬木的幾對。匣內安格斷屜子，匣子上合扇或鍍金、或鋄銀，安西洋鎖。八月二十四日、二十五日，九月初四日做得花梨木匣三對。

十一月二十七日，據圓明園來帖內稱太監王安交哥窯花插一件，傳旨：配一色紫檀木素圓座子。欽此。又傳旨：定窰瓶一件將原紫檀座子去矮些。龍泉窰花插一件，配紫檀木素圓座，木把子要可着瓶底。欽此。

雍正四年七月十五日，做得紫檀木掛筆筒、黃楊木香筒、紫檀木帽架、斑竹帽架。

雍正八年十二月初八日，收拾得紫檀木大座燈一對、紫檀木玻璃壽字燈五對，交木作柏唐阿蘇爾邁、匠役頭目鄧聯芳領去。

以上是雍正年造硬木小器，選錄上列幾條記載，說明雖然只是一個附件，也要先做樣呈覽，准時再做，足見如此重視。因為附件也是藝術創作，它能襯托器物顯示出更美的形象。據故宮藏品的這類附件來看，為不同器物設計出令人愛不釋手的附件，無論銅、瓷、玉、竹、琺瑯所做的蓋、座、架、盒等，多是精美絕倫的藝術品。檔案中記載的品名、數字，每年都以百計，就不一一摘錄了。

七、室內裝修類

雍正三年七月十六日，員外郎海望奉上諭：圓明園後殿板牆上，朕欲安一戳燈樣二面玻璃中間格檔，爾畫幾張樣呈覽。欽此。七月十九日畫得戳燈樣一張呈覽，奉旨：不必做燈，二面安玻璃，中間襯紅。欽此。八月二十日做得糊連四紙杉木板牆上戳燈一份，安玻璃二塊，各長一尺七寸五分、寬一尺五寸五分，中間襯紅杭細合牌橈板一塊。員外郎海望帶領催總常保赴圓明園安訖。

十八日員外郎海望傳旨：圓明園後殿內仙樓下做雙圓玻璃窗一件，做樣呈覽過再做。欽此。」二十二日做得合牌樣一件呈覽。奉旨：雙圓玻璃窗做徑二尺二寸，邊做硬木的。前面一扇畫節節見喜，後面一扇安玻璃，玻璃後面板牆亦畫節節見喜。欽此。十月二十日畫得雙圓窗內畫樣二張呈覽。奉旨：將尺寸傳與蔣廷錫畫花卉二張，其點景石頭令伊着會畫石頭之人畫。欽此。

雍正五年閏三月十一日，據總管太監劉進忠傳旨：着畫坤寧宮東暖殿內裝修樣。欽此。十四日，郎中海望畫得裝修樣二張，交副總管蘇培盛呈覽。奉旨：准用落地罩，將高炕拆去，滿打地炕，炕上安床，落地罩做二面，一麵糊紙，一麵糊紗。橫楣窗做寬些，窗下着安石青刷子，或用緞、或用宮綢。欽此。四月二十六日做得杉木柏木邊、楠木心落地罩。員外郎沈喻帶木匠盧玉等持赴坤寧宮東暖殿裝修完。

雍正六年八月初九日，郎中海望奉旨：養心殿後殿，東二間門外靠落地罩着做擋門圍屏四扇，其高以捲着門簾上一般高，寬照落地明連抱柱一般寬，連縫做折疊的，東邊以板牆抱柱上討牢安柱子，圍屏上兩面畫西洋書格八副。欽此。初十日郎中海望奉旨：養心殿後殿明間靠落地明西一扇落地明，亦照東面做圍屏四扇，二面亦畫書格。北面牆上貼的畫不好，爾將原貼的書格果子畫、兩邊長條畫揭去，其餘畫片不動，添補空處集錦。再東西後門門扇拆去，鑲楠木口。落地明兩邊柱頭着看好日期打平。欽此。

九月二十九日，郎中海望奉旨：養心殿東二間屋內西板牆對寶座處安玻璃插屏鏡一面，背面安一活板，若擋門，將板拉出來。若不用時推進去，要藏嚴密。鏡北邊板牆上安一錶盤，鍾輪子俱安在外間門書格上。此屋內水缸款式不好，爾另尋一水缸換上。欽此。

十月十六日做得楠木邊座玻璃鏡插屏一座，通高七尺九寸，寬四尺二寸五分，花梨木邊銅心錶盤一件，自鳴鐘一座，安訖。

雍正七年八月初五日，太監劉希文傳旨：養心殿西，正房五間，並西面圍房四間內另改裝修，着海望畫樣呈覽。欽此。本日郎中海望畫得後殿西正、正房五間內西二間添隔斷板牆二層，炕罩二座，床二張，方窗一個。西次間添地炕一鋪。西面圍房四間內添隔斷板牆一層，床二張。院前添拐角板牆一道，擋門影壁一座。畫樣呈覽。奉旨：正房五間內炕罩照東二間用柏木楠木做。其院牆影壁照樣准做。西面圍房四間將後院板棚淨房拆去，屋內順山牆打高炕四鋪。欽此。

雍正九年六月初二日，據圓明園來帖內稱：本月初一日，內務府總管海望將做得御花園澄瑞亭改為佛亭，前接抱廈三間，內裡桌張並陳設裝修燙胎小樣一件呈覽。奉旨：照樣蓋造。欽此。今將燙胎樣一件着柏唐阿蘇爾邁送去。抱廈三間已交總理監修處照樣接蓋。內裝修並陳設桌張今交造辦處司庫三音保、催總劉三久、筆帖式清寧，為造供桌三張、佛櫃一張、香桌三張、琴桌六張呈明內務府總管海望。着用造辦處綢緞物料，其飛金木料銀兩向總理監修處取用。欽此。

以上選錄雍正年檔案內關於宮中和圓明園室內裝修活計的數條記載，以見當時的風尚，據雍正刊本《庭訓格言》一書載：「朕（康熙）從前曾往王大臣等花園遊幸，觀其蓋造房屋，率皆倣法漢人，各樣曲折隔斷，謂之套房。彼時亦以為巧，曾於一兩處倣法為之，久居即不如意，厥後不為矣。爾等俱各自有花園，斷不可作套房，但以寬廣弘敞居之適意為宜。」此書為雍正記康熙對諸皇子的教訓語錄，文中的「爾等」即指諸皇子。雍正儘管把這條聖訓敬謹記錄下來，但雍正年間對於屋宇的佈置，從檔案上來看，圓明園的許多座落內寬廣弘敞的當然有很多，但各樣曲折隔斷的套房也不少，這裡不一一摘錄。從養心殿西暖閣裡間部份現存的狀況來看，就是很典型的套房。這就是當時流行的室內裝修。

八、關於木材

雍正三年九月二十六日，郎中趙元為請用紫檀木事啟過怡親王。奉王諭：應用多少向戶部行取，爾等節省着用，不可過費。遵此。

十月初九日為圓明園無楠木，欲用養心殿楠木事，保德啟怡親王，王諭：用吧。遵此。

雍正六年十一月十一日，郎中海望為圓明園工程處監督保德交來戶部解送紫檀木數目冊一件啟怡親王，奉王諭：着人去看。遵此。本月十五日郎中海望將圓明園工程處送來戶部咨行紫檀木冊一本啟怡親王。奉王諭：此係工程處奉旨之事，本造辦處又未經奏聞，如何私自留用？爾將此冊仍交工程處，着保德酌量。遵此。

雍正七年三月二十四日，據圓明園來帖內稱：郎中海望啟怡親王，造辦處所用楠木不足用，今聞得外邊有賣的楠木枕五架，每斤作價銀三分五厘，合算用銀四五百餘兩，欲動本處庫內銀兩買辦等語。奉王諭：准買。遵此。

又啟怡親王，造辦處收貯紫檀木俱已用完，現今上交所做活計等件並無應用材料，欲將圓明園工程處檔子房收貯外省解來入官紫檀木行取十數根備用等語。奉王諭：准行取。遵此。

以上是雍正年有關木材的幾條史料，說明當時關於製造所需的木料除向戶部領取之外，遇有採購的機會也不放過，說明當時高級木材的來源並不太充裕。

九、家具的製作者

雍正七年十月初三日，怡親王府總管太監張瑞交來年希堯送來匠人折一件，內開：……細木匠余節公、余君萬等二名。祖秉圭處送來匠人……木匠霍五、小梁、羅鬍子、陳齋公、林大等五名。傳怡親王諭：着交造辦處行走試看。

海保送來匠人折一件，內開：……木匠方昇、鄧連芳等。

按：年希堯當時在江西監督燒造瓷器，他送來的細木匠余節公等，當是江南的木匠。祖秉圭當時是監察御史、粵海關監督，他送來的是廣東木匠。海保是蘇州織造，他送來的是蘇州木匠。

雖然上列只是兩份匠人名單，但可以說明當時造辦處木匠是廣東和蘇州兩大派。又在一件錢糧單子上有：「雍正九年五月十九日，廣木匠羅元、林彩、賀五、梁義每人每月錢糧四兩。」這裡還標明是「廣木匠」。

在製作某些活計項下，從雍正元年到十三年的檔案中有時也提到匠人名字，如柏唐阿蘇爾邁，司庫馬爾漢，柏唐阿富拉他、盧玉、汪國興，領催周維德，六達子、羅福等木匠名字。還有籐子匠梁達子，擔任編織軟屜。油匠戴有德，彩漆匠秦景顏、鄭子玉，漆匠吳雲章、李賢。鋟匠聞二黑，銅匠張四，雕匠趙老格等人，擔任雕刻和油漆活以及銅飾件活。因為本文依據的是成做活計檔，未見到匠人花名冊，所以上列製作者的名字不能說是全部。況且還有些家具是江南定製進呈的，更無從知道製作者的名字。造辦處各作除高手南匠以外，還數年一次從包衣三旗佐領、內管領屬下的蘇拉中挑選數十名，分交各作為學徒。這些都是製作者。除了上述南匠既是製作人又是設計人之外，還有海望也是設計人之一。海望，烏雅氏，滿洲正黃旗人，初授護軍校，雍正元年擢內務府主事，升員外郎。怡親王允祥是雍正諸兄弟中最被信任的，當時他總理政務之外，兼職很多，管理造辦處是他的兼職之一。

雍正二年二月初五日，總管太監張起麟，奉怡親王諭：「着員外郎海望管理造辦處事務。遵此。」從此開始，海望除管理造辦處事務之外，有時還為各「作」設計作畫。如上文所引「雍正二年八月初九日，員外郎海望畫得花梨木書格樣四張……」類似的記載曾經屢見。海望不僅為「木作」畫樣，還曾為瓷胎畫琺瑯器、百寶嵌掛屏、盆景、漆器等畫樣，並畫過琺瑯鼻煙壺。到雍正十年，他已升任內大臣，但還時時畫樣。十一年奉旨往浙江勘察海塘，自此離開了造辦處。海望於乾隆二十年卒，謚「勤恪」，《清史稿》卷二百九十一有傳，只敘述他的政績，沒有提到他在造辦處當差的事。怡親王允祥是一個藝術修養很高的人，我所見鈐有怡親王收藏印的古書畫，都是精品。在他管理造辦處期間所用的管理人員，如年希堯、唐英、沈喻等都是有藝術修養又具管理能力的人才，因而匠人也都能發揮所長製作出精美的成品。

從上述器物和文獻來分析，雍正年造的家具：一是自明至清始終流傳製造使用的品種；一是雍正年開始製作的新品種。這些新品種在構造形式方面，有疊落式書桌、疊落式香几、如意式炕桌、轉板桌、摺疊桌，床上有結構相連的靠背、書架、書燈、盂托等裝置，炕屏、炕櫃、炕格、炕書架，硬木靠牆半出腿插屏鏡，彩漆獨梃轉軸圓桌等等；在做法方面，有黑退光漆面鑲銀母（即螺鈿）西番花邊花梨木桌，湘妃竹邊、波羅漆面炕桌，烏拉石面香几等；在裝飾方面，有玻璃面內襯郎世寧畫花卉鑲銀母花邊紫檀桌，楠木胎漆冰裂紋繡墩，紫檀几上嵌銻，紫檀床上鑲掐絲琺瑯，紫檀書格鑲象牙的花牙子，等等。這些雍正年造的家具新品種，無論構造形式和裝飾如何，都不是木匠按所謂的官尺寸製作的，而是按照指定的尺寸做成家具後按指定位置陳設的。生活於雍正、乾隆年間的文學家曹雪芹，在他寫的《紅樓夢》第十七回中有這樣的描述：「上面小小兩三間房舍，一明兩暗，裡面都是合着地步打就的床、几、椅、案。」這說明當時不僅皇宮內是按陳設需要製作家具，外面住宅也很流行和講究這種做法。康熙所反對的「各樣曲折隔斷，謂之套房」，而在雍正年依然有不少各樣的套房。房屋的空間和面積決定所陳設家具的形式和尺寸。例如，養心殿三希堂式的房間，如果在這樣小的套房內陳設官尺寸的桌椅是不會好看的，甚至會擺不進去。圓明園的房間，寬廣宏敞的固然有，但各樣大小曲折隔斷的套房也很多，所以指定尺寸製作的家具自然會多起來。當然，定做家具並不僅限於雍正年間，傳世的明代家具中有的一望而知不是市場上的商品。例如，明成國公府中的紫檀四面平式雕螭紋畫桌（我家舊藏，已捐贈浙江省博物館），明紫檀夾頭榫大畫案（現在故宮）等等，這些都是大材而且是名匠製作、意趣高古的重器，可以看出這種定製的家具都是以美材本身的尺寸來決定器物的尺寸。上述雍正年所製的家具中，有長六尺而高八寸的床，有高僅五寸的炕桌。這種為某一室內某一部位特製的家具，可能挪到另一地方就無法陳設了。明式家具除大櫃、大條案等一類家具在室內是在有所依靠的位置陳設，而一般桌椅則無此局限。譬如，交椅、圈椅、禪椅都可以在四不靠的位置陳設，燈掛式椅可以靠牆也可以不靠牆，香几、長方酒桌等也是如此。這類家具的造型，使人覺得可以隨便陳設，靈活使用。清式家具儘管有所謂「合着地步打就」的風尚，但有一部份家具漸趨於有固定位置陳設的傾向。例如，一對三屏風背椅和一張方几，這種成組的家具，就必須陳設在有所依靠的位置，這才使人在觀感上覺得舒服。還有由原來移動使用的家具——插屏，在雍正年間有的改為靠牆半出腿插屏鏡，這是必須在固定位置陳設的最突出的一例。

雍正年造的家具新品種，有些種類到乾隆年間仍繼續製作，因此對傳世器物年代的鑒定就存在着一個究竟是乾隆年還是雍正年製的問題。如本文所引的史料中提及，雍正六年木匠盧玉所製作的「黑退光漆面鑲銀母西番花邊花梨木桌」，以這種硬木和漆相結合的新做法，還不僅於製作桌椅，我家捐贈避暑山莊的一對多寶格，是以紫檀為骨架，黑漆描金花牙，彩漆裡，就是硬木和漆相結合的又一做法。這種做法如果沒有檔案印證，我從前就只認為是乾隆造，而沒想到也可能是雍正年的作品。其他雍正年的新品種中，有的家具也存在這個問題。例如，彩漆獨梃腿轉軸圓桌，原藏故宮漱芳齋，我也曾經認為它是乾隆造。現在雖然不能肯定那件圓桌就是檔案中所提到的圓桌，但至少可以說同樣做法的器物在雍正年已開始有了。這種問題在其他工藝美術品中也存在。例如，故宮藏有一水晶球，是染象牙雕流雲的座，製作精緻生動。以前我認為這個象牙座是乾隆造，但通過檔案印證才知道是雍正時的作品。這是一件特殊的器物，不同於木器家具，也沒有第二件，現查到檔案中的詳細紀錄，所以能夠肯定。

清代的工藝美術精品，有的看來貌似乾隆年製作的，但無題識，又無其他可以確證是乾隆年或雍正年製作的特徵，對這類器物，我認為只能籠統地說是雍正至乾隆時製品，家具也包括在內。乾隆以後，上述精品已絕跡不再出現，就不存在這個問題了。

龍櫃

我國的木器家具發展到宋元時期，在使用和美觀兩方面都已達到成熟的階段，品種形式也不斷發展。到了明代，由於經濟繁榮更促進木製家具工藝日益精湛。清代在繼承明代的品種做法以外，康雍乾三朝隨着當時工藝美術的高潮，木器也出現了新風格。本文僅就明清兩代木器中以龍為裝飾的櫃架類器物舉例漫談：

1. 櫃架類家具傳世的寶物，在故宮博物院藏品中，時代最早一件有年款的是明宣德年製戧金細鈎填漆龍紋方角櫃（櫃有方角、圓角之分）。

此櫃以龍紋為主題，邊緣飾以花卉。戧金細鈎填漆是戧金和填漆兩種做法結合的一個品種。《髹飾錄》載：「鎗金，鎗或作戧，或作創，一名鏤金，戧銀，朱地黑質共可飾。細鈎纖皴，運刀要流暢而忌結節。物象細鈎之間，一一劃刷絲為妙。」元末陶宗儀《輟耕錄》載：「嘉興斜塘楊匯髹工戧金銀法。凡器用什物，先用黑漆為地，以針刻畫。或山水樹石，或花竹翎毛，或亭台屋宇，或人物故事，一一完整。然後用新羅漆。若戧金則調雌黃，若戧銀則調韶粉，日曬後，角挑挑嵌所刻縫罅。以金箔或銀箔依銀匠所用紙糊籠罩，置金銀箔在內，遂旋細切取，鋪已施漆上。新綿揩拭牢實，但着漆者自然粘住，其餘金銀都在綿上，於熨斗中燒灰，甘鍋內熔鍛，渾不走失。」在器物的紅漆或黑漆地上鈎劃陰紋花樣，陰紋內打金膠，然後把金箔粘在陰紋內，這就是「戧金」的做法。《髹飾錄》載：「填漆，即填彩漆也。磨顯其文，有乾色，有濕色，妍媚光滑。又有鏤嵌者，其地錦繢細文者愈美艷。」填漆的兩種做法，一種是磨顯，一種是鏤嵌。後者是用針或鈎刀刻畫陰紋，用彩色漆填入陰紋內稱為填漆。然後沿着填漆的花紋用刀鈎出陰紋輪廓，打金膠，粘金箔，使填漆的花紋又增加了金邊。花紋中間的紋理也鈎出陰紋貼金，因此叫作細鈎。這件宣德年製的龍櫃就是這樣製造的。

2. 明萬曆年製的黑漆描金嵌金銀螺鈿雲龍架格。《髹飾錄》載：「描金，一名泥金畫漆，即純金花文也。朱地、黑質共宜焉。其文以山水、翎毛、花果、人物故事等；而細鈎為陽，疏理為陰，或黑漆理，或彩金像。」「黑漆理」是指金色花紋上以黑漆勾畫紋理。「彩金像」是用深淺和色標不同的金箔描金。譬如黃金、青金、赤金雖然都是金，而能分出色彩，所以叫作「彩金像描金」。《髹飾錄》「嵌金銀」項下載：「片、屑、線各可用」。「螺鈿」項下載：「……又近有加沙者，沙有粗細。」這件雲龍架格，龍是在黑漆地上遍體灑嵌金銀屑和螺鈿屑，襯托着金龍異常燦爛。多品種做法結合製作的器物，在《髹飾錄》中稱為「斒爛」。

3. 黑漆描金隱起龍紋頂豎櫃。這種櫃屬於方角櫃的做法，在櫃上還有一個或兩個面積相等，而高度只有大櫃的三分之一的小櫃，所以全稱應為頂豎櫃，小櫃又稱頂箱。一般頂豎櫃上面只有一層頂箱，而這件黑漆描金隱起龍紋櫃上有兩層頂箱，每層兩個小櫃。小櫃做法當然也和大櫃一樣。

《髹飾錄》載：「隱起描金，其文各物之高低，依天質灰起，而稜角圓滑為妙。用金屑為上，泥金次之。其理或金，或刻。」

這件櫃黑漆地的金龍，頭部和身體約高出漆地三厘米，龍爪和雲紋約高出一厘米，是用灰堆成又用刀雕刻，運刀流暢，稜角圓滑。櫃門上鑲銅鍍金飾件有「乾隆年製」款，但櫃的製作，不像乾隆時期風格。清代《養心殿造辦處各作承做活計清檔》載：「雍正二年十二月初六日，太監杜壽傳旨，着粘補收拾黑漆堆金龍豎櫃一對，隨頂櫃四對。」很明顯這條檔案所記載的就是本文所介紹的龍櫃。在雍正二年已經需要修理的舊櫃，當然至遲也是清初或康熙時代製品。乾隆年間修理舊漆器有改換乾隆年款的事例，也是見之於檔案的，所以很可能這個龍櫃上的銅鍍金飾件是乾隆年再經修理時裝上的。

4. 紫檀雕雲龍頂豎櫃。這種櫃和前面介紹的黑漆描金隱起龍紋櫃，雖然都屬於頂豎櫃，但那一種因為披麻糊布掛灰髹漆，所以是「四面平」的做法，而這一種紫檀櫃的櫃門及櫃幫都是「落堂做」，裝板周緣在朝外一面去薄，稱為「外刷槽」的做法。櫃門高浮雕雲龍，刀法深峻，磨工精細，是雍乾之際的精品。

在乾清宮、養心殿一類的宮殿明間，都陳設着這樣的紫檀龍櫃，一對或兩對，再配置一對紫檀大架几案，一對紫檀大衣鏡等，對稱地陳設在寶座、屏風、地平的左右。紫檀雕龍櫃所見精品都是康雍乾時代的，晚清時代也曾製作，不過明顯退化，龍的造型惡劣，雕工磨工也比較粗糙。這是一個規律，製作精美的工藝美術品水平自乾嘉以後逐漸下降，木器家具也不例外。

龍在傳世木器家具上，有夔龍、螭龍、草龍、拐子龍等，有的在家具上佔較大面積，有的只是作邊緣或牙子的點綴裝飾。櫃當然也是這樣，不論髹漆的櫃，還是硬木櫃，以五爪龍為主題的是極少數。當然，除了皇家誰也不能用五爪龍，並且在皇宮裡也是只在必要的宮殿裡陳設龍櫃，在其他建築物內或苑囿遊豫的處所，便是有很多很多其他形式和不同題材花樣的櫃。譬如皇帝的衣服，只有吉服和朝服才有龍，而常服則多種多樣，並沒有龍，也不是明黃色。這是可以理解的。

《易經》「乾卦」：「九五，飛龍在天」。歷史上長期以來五爪龍為皇帝專用的圖案，而皇帝生活中衣食住行各種器物不用龍來作裝飾的還是絕大多數。社會制度變更，當然龍紋的使用早已不存在等級的限制，誰愛怎麼用都隨自己的愛好。不過近年來龍紋的使用太氾濫了，也是因為所畫龍、繡龍、雕龍等等藝術水平太差，簡直讓人望而生厭。僅僅在家具範圍，成堂的雕龍桌椅床櫃等，都是相當拙劣的。如果能製作出如本文所舉四例的水平，當然還是值得欣賞的，但也要恰如其份。無論製作水平多高，如果到處見龍也是讓人受不了的。

銅掐絲琺瑯和銅胎畫琺瑯

一、銅掐絲琺瑯

景泰藍，是人人都熟悉的一種北京所特有的美術工藝品，從名稱上容易讓人想到這是明代景泰年間發明創造或曾經大量製造的一種工藝品。但實際上這種工藝品的製作並不始於景泰年間，因此「景泰藍」這個名稱並不能包括了景泰以前的製品，稱它為景泰藍，是不大妥當的。這種工藝品還有個廣義的名稱，叫作「琺瑯」，但「琺瑯」這個名稱包括甚廣，其他琺瑯也可包括在內，並不能確切的指明是哪一種琺瑯器，因此也覺不恰當。

根據一些北京琺瑯製造業老師傅們沿用已久的稱法，參酌清代宮廷內製造部門在器物上原拴的黃籤（上寫「×年×月×日造辦處呈覽銅掐絲琺瑯××一件」）及故宮博物院所藏清代內務府檔案中關於某宮某間陳設這類物品的記載，我認為還是稱為「銅掐絲琺瑯」比較恰當。特別是給博物館這類藏品定名，這一名稱不僅可以說明作法，而且可以包括了景泰以前的製品。由於「景泰藍」這個名稱，已為一般人們所習用，所以在普通的稱呼中仍然不妨照舊使用。

從有款的銅掐絲琺瑯來看，這種工藝在明代已經大量製造，但在明代書面材料中卻很少這種記載。明初曹明仲的《格古要論》裡面，談燒瓷的窰別，曾說到「大食窰」，原文是：「以銅作身用藥燒成五色花者與佛郎嵌相似，常見香爐、花瓶、盒兒之類，但可婦人閨閣之中用，非士大夫清玩也。又謂之鬼國窰，今雲南人在京多作酒盞……內府作者細潤可愛。」從這段記載的描寫可以看出所謂「大食窰」又謂之「鬼國窰」者，就是「銅掐絲琺瑯」。清代《陶說》《陶錄》等書中也提到這個名稱，到現在這個名稱早已不用，但我們由這一條線卻可以探索一下它的來源。

元朝吳淵穎的詩集卷二有詠「大食瓶」詩一首，原詩為：

西南有大食，國自波斯傳，玆人最解寶，厥土善陶埏。素瓶一二尺，金碧燦相鮮。晶瑩龍宮獻，錯落鬼斧鐫。粟紋起點綴，花襚蟠蜿蜒。定州讓巧薄，邛邑鬥清堅。脫指滑欲墮，凝瞳冷將穿。逖哉賈胡力，有致鮫鷲淵。常嗟古器物，頗為世所捐。補衫易冠冕，盤鶩改豆籩。禮圖日以變，戎索豈其然。在時苟適用，重譯悉來前。大寰幸混一，四海際幅員。懸度縛繩緪，娑夷航海船。鑿空發使節，隨俗混民編。漢玉堆櫝笥，蕃羅塞鞍韉。城池信不隔，服食奈渠遷。輪囷即上據，鼎釜疇能肩。插花奪艷冶，盛醅添馨膻。當筵特見異，博識無庸詮。藏之或論價，裹此猶吾氈。瑚珊尚可擊，磧路徒飛煙。彼還彼互市，我且我桮圈。用端獨不出，記取征西年。

這首詠「大食瓶」的詩，具體描寫了瓶的尺寸、色彩花樣、胎盤的光滑清堅，說明這是從波斯（即現在阿富汗、伊朗等地區）來的物品。

吳淵穎卒於至元六年（一三四一）（見明宋濂撰《淵穎先生碑文》）。這首詩說明這種產品當時還是一種新東西。元代的武力所及曾經包括阿富汗、伊朗一帶，並且初期有一條征伐的路線曾經由波斯一帶到了雲南的大理。（元太祖統一大漠未滅金滅宋以前，率軍遠征西域，滅花剌子模，（南濱波斯灣，北至里海）置達魯花赤，引兵東歸。憲宗（蒙哥）三年（相當於宋理宗寶祐元年即一二五三年，時尚未滅宋）時，一部份兵力仍用於西征里海以南諸國，同時派忽必烈（元世祖）率軍經西藏東邊繞長江上源分兵三路滅大理（雲南），雲南從此重入版圖（見新元史等諸書）。元初，每次攻陷城池大屠殺時只有工匠因為需要各種製造得不被殺，這條「惟匠得免」的政策載入元典章內，元史列傳中這種具體的事例也很多。）《格古要論》中所說「今雲南人在京多作酒盞」，雲南人有製「大食窰」的技術，和這條路線不無關係，可能「以銅作身用藥燒成五色」的製作方法，是這樣從波斯帶到雲南的。但這僅僅是根據現有的材料主觀的推測，是否如此，還有待於新的史料發現。來證明。（清程哲聖《窰器說》裡面有一條「大食國器以銅骨為身起線，填五採藥料燒成，俗謂珐瑯是也。宋官窰色鮮菁可愛，明官窰亦佳，又謂之鬼國窰」。從「宋官窰色鮮菁可愛」一語看，好像宋代已經有官窰燒造大食窯器。如果這個材料可信的話，則在吳淵穎時應該不再被認為是一種新的外來物，可是吳詩中敘述這種物品的來龍去脈時間地點非常明確具體，而清程哲聖的說法則簡單含混，所以現暫採用了吳氏的說法。另外，「宋官窰……明官窰……」這句話很像是《窰器說》裡其他條文下的語句，或為抄寫或刻版時錯到大食國器條下的亦未可知。關於銅掐絲珐瑯和銅胎畫珐瑯，這兩種美術工藝品的實物研究和史料搜集工作都做的很不夠，本文只是一個一般的介紹，特別是這兩種工藝的來源和名稱問題，現在僅僅據現有的材料提出一些主觀膚淺的個人看法向大家請教，希望引起各方面對這些問題的討論，將來才能得出正確的結論。）

雖然目前發現的實物還沒有更早於宣德年款的，但從明代宣德款的銅掐絲珐瑯器製作的精美程度來看，可以斷定宣德絕不是銅掐絲珐瑯器開始製作的時期。宣德時期距離吳淵穎生前已近百年，可能由於這項工藝製造技術的逐漸進步，到了宣德時期已達於成熟的階段。故宮博物院藏品中有「大明宣德年製」六字款的和「宣德年製」四字款的銅掐絲珐瑯器，一般款都在底足內或個別的在器內緣際，有篆書、楷書字體，與同一時期漆器的填金刻款和瓷器的青花款以及宣德爐的款是一樣的風格，器上的銅鍍金裝飾也和當時一般銅鍍金器造型相類。器物類型有爐、瓶、盒、盤、薰爐等，釉料色彩多藍色地，外加紅、黃、白、綠等花色，也有以白色為主的，例如番蓮大碗，口徑約尺許，上有紅、黃、藍、綠等色大番蓮數朵，圖案簡練，色調鮮明，花朵飽滿，枝蔓舒捲有力，是宣德時代比較突出的製品。這時期的作品以仿古觚、尊等器和仿瓷瓶形體的器皿居多。其中盈尺的重器，釉色堅實，銅活渾厚，鍍金燦爛，圖案有蕉葉、饕餮、番蓮等。

到了景泰年間（一四五零至一四五六）這項工藝大大繁榮起來，產品有高與人齊的大觚，高約二三尺的尊、罍、壺、鼎等仿古銅器的器物。從尺寸上來看，製作技術已經進了一步，在瓶、盤、爐、花插、炭盆、面盆、花盆、薰爐、燈、蠟台、盒等等器物上又出現了許多新花樣。這時除了與宣德時代相同的番蓮、饕餮、蕉葉花紋以外，還有菊花、葡萄、火焰、雲鶴、獅戲球、龍戲珠、夔龍鳳、樓台、山水、人物、花鳥等種種新花樣。

景泰年間釉料與宣德時代基本上相同的顏色有：天藍（淡藍色）、寶藍（作青金石色）、紅（作雞血石色）、淺綠（作草綠色）、深綠（作菜玉色，有半透明的感覺）、白色（作車渠色）。（宣德釉質光彩少遜於景泰）新出現的為宣德時代所沒有的釉料有：葡萄紫（作紫晶色，有玻璃的感覺）、翠藍（在天藍、寶藍之間而色亮）、紫紅（如玫瑰色）。例如「景泰年製」陽文四字款三足爐即為翠藍地，紫晶色葡萄、菜玉色葉；還有天藍地菊花爐等，都是新色料新圖案，而且色彩奪目，光亮如有一層玻璃釉。

還有一部份器物，雖然顏色仍是宣德時代的傳統，但圖案突出，例如一個盈尺的三足直口盤，天藍色地，四周是簡勁有力的五彩火焰。又如羊足七孔的花插，上面的繡球花和螳螂也非常清新活潑，葵式盆內的瑤池王母圖等是前所未有的新花樣。

在色調的配合上，這時也有新的面貌出現，譬如以前不論何種花色，總是以天藍色作地，而景泰款的除一般天藍地的外，還有寶藍色地的作法。此外像「掐絲」整齊，「磨光」細潤，「鍍金」勻實等等都是在宣德時代基礎上的又一步提高。

明代宣德景泰以後有款識的銅掐絲琺瑯器，現在已發現的有嘉靖款的盤「大明萬曆年造」寶藍色地五色雙龍捧膽壽花紋，四銅鍍金龍首吞足，天藍色地五色雙龍鏤空蓋，銅鍍金火焰頂鼎式四足爐。不用銅鏤空而用琺瑯鏤空作蓋，是這個時期的新作法。還有蠟盤，淡青色地，上有黃、紅、白色花骨朵，也頗清雅可愛。又有菱形掐絲連環錢紋錦地，上帶紅白赭諸色花蝶爐，其圖案花紋是這一時期的新花樣，赭和淡青是新的釉色。另外有甪端香薰（一種瑞獸的名稱），是以動物造型的新器皿。明代很多無款的銅掐絲琺瑯器，和瓷器、漆器的花紋來對照，可以知道多是嘉靖、萬曆左右時期的作品。其中也有不少出色的，例如無款瓜形燈座，與真實的大南瓜尺寸相若，下有銅鍍金枝蔓作足，上有銅鍍金葉蔓以承燈頸，瓜色在黃綠之間，綠葉黃斑，似畫筆烘染，景泰款諸器中尚未見此種作法。還有梅雀繡球大盆以及器形上仿古銅器而紋飾用花鳥圖樣等的各種作品，都是前此未有的。無款器皿除了這類精品之外，還有些一般的，大小俱備，但掐絲不勻，且無鍍金（也可能是鍍金較薄，日久脱落），露紅銅本色，胎骨較輕，與官款器皿重量相去甚遠。和官款器皿相比，釉料成色較差，滯暗而少光。至於花樣，也有些新題材，如鴛鴦臥蓮罐和以白色為主略綴簡單花草的盒、盆等等，都是比較樸素活潑的另一種風格。

清代宮廷中專門設「作」製作珐琅器物，初期在武英殿附設的製造部門中設有珐琅作。康熙五十七年（一七一八）和養心殿造辦處珐琅作合併。養心殿造辦處設有治器之作十四，珐琅作是其中的一個「作」。另外屬於廣儲司（內務府中的一個單位）的有珐琅匠屬銀作（見《內務府則例》和《大清會典》），估計其工作性質的區別，可能後者是製作「銀髮藍」一類的器物。

從現存的實物來看，清康熙時代（一六六二至一七二二）的銅掐絲珐琅，無大發展，只一般的保持了明代的製作水平，有款識的器物亦寥寥可數，比較突出的，有纏枝蓮花紋，口部刻陰文楷書「大清康熙年製」六字款甗式象足香薰。還有銅鏤空篆書款的香爐和無款的雲龍垂恩香筒、梅瓶等，其餘皆一般瓶盒之類的。這個時代的掐絲較之明代的掐絲密而匀，釉色不如明代，胎骨厚重堅實似明代官款器物。

到了乾隆時期，這項工藝品和雕漆、織繡、百寶嵌等各種美術工藝由於城市經濟的發展而同時出現了空前的繁榮。首先是製作範圍的擴大，乾隆時除繼承明代製作器物的範圍以外，大至丈許的屏風、圍屏，日用的桌、椅、床、榻、楹聯、插屏、掛屏，小至筆床、酒具、硯匣、卷籤、軸頭等室內陳設和用具無所不備。當時由於蒙古族、藏族等地區都信仰佛教，清代宮廷大量的製造佛教法器，像熱河避暑山莊的外八廟和北京的各大喇嘛廟，都燒造有金碧輝煌的法器，大至丈許的佛塔，小而至於手中的瑪尼（如玩具中的陀羅形式），無所不備。宮廷內寶相樓、梵華樓裡面有「大清乾隆壬寅年造」款（即乾隆四十七年，一七八二年）高與樓齊的佛塔。

這時在製作技術方面，釉料上的沙眼大大減少並出現了「粉紅」和「黑」的新釉色。但明代呈半透明紫晶光澤的葡萄紫色，這時變成滯灰的葡萄紫，白色（如車渠的純白）變成灰溜溜的顏色，這兩點是乾隆時代釉料的大缺點。明代的深綠色（半透明菜玉色），變成另一種很美觀的翠玉色，但菜玉色的綠釉卻不再出現了，其他色料亦缺乏玻璃感。根據釉料的變化，可以說明，這時因大量的製造而原來的產料地區已不夠供應，由於選擇了新的開採原料地點，所以才有這樣顯著的變化。有人認為可能原來用的是雲南料，到了乾隆時代改用山東博山的原料，這種說法可能是正確的，但還有待於從史料方面來證明。

這時期作品的製作，胎骨厚重不減於明代，銅質亦精純。掐絲、磨光、鍍金等技術超過明代，「圓潤堅實，金光燦爛」，八個字可以當之無愧。

關於色調的配合，除天藍地、寶藍地以外，又有綠地的，是一種新的設計。在構圖上多用錦地襯托主題，勻稱鮮明，圖案內容既繼承了傳統又有新的創造。山水花卉人物的屏風、掛屏、插屏有兩種風格，一種是追求繪畫趣味，一種是採取緙絲刺繡中圖案的手法，將山水花卉適當的圖案化，這種表現手法在明代已有採用。乾隆時代掛屏上追求繪畫趣味是相當成功的，其效果不盡同於繪畫，有些名畫的摹製品上可以看出用色和線條都不是機械的摹仿，是在不捨自己的特長、不暴露本身缺點的原則下，進行摹製的，所以效果很好。作品上加上了繪畫上應有的點綴，如題詩、題名、圖章，有的還用銅鍍金刻雲紋作地而不用釉色地，很有泥金箋上作畫的感覺。

這時的掐絲琺瑯還往往和其他種工藝結合來製造用品，例如在漆地掛屏或屏風面安裝掐絲琺瑯的山水花鳥，在銅或金胎掐絲琺瑯器上開光加畫琺瑯的畫面，並且鑲嵌珠寶。在紫檀、紅木等貴重家具上加掐絲琺瑯的裝飾，在室內裝修隔扇上，和其他金玉螺鈿等一起作為鑲嵌品，又如鑲嵌在雕漆、雕牙、雕竹、雕木上，為整個物品生色不少。嘉慶時代的銅掐絲琺瑯器，只是乾隆時代一般製作水平的繼續。有「大清嘉慶年製」款識的，不過是些爐、瓶、盒、盤、碗之屬。嘉慶以後無款的製品，數量亦不少，其中新出現的，有以黃色、紅色、粉色作地的器物，製作時間多在光緒年間（一八七五至一九零八），道光至同治期間（一八二一至一八七四）製作很少。光緒年間，因為它已經成為一種出口商品，所以又以新的姿態繁榮起來。在此以後，商營的作坊紛紛開設，最著名的先後有「老天利」「洋天利」「德興成」「達古齋」等。故宮所藏光緒年間的大型各式薰爐和仿雍正九桃的大瓶大盤、番蓮大魚缸等，都是這些商營作坊的製品。還有「大清工藝局造」六字款的，是光緒三十二年（一九零六）農工商部新機關成立以後的官營作坊製品。

這個時代的製品，釉料上氣泡減少，打胎和磨光技術亦有所提高，但釉薄並缺乏寶光，鍍金不足，胎骨輕飄，在藝術性方面也不如以前。辛亥革命以後除一般商營作坊以外，還有「印鑄局」款識的器物。北洋政府時代「印鑄局」有製作當時種種勳章和徽章等任務，所以是官營的作坊。

一九三零年以後，作坊迎合一部份買主的低級趣味，製品日趨於庸俗低劣。到了日本佔領時期，外銷斷絕，作坊紛紛倒閉，工人失業。一直到解放前，這一行業也就更形凋敝了。

二、銅胎畫琺瑯

銅胎畫琺瑯，原來通稱為「洋瓷」或「琺瑯」。從康熙年款的器物來看，製造這種器物，至少三百年了，稱它為「洋瓷」是不大妥當的，而稱之為「琺瑯」又太籠統。為了區別於其他銅胎琺瑯，根據故宮博物院藏這種器物原來標籤，採用了「銅胎畫琺瑯」一名。

清藍濱南所著《景德鎮陶錄》的「古窰考」一卷裡面，最末在「大食窰」之後談到「洋瓷窰」，原文是：「西洋古里國造始者著代莫考，亦以銅為器骨甚薄，嵌瓷粉燒成，有五色繪彩可觀，推之作銅聲，世稱洋瓷，澤雅鮮美實不及瓷器也。今廣中多仿造。」

《明史》卷三百二十六，外國列傳裡面有古里的記載：「古里，西洋大國，西濱大海，南距柯枝國，北距狼奴兒國東七百里，距坎巴國自柯枝舟行三日可至，自錫蘭山七日可至。永樂六年（一四零八）命中官尹慶奉詔撫諭其國，繼以彩幣，其酋沙米的喜遣使從慶入貢……貢物有寶石、珊瑚珠、拂郎……」從這兩個時期的史料互相證明，洋瓷（即拂郎）是在明初從古里來的。古里國在明代是印度洋濱的一個國家，靠近錫蘭（今斯里蘭卡，編者註）不遠，在北緯十度上面，西經七十五度至八十度之間，即現在印度南端喀拉拉地區。

這種工藝品在明初是外來的，是否當時中國已經仿製呢？雖然我們現在沒看到過有明代年款的器物，但以清初康熙款的來看，其製作精美已經到了驚人的程度，推測明代已經開始製造了。

例如故宮博物院藏品中康熙御製款的五蝠瓶，白地彩繪桃樹雲蝠泉石，鮮紅的蝙蝠，石青色的山石點一些綠苔，樹上桃實纍纍；白雲的邊際烘染着淡淡的天青，白雲舒捲處着一點粉紅色，喚起祥雲瑞靄的聯想。這種製作的技術可以肯定絕不是突然出現而是需要一個發展過程的。根據另一件無款福壽瓶來看，在白地上以藍（仿青花瓷的釉色）、黃、綠、赭釉色繪山水和乘蝠獸二仙人。造型和釉彩渾厚樸素，筆意豪放，很像明代瓷器風格。關於「今廣中多仿造」這句話，從故宮博物院所藏的一個銅胎畫琺瑯燈上已經得到證實，在燈帽裡面，有「粤東祥林店」的商標，説明廣東是清代製作銅胎畫琺瑯的地區之一。根據故宮舊藏檔案，康熙五十九年二月初二日曹家奏折上面有皇帝的批語：「近來你家差事甚多，如琺瑯瓷器之類，先還有旨意件數，到京之後，送至御前覽完才燒，琺瑯今不知騙了多少……」

曹家當時兩代的江寧織造，清朝的慣例，內務府外放的關監督、織造、鹽政等官常常於所在地區替皇家製辦一些土產，當地有特長的手工藝則必有些加工定貨的任務，例如管理兩淮鹽政的官員即常在揚州辦進貢的漆器。根據這個批語內容可以知道「江寧」或附近蘇、揚地在當時是銅胎畫琺瑯產地之一，《揚州畫舫錄》載：「雍、乾時王世雄工琺瑯器，好交遊，廣聲氣，京師稱其為琺瑯王，良工也」。這是當時南北有名的琺瑯製作者之一。據大清會典所載養心殿造辦處有琺瑯作，在故宮藏品上也曾發現過不少上面原來拴的黃簽，寫着「乾隆×年×月×日造辦處呈覽銅胎畫琺瑯××件」字樣，說明造辦處的「琺瑯作」有掐絲琺瑯的工種，也有畫琺瑯的工種。後來北京地方也逐漸有商營的洋瓷作坊。

自清初以來銅胎畫琺瑯的製作，大約可分為三個階段：一、康熙雍正的階段；二、乾隆階段；三、光緒階段。康熙時代如上面例舉的五蝠瓶一種，釉質細膩溫潤而不以光亮取勝。還有一種紅釉或黃釉地畫花卉的，例如無款玉堂富貴大瓶，瓶面上有一層堅脆的清光，像康熙時代瓷器上的硬彩一樣。其次是圖案化的花卉盤、碗、花籃等，多半是黃釉地，圖案相當疏朗。比較特殊的有一道褐釉的插香小瓶，色澤和宣德爐一般。還有一種白地四季花小盒，折枝花四朵的佈局和姿勢色調以及白釉的光澤都和同時代其他器物不同，是純粹仿西洋瓷的製品。

雍正時代除了瓶、罐、盤、碗等等之外，新的品種有冠架、鼻煙壺、法輪（佛教供器中八寶之一）等。圖案設計方面出現了黑色作地和百花、皮球花等花紋。清《朱琰陶說》中陶冶圖說一節：「乾隆八年五月內務府員外即管理九江關務唐英遵旨由內廷交出陶冶圖二十張，次第編明為作圖說進呈御覽……其十七日圓琢洋彩。圓琢白器五彩繪畫仿西洋洋彩……所用顏色與佛郎色同調。」琺瑯彩的方法運用到瓷胎上，乾隆年間盛行一時，在雍正時代已開始燒造了，並且此後的粉彩瓷器也和畫琺瑯相互影響。

到了乾隆時，這項工藝和掐絲琺瑯一樣，由於都市經濟繁榮等種種關係，呈現了全面發展的情況。其製作範圍也和掐絲琺瑯一樣，宮內陳設裝飾和使用器物大至屏風，小至煙壺無所不備，裝飾性非常強，吸取了漆器、織繡、瓷器、銅器的圖案組織而出現許多新內容，釉色和花紋除繼承以往優點以外，盛行錦地開光人物山水花卉，並有胭脂水或青花的山水，描繪生動精細，其錦地在一個器物上常有幾套幾層不同組織的花紋，人物部份有畫西洋人的，但與康熙時代的西洋花卉筆意不同。還有豆青地加紅彩和藍地白色冰紋嵌紅料花以及仿古銅彩仿青花等作品。釉色有無光而細膩如凝脂的，有帶玻璃質感的，款則除繼承康、雍時代的楷書以外，又有篆書款和圖章款等，還有一種在底足用胭脂水或青花畫團螭而無文字的，是乾隆時代的特點。此外無款的器皿中也有很多精品，例如一道釉藍玻璃地描金花的盆、盒等。

嘉慶時代只是乾隆時代一般水平的繼續，出品不多，亦無大型器皿。此後至同治時代都有少數帶年款蓋碗等。製作水平逐漸下降。光緒年間，商營作坊因外銷的原故而發達起來，故宮所藏有這個時代無款大型桃式、花籃式薰爐、象馱寶瓶等陳設都是這時製作的。辛亥革命以後到解放前，和銅掐絲珐瑯業的發展一樣，銅胎畫珐瑯業隨着社會經濟的凋敝而日形衰退不振。一直到解放後，這兩種北京的特種手工藝才得到了恢復和發展。一九五零年北京特種手工藝公司成立，附設有實驗工廠，組織藝人和美術家合作，並向博物館藏品中學習優良傳統來進行新的創造，現在已經蒸蒸日上，在國際市場享有相當的聲譽，將來一定還有更好的製品出現。

故宮所藏
明清兩代有關西藏的文物

西藏自古就是我國的領土，是我們偉大祖國不可分割的一部份，流傳到現在的很多有關西藏的文物，就是歷史的見證人。

本文只就故宮博物院所藏尚未發表過的若干文物，來說明一下明清兩代北京中央政府和西藏地方的統一關係。

一、明永樂八年九月十六日敕諭

敕諭，明黃色描金雲龍箋地，縱二市尺，橫約五市尺，墨筆楷書。首行為「大明皇帝敕諭剌麻失家攝聶」。正文抬頭書「朕惟佛氏之興，其來已遠，西土之人久事崇信……所在土官軍民人等聽從本僧從便修行，益弘願力，丕闡宗風，為一方之人祈福。並不許侮慢欺凌，生事沮壞。敢有不遵朕命者，必罰無赦，故諭。」末行抬頭書「永樂八年九月十六日」，鈐「敕命之寶」。

這是明永樂八年（一四一六）北京中央政府給西藏地方的一道命令。明代制度，全國各地設有「指揮司」和「衛所」，烏斯藏地方（即西藏）當然也不例外，設有烏斯藏都指揮司。洪武十八年，命班竹兒為都指揮。永樂元年在必里和上邛，設二衛所（見《明史》），這是管理軍政的機構。又有喇嘛八人，被封為「大寶法王」「大乘法王」「大慈法王」等，管理宗教事務，從「所在土官軍民人等……敢有不遵朕命者必罰無赦」字樣，足以説明一切行政宗教事務等，都需聽從北京中央政府的命令。據《清史稿》藩部列傳第八載，「崇德順治間，闡化王等番僧先後入貢，獻前明敕印」，估計這一類明代敕書從西藏地方又回到中央，是由於朝代變更接受了新的封號而繳還的。這一文件已於一九五六年移交國家檔案局保存。

銅鈴杵

銅鈴，四周八寶瓔絡紋，柄作杵形，鈴內鑄「大明永樂年施」六字款。通柄高二十二點五厘米、口徑十厘米。銅杵縱十三厘米，鈴杵盛一漆皮盒內。盒內裱紅緞，上貼白綾一方，墨筆楷書「乾隆四十五年十二月初六日，班禪額爾德尼恭進大利益銅鈴杵」。漢滿蒙藏四體文。

另一銅鈴杵，花紋式樣同前，通柄高十九點五厘米、口徑九點五厘米，鈴內鑄「大明宣德年施」六字款。盒內白綾上墨筆楷書「達賴喇嘛恭進大利益銅鈴杵」。乾隆四十五年是乾隆的七十歲整壽，班禪額爾德尼曾到熱河避暑山莊祝嘏，又到北京，鈴杵就是來京貢品之一。據《明史》卷三百三十一烏斯藏大寶法王等八人的列傳中都記着到北京朝見皇帝得到賞賜的事。《大乘法王列傳》更具體說：「明年（永樂十二年）辭歸，賜加於前，命中官護行，後數入貢。帝亦先後命中官喬來喜、楊三保繼賜佛像、法器、袈裟、禪衣、絨錦、彩幣諸物。」銅鈴杵是法器之一，這些有明代永樂宣德款的銅鈴杵大概就這樣到了西藏，乾隆年間，達賴班禪又當作寶物獻給清朝皇帝。

銀胎綠琺瑯靶碗、海螺、白傘蓋經注

碗銀胎，綠色琺瑯，通體嵌紅寶石。上有蓋，下有盞托，碗靶插於托內。通高二十九厘米，盛一漆皮筒內，筒蓋內裱白綾一方，墨筆楷書「乾隆四十五年八月初三日班禪額爾德尼恭進銀胎綠琺瑯碗一件」，漢滿蒙藏四體文。

海螺，通體珠光，長十七厘米。鑲琺瑯口嵌紅寶石，有蓋，盛於皮箱內。箱蓋內貼白綾，墨筆楷書「班禪額爾德尼恭進利益琺瑯鑲嵌海螺一件」，漢滿蒙藏四體文。

這些比較特殊的珍物，都是六世班禪羅布藏巴勒墊伊西，到北京來時所進。五世班禪於康熙五十二年（一七一五）由原來班禪呼圖克圖，被冊封為班禪額爾德尼，因故未能入覲。六世班禪藉着祝壽的機會來到熱河和北京，乾隆還特意在避暑山莊外面新蓋了一座大廟，與日喀則城的扎什倫布一樣。又把班禪所進的白傘蓋經註，命人譯成漢滿蒙文雕版刊行。

這部經文為單葉式，無裝訂線，上下有夾板。全書為漢滿蒙藏四體文，序文說，「敬以薄伽梵白傘蓋佛母成就悉的甘露瓶儀軌經恭詣神都，瞻仰天顏，覲見聖文殊師利大勢轉輪聖王（達賴班禪都稱清朝皇帝為文殊菩薩），奉大皇帝旨，喇嘛即來此，當於此地益為宣廣佛教，俾天下一切眾生樂平康之福」。只有統一的多民族的國家，才需要幾個民族文字合刊的書籍。

四、右旋白螺

白螺，鑲銅鍍金裝飾，通長二十二點五厘米。吹口寶瓶式，承以蓮瓣。下有一突雕行龍，從龍的造型和豬嘴倒發等特點來看，是明代作品。盛於長方皮箱內，蓋上白綾墨筆楷書「乾隆五十年三月初一日班禪額爾德尼呼弼爾漢恭遞丹書克時敬進右旋白螺，供奉之處增壽吉祥，說見佛說大遊戲經」。

這是第七輩班禪額爾德尼，羅布藏巴勒墊丹貝宜瑪所進物品。原文中稱班禪額爾德尼呼弼爾漢，是因他才五歲，還未行坐床禮。呼弼爾漢譯成漢語是化身的意思。等到行坐床禮之後，正式受封，才免去呼弼爾漢字樣。例如有一銅鍍金文殊像，黃紙籤上墨筆楷書「後藏班禪額爾德尼因坐床差巴雅堪布曲羅布藏曲批，恭請聖安，進文殊佛一尊」，就是剛剛免去呼弼爾漢字樣時，差他的「堪布」來京請安的貢品。

五、銀曼達

曼達，圓形，周圍鏨花雲水八寶，上有方塔形堡壘一座居中心，四周菩薩金剛俱面向中心，是佛教的法物之一，象徵衛教護法的意思。舊檔案中有譯作「滿達」「曼達」或「曼達拉」的，現在或譯作「滿扎」，故宮博物院所藏佛教法器中，曼達很多，有的還附有原來進貢的黃紙籤，現在重點地介紹幾件銀曼達。

1. 底徑三十六點五厘米，上有黃紙籤，墨筆楷書「達賴喇嘛接辦藏務叩謝天恩，呈進銀曼達一個」。按清代制度，每一世達賴到了一定的年齡，奉旨封為達賴喇嘛，賜給金冊金印。二十歲左右再命他管理西藏事務。當他接到北京這樣的命令時，和全國各地行政主管人員接到北京命令時一樣，要向皇帝「叩謝天恩」，這件曼達就是達賴謝恩時所進，非常重要。

2. 形式製作與上一件大致相同，拴黃紙籤，墨筆楷書「達賴喇嘛呈遞丹書克，進銀曼達一份」。按規定，達賴喇嘛、班禪額爾德尼間年遣使來京進獻方物，《大清會典事例》載「達賴喇嘛、班禪額爾德尼，及由京派往辦事之呼圖克圖，四噶布倫，各呈進慶祝之禮曰丹舒克」，這件銀曼達就是整份「丹舒克」內的一件物品。

3. 黃籤墨筆楷書「達賴喇嘛恭祝萬壽，呈遞丹書克，進銀曼達一個」。皇帝的生日叫「萬壽節」，整壽的時候，在京的王公大臣，在外的官員都進獻禮物，達賴也不例外。

以上三件曼達，除進貢時拴的黃籤之外，還有收庫時的黃籤。第一件是「光緒二十四年四月三十日收，首領郭雙富交銀滿達一件，隨供養重九十六兩」。第二件「光緒十七年五月初四日收，總管劉得志交銀滿達一件，隨供養重八十四兩」。第三件是「光緒二十一年五月初十日收，首領郭雙富交重六十五兩」，為管理庫房太監所寫。一般說來，入庫日期距進貢日期總有相當的時間，根據入庫日期推斷進貢或製造年月，是不確切的。但有些物品雖未記年月，卻可以推算出來。如銅鍍金無量壽佛，高二十六厘米，上拴黃籤，墨筆楷書「達賴之呼畢勒罕，跪請皇太后安，進扎什利瑪無量壽佛一尊」，可知這是光緒二年（十三世達賴生）至光緒四年（達賴免去呼畢勒罕）間，十三世達賴土登嘉錯進貢給太后的，因為正是她垂簾的時期。

六、銅佛像

1. 銅鍍金大拉木朗佛像。立像，面部鍍金，全身紫銅本色，通座高一百三十三厘米。上拴黃紙籤，墨筆楷書「掌辦商上事務呼征阿齊圖，呼圖克圖，因達賴喇嘛圓寂，另進大拉木朗佛一尊」。又拴一黃布條，硃筆書藏文。

2. 銅鍍金文殊師利像。立像，通座高九十厘米，上拴黃籤，墨筆楷書「掌辦商上事務呼征阿齊圖，呼圖克圖，代達賴喇嘛之呼畢勒罕，恭請聖安，呈進文殊佛一尊」。

3. 銅扎什利瑪金剛像。立像，三目，紫銅本色，腿部壓銀絲，手持金剛杵，以海螺祥雲組成三朵火焰背光。通座高五十厘米，背光上拴黃籤，墨筆楷書「掌辦商上事務呼征阿齊圖，呼圖克圖，恭請聖安，呈進扎什利瑪金剛佛一尊」。

以上三件銅佛是達賴圓寂後，下一世達賴未奉旨接辦藏務以前進貢的。每一世達賴喇嘛圓寂後，由理藩院奏請皇帝特派一個「呼圖克圖」地位的喇嘛代理，一直到下一世達賴及歲，奉旨接辦藏務，再撤銷其職務。所謂「商上事務」，據乾隆五十七年諭：「前後藏所出租賦向歸達賴喇嘛、班禪額爾德尼收用，又眾蒙古平素崇信佛教，樂善喜施，是以布達拉、扎什倫布兩處商上蓄積饒裕，除養贍喇嘛番眾之外，或有贏餘，不妨為唐古特兵丁添補養贍之用。」（見《會典事例》）說明掌辦商上，即管理庫藏出納的職務。呼征阿齊圖，呼圖克圖，是僅次於達賴、班禪的大喇嘛之一。乾隆三十五年理藩院奏准「呼正呼圖克圖，照前輩呼圖克圖之例，賞給阿齊圖名號」（見《理藩院則例》）。他曾代理達賴喇嘛處理藏務。

4. 銅利瑪長壽佛，手托寶瓶，通座高五十厘米。上拴黃籤，墨筆楷書「掌辦商上事務，榮增師傳，第穆呼圖克圖，阿旺洛桑拉布結，恭請聖安，呈進利瑪長壽佛一尊」。這個呼圖克圖，除了管理商上之外，還是十三輩達賴的師傅和代理者，光緒二十一年（一八九五）因病辭退（見《清史稿》藩部列傳）。十三輩達賴就在這一年陰曆十一月，由理藩院奏准，奉旨接管政教事務。

5. 銅扎什利瑪無量壽佛。坐像，通背高二十五厘米。上拴黃紙籤，墨筆楷書「噶布倫，敦珠多爾濟等四人遞丹書克，進扎什利瑪無量壽佛一尊」。噶布倫是官職，敦珠多爾濟是人名。噶布倫是由當時北京中央政府任命的藏族官員，他們的官廳叫「噶廈」。據《大清會典事例》載：「噶布倫有總理藏務之責，着賞給三品頂戴」，「乾隆五十六年諭……着交駐藏大臣，嗣後噶布倫缺出，會同達賴喇嘛於應升用人員內擇其能事者，秉公選定正陪，於各人名下註明如何出力之處，奏請補用俟朕簡放。駐藏大臣倘有徇私不公者，一經發覺必加重譴，着為令。」「五十七年理藩院議准，駐藏大臣督辦藏務，應與達賴喇嘛、班禪額爾德尼為平等。噶布倫以下番目及管事喇嘛等分系屬員，無論大小事務，俱稟命駐藏大臣覈辦。」從這幾項規定裡，可以看出噶布倫對駐藏大臣的隸屬關係以及所管的事務。噶布倫在年班來京時，也要向皇帝呈遞丹書克。

七、雜古雜雅碗

碗木製，內盛藏紅花，口徑十二點五厘米、底徑四點五厘米，外套鏨銀八寶蓋盒。蓋上貼黃紙籤，書「光緒二十二年六月二十八日，喜祿交下藏紅花，連銀碗木碗，重十五兩」。碗內一黃紙籤，墨筆楷書「班禪額爾德尼，恭祝慈禧端佑康頤昭豫莊誠壽恭欽獻崇熙皇太后，六旬萬壽。呈進雜古雜雅碗一個，連銀盒，內盛紅花」。

雜古雜雅碗，是類似樺木而比樺木更細膩的一種木碗，故宮博物院藏品尚有更早的，口徑約二十厘米，隸書嵌銀「乾隆御用」四字款。有的在題詩中還說到「皇祖所賜」「皇考所賜」字樣，是康熙、雍正時代的物品，木碗外盛以鐵鍍金鏤空雲龍紋碗套，套外有紫檀盒，盒面刻隸書填金詩句，有「木碗來西藏，草根成樹皮」等語（見圖輯六）。本文所介紹的這一件為光緒二十三年（一八九六）第九輩班禪羅布藏吐巴丹曲吉宜瑪格勒克拉木結所進，足以說明這一時期的關係。

從以上介紹的幾件明清文物來看，可見西藏自來就是在北京中央政府統一政權下的一個地方，那些叫囂「西藏獨立」的謊言，是站不住腳的。

從舊藏蔡襄《自書詩卷》談起

故宮博物院藏宋蔡襄《自書詩卷》，是他的主要傳世作品之一（見圖輯七）。此帖曾由我家珍藏（當時是冊）[1]，雖已過去幾十年了，收藏過程還歷歷在目。今追憶往事並談談蔡襄的書法。

蔡襄《自書詩卷》，素箋本，烏絲欄，縱二十八點二、橫二十一點一厘米。內容包括《南劍州芋陽鋪見臘月桃花》《書戴處士屋壁》《題龍紀僧居室》《題南劍州延平閣》《自漁梁驛至衢州大雪有懷》《福州寧越門外石橋看西山晚照》《杭州臨平精嚴寺西軒》《崇德夜泊寄福建提刑章屯田思錢唐春月並遊》《嘉禾郡偶書》《無錫縣吊浮屠日開》《即惠山泉煮茶》等共十一首。

卷後有宋至清時人題跋，今依序移錄於下：

政和二年六月二十三日子之子伸敬觀。

端明蔡公詩稿云「此一篇極有古人風格」者，歐陽文忠公所題也。二公齊名一時，其文章皆足以垂世傳後。端明又以翰墨擅天下，片言寸簡落筆人爭藏之以為寶玩，況盈軸之多而兼有二公之手澤乎？覽之彌日不能釋手，因書於其後。政和丙申夏四月癸未延平楊時書。

君謨妙畫如此，詩詞稱之，宜乎每為歐公所譽，二公所謂陪奉得着也。張正民題。

君謨字畫名世。每自書所作詩，不惟意在揮染，亦使後人得之便可傳寶，向來過目不啻十許卷也。蔣璨。

東坡先生曾以蔡公書為本朝第一。此公自書所為詩也，才三紙餘而真行草法皆備。歐陽文忠嘗題其一篇云極有古人風格。可為三絕矣，真予家之寶也。

余舊得君謨所書詩十數幅，一卷於秦忠獻公家。今復得此三紙。紙雖一同而界行不接，故難續於其後。因書以記。嘉定壬午歲除先五日，窠林老人向水、若冰甫。

蔡君謨書深得魏晉之意，深穩端潤，非近時怒張筋脈屈折生柴之態。且其詩極有古人風致，誠為二絕。吳郡張天雨題。

端明蔡學士，書翰文藻與歐公並驅聯璧，稱譽當世。歐公親題是作謂有古人風格。龜山先生道學先賢，亦推獎之，信不誣也。去公今五百有餘歲，片楮在人間者無幾矣。以恆宗友當寶惜之。林泉老生陳留張樞拜觀。

華亭陳彥高平生以好古自喜，年已八十，家無餘貲，而所藏蔡端明手書自為詩及宋諸儒先題識凡一卷猶存。它日命其子以相示，展玩再四，固念先哲身歿名傳者有其實也。握筆知愧矣！願為同志言之。後學奉化陳樸敬書。

楚紀善管公竹間示余所藏宋學士君謨詩累幅。學士自書其作凡十有一首。字畫清勁，誠一代絕筆，如華星秋月，輝映大虛。當時歐陽公、龜山先生俱有品題，閱之誠希世之寶也。夫自皇祐至今流傳數百載，非好古博雅之君子孰能知所寶乎。今觀學士所書，殆不止此，惜其有缺簡耳。竹間公寶而藏之，可謂好古博雅之君子矣。洪武九年正月庚寅匡山翁。

昔者孔子讀詩，至高山仰止，景行行止曰：詩之好仁如此。蓋高山景行，人自不能不仰之行之耳。蔡公君謨文翰有名一代，此其自書所為詩，辭氣類陶彭澤、韋蘇州。書法得晉人筆意，當時歐陽文忠已稱其極有古人風格，龜山楊文靖公亦贊其左方。夫以蔡公之才賢自足為二公所景仰，況二公文章道德尤為古今所崇望，觀此卷者安得不起高山景行之思。卷末題尤多名士。余同僚竹間管侯得之珍重特甚，非好仁之君子惡能然。壬午冬十二月甲子會稽胡粹中拜觀敬書。

乾隆五十五年歲在庚戌七月朔日，觀於吳中經訓堂。丹徒王文治。

卷後最末有先父題跋。

此卷所鈐鑒藏寶璽有「嘉慶御覽之寶」「石渠寶笈」「寶笈三編」「嘉慶鑒賞」「三希堂精鑒璽」「宜子孫」等。所鈐收傳印記則有「賈似道圖書子子孫孫永寶之」「賈似道印」「似道」「長」「悅生」「武岳王圖書」「管延枝印」「梁印清標」「蕉林」「棠村審定」等。

曾經著錄此帖的有《珊瑚網》《吳氏書畫記》《平生壯觀》《石渠寶笈三編》《選學齋書畫寓目續記》《介祉堂藏書畫器物目錄》。清朝時還曾刻入《秋碧堂法帖》《經訓堂法帖》《玉虹鑒真法帖》。

據前人題跋和收藏印記以及著錄，可以明確蔡襄《自書詩卷》的收藏者，宋人有向水、賈似道，元人有陳彥高，明人有管竹間，清人有梁蕉林、畢秋帆，最後入內府。辛亥革命後，宮中書畫器物等除溥儀以賞溥傑為名攜出的部份和作為向銀行借款的抵押品以及賞賜遺老、贈送民國要人的以外，由太監和內務府人員竊出的也不在少數。蔡襄此帖想當然也是被太監們竊出的。當年地安門大街橋南路西有一家「品古齋」，是北城惟一的古玩鋪（其餘還有一兩家只是所謂「掛貨屋子」）。太監們出神武門，距離最近的銷贓處所當然就是「品古齋」了。此外，北城的王公將相第宅很多，落魄的紈綺子弟以及管家們也都把「品古齋」當作銷售場所。因此在「品古齋」常能發現出乎意料的精品，以至於琉璃廠和東四牌樓一帶的古玩鋪也時常到這裡來找俏貨。

蔡襄此帖就是當年「品古齋」鄭掌櫃送到我家的，先父看過後以五千銀元成交。《選學齋書畫寓目續記》的作者崇巽庵先生與我家是世交，他第一次看到此帖實際就是在我家。當時先父叮囑他不要外傳，所以他在書中稱此帖「近復流落燕市，未卜伊誰唱得寶之歌」。先父在此帖跋語中有「壬申春偶因橐鑰不謹竟致失去，窮索累日乃得於海王村肆中……」之説，是指一九三二年此帖被我家一僕人吳榮竊去後又復得之事。吳榮竊得此帖，便拿到一個與我家沒有交往的古玩鋪「賞奇齋」求售。掌櫃的一看便知道是從我家竊得的東西，遂表示只肯以六百元買下，否則就報告公安局，吳榮只好答應。「賞奇齋」掌櫃把上述情況告訴了「德寶齋」掌櫃劉廉泉和「文祿堂」掌櫃王搢青，並請他們通知我家。劉王二位與先父商議，認為最佳辦法是不要追究吳榮，而盡快出錢從「賞奇齋」把此帖贖回來。先父一一照辦。此事如無「賞奇齋」與劉王兩位幫忙後果就不堪設想了。所以除償還「賞奇齋」六百元墊款外，我家又贈掌櫃的一千元作為酬勞。此帖拿回後先父就決定影印出版。當時他是故宮博物院負責鑒定書畫碑帖的專門委員，於是就委託故宮印刷所影印，命我把此帖送到東連房（印刷所的工作室），由經理兼技師楊心德用十二寸的玻璃底版按原大拍照，張德恆（現在台北故宮）沖洗。這是此帖第一次影印發行。那時距今已整六十年了。

先父逝世後，抗戰期間我離家到重慶工作。家中因辦理祖母喪事亟需用錢，傅沅叔世丈代將此帖作價三萬五千元，由「惠古齋」柳春農經手讓與張伯駒。此帖在我家收藏了二十餘載；在張家十數載，隨展子虔《遊春圖》、陸機《平復帖》等名蹟一起捐獻給國家。自此以後，蔡襄此帖便入藏故宮博物院。以上便是《石渠寶笈三編》著錄此帖以後的收傳情況。

《宋史・蔡襄傳》云：「襄工於書，為當時第一。」世人常稱「蘇黃米蔡」，此「蔡」是指蔡京；若蔡襄在此行列中則應為「蔡蘇黃米」了。蔡書傳世真蹟雖少於蘇、黃、米三家，也還有故宮原藏的二十餘件，我都曾寓目。但都是書札，歲有早暮，力有深淺，水平不一。書札中固然有極精之品，但片言寸簡究竟不如此帖十一首詩一氣呵成。這些詩是皇祐二年到三年（一零五零至一零五一）所作，書寫當在三年或更後一些。蔡襄生於大中祥符五年（一零一二），卒於治平四年（一零六七），卒年五十六歲。皇祐三年時他四十四歲，正是作詩寫字精力最旺盛的年代。由於是詩稿，毫不拘謹，心手相應，揮灑如意。十一首詩真書者居十之三，餘為行草書。從始至終，粗細筆兼用，真、行、草相間，或秀麗而端勁，或厚重而橫逸，變化無窮，各極其態，而間架位置又渾然一體。更有起首處一行小楷（「皇祐二年……」），是書札中見不到的。《歐陽文忠公集》載：「善為書者以真楷為難，而真楷又以小字為難……君謨小字新出而傳者二，《集古錄・自序》橫逸飄發，而《茶錄》勁實端嚴。」《東坡集》載：「余評近歲書以君謨為第一，而論者或不然，殆未易與不知者言也。書法當自小楷出，豈有未有正而以行草珍也。君謨年二十九而楷法如此，知其本末也……」故宮藏有舊題蔡襄書《寒蟬賦卷》，為小楷，《石渠寶笈》未著錄（現存台北故宮）。我雖未見原件，從影印本（《故宮歷代法書全集》第三冊）看，覺得字不好，也毫無蔡的筆意。如果蔡書小楷只是如此水平，那就不值得歐蘇諸公交相稱讚了。由此便更覺得「皇祐二年」一行小楷的可貴。《蔡君謨語錄》云：「古之善書者必先楷法，漸而至於行草，亦不離乎楷正。張芝與旭變怪不常，出乎筆墨蹊徑之外，神逸有餘而與羲獻異矣。」這十一首自書詩正體現了這一則語錄。

蔡襄此帖後自宋至明的題跋中都稱此帖是卷的形式，著錄書籍如《珊瑚網》《吳氏書畫記》也記的是卷。《平生壯觀》著錄時已改裝為冊。《石渠寶笈三編》著錄仍是冊。《珊瑚網》著錄此帖為十二首詩，在《即惠山泉煮茶》之後尚有一首：「紫綬金章被寵榮，筆床茶灶伴參苓。只知江海能行道，未識朝廷舊有名。笑我病玄相□□，圭刀小試即春生。瘡痍未復君知否？國手於今數老成。莆陽蔡襄。」按原蹟題跋中明洪武九年（一三七六年）的跋語很明確指出是「凡十有一首」。汪砢玉的《珊瑚網》一書成於明朝晚期，著錄此帖為十二首，再加上所記署款為「莆陽蔡襄」，顯然汪氏未親眼見到此本原蹟，當是另有所據。

清人著錄此帖如《吳氏書畫記》云：「小行書詩稿一卷，紙墨完好。詩十一首，字八百八十四，無題識，蓋草稿也。」《秋碧堂法帖》《經訓堂法帖》都是據此原蹟上石。《秋碧堂法帖》刻工不失真，只是未按原蹟行數刻，每一行頂移下二字歸入前一行。《經訓堂法帖》所刻略嫌細弱，但原行數未改。《玉虹鑑真法帖》同《秋碧堂法帖》，總之都是十一首詩，與原蹟相符。

《石渠寶笈初編》卷五「乾清宮」著錄有：「宋蔡襄自書詩帖一卷，上等地（第）一。素箋本，行楷書。款識云：『皇祐二年十一月外除赴京，途中雜詠共得十三首，襄錄呈安道諫議郢正。』第三首有旁註『此一篇極有古人風格』九字。末有『似道真賞』『圖書』二印。後別記語有『政和二年六月二十三日子之子伸敬觀』十六字。拖尾記語有『魏泰嘗觀』四字。又『合肥馬玘德之嘗覽』

八字。又楊時跋云：『端明蔡公詩稿云此一篇極有古人風格者，歐陽文忠公所題也。二公齊名一時，其文章皆足以垂世傳後。端明又以翰墨擅天下，片言寸簡落筆人爭藏之以為寶玩，況盈軸之多而兼有二公之手澤乎？覽之彌日不能釋手，因書於其後。政和丙申夏四月癸未延平楊時書。』卷高八寸二分，廣六尺五寸五分。」

此蔡襄《自書詩帖一卷》是先進入宮中的一件，編入《石渠寶笈初編》。而蔡襄《自書詩》冊是籍沒畢秋帆之物，編入《石渠寶笈三編》。當年先父購得蔡襄《自書詩》冊後，有些鑒賞書畫的知交便來看新得的寶物。記得有一天寶瑞辰（熙）、陳弢庵（寶琛）來看這件蔡書。寶瑞辰世丈說：「裡頭（指宮中）還有一件，跟這本冊頁一樣，那個是卷子，開頭也是『可笑夭桃耐雪風』，詩全一樣。『此一篇極有古人風格』後頭楊龜山的題跋也都一樣，文也相同。題跋的人沒有這本冊子的多。」二人都說：「那一卷的字不大好，是件舊東西，猛一看還不敢準一定說假，可是一看這本冊子就可以比出來了，那一卷靠不住。」當時溥儀還在宮中，陳寶琛、寶熙、耆齡、袁勵准等人奉命整理、集中古書畫。書畫上鈐「宣統御覽之寶」「無逸齋精鑒璽」「宣統鑒賞」就是那個時期留下的痕跡。過了若干年，我回憶當時他們說的話，再查閱《石渠寶笈初編》，便得到這樣的認識：他們所看到的卷子，就是初編著錄的《宋蔡襄自書詩帖一卷》。我雖未見到此卷原物，但我同意他們所持的此卷「靠不住」的觀點。我認為如果僅僅因為寫的詩相同，還不足以說明真假問題，因為一位書家寫自己的詩文，有可能寫幾遍。陳、寶二先生以兩件比較，認為那一卷的字不好，這是主要的；其次歐陽修題「此一篇極有古人風格」不可能在又一本上原文一字不改地重複出現，還有楊時題跋也是原文一字不改，並且年月日也完全相同。如果是蔡襄親筆所書的又一本，歐、楊都有可能再題，但不可能用題過的原文，即使內容略同，在字面上也必有所變化，這種例子在書畫題跋中是存在的。所以《石渠寶笈初編》卷五著錄的那一卷不可能是蔡襄親書的又一本。故宮博物院成立前，清室善後委員會的《點查報告》中未見此卷，不知流落何方。

清代宮中所藏蔡襄書還有一件真偽有問題的，即《石渠寶笈初編》卷二十九著錄的《蔡襄自書謝表並詩一卷》，現存台北故宮博物院。此卷曾刻入《三希堂法帖》，我僅從《三希堂法帖》看還沒發現有什麼真假問題。徐邦達兄的《古書畫過眼要錄》談到流落到日本的另一卷《蔡襄自書謝表並詩》，日本博文堂影印了單行本，題跋俱全，是一件真蹟。我以《三希堂法帖》與之比較，也認為流落到日本的是真蹟，而另一件則是偽蹟無疑了。

除蔡襄《自書詩卷》真蹟以外，我曾寓目的蔡書真蹟都是故宮藏品，茲分述如下。

1. 《蔡襄自書詩札冊》，紙本，第一行書《山堂書帖》，第二草書《中間帖》，第三行楷書《蒙惠帖》，第四草書《別已經年帖》，第五草書《扈從帖》，第六《京居帖》，第七草書《入春帖》，第八楷書《內屏帖》。

題跋：

蔡公書法，真有六朝唐人風粹然如琢玉。米老雖追蹤晉人絕軌，其氣象怒張如子路未見夫子時，難與比倫也。辛亥三月九日，倪瓚題。

洪武己未四月，雲間袁凱觀於蕭溪。

在宋號善書者蘇黃米蔡為首，俗評以君謨居三公之末，殊不知君謨用筆有前代意，優劣自可判也。己未四月陳文東拜觀。

後學陳迪觀。

鑒藏寶璽：

「嘉慶御覽之寶」「石渠寶笈」「寶笈三編」「嘉慶鑒賞」「宣統御覽之寶」「宣統鑒賞」「無逸齋精鑒璽」。

收傳印記：

「圖書」半印、「吳炳」「王延世印」「張鏐」「項篤壽」「曹溶之印」「安岐之印」「安儀周珍藏」「心賞」。

《珊瑚網・山堂帖》後跋云：「內第九帖軒檻二絕，差減墨妙，玄宰眉公皆鑒此一帖為雙鈎廓填，餘九帖並好。」徐邦達兄的《古書畫過眼要錄》認為此帖不是雙鈎，但在註中提出：「疑為另一名『襄』者所書。同時陳述古亦名襄，他和蔡氏原有交往，不知此帖是否即述古之筆。」我曾迎光細看此帖，未發現雙鈎廓填痕跡，因此我同意邦達兄之說，但我認為是蔡襄自書真蹟。

將此八帖著錄為《自書詩札冊》，始自《墨緣匯觀》。入內府後著錄於《石渠寶笈三編》，仍沿用此題。在《墨緣匯觀》以前，各家著錄或為《十札合冊》，或為《九帖合卷》，此冊現已由故宮博物院影印單行本出版。

2. 《石渠寶笈續編》著錄之《宋十二名家法書冊》，蔡書《山居帖》為冊中之一幅，曾刻入《三希堂法帖》。原蹟曾在《故宮旬刊》上刊載。

3. 《石渠寶笈續編》著錄之《宋四家墨寶》，蔡書《陶生帖》《離都帖》《春初帖》《暑熱帖》均在此冊中，曾刻入《三希堂法帖》。原蹟曾由故宮博物院影印單行本出版。

4. 《石渠寶笈續編》著錄之《宋人法書冊》，蔡書《思詠帖》為冊中之一幅，曾刻入《三希堂法帖》。原蹟曾由故宮博物院影印單行本出版。

5. 《石渠寶笈初編》著錄之《宋四家集冊》有蔡書《郎中帖》《安道帖》，曾刻入《三希堂法帖》。原蹟曾由台北故宮博物院刊載在《故宮歷代法書全集》第十一冊。

6. 《法書大觀冊》有蔡書《持書帖》（又名《賓客七兄帖》）為冊中之一幅，曾刻入《三希堂法帖》。原蹟曾由故宮博物院影印單行本出版。

7. 《石渠寶笈初編》著錄之《宋諸名家墨寶冊》，蔡書《腳氣帖》為其中之一幅。原蹟曾刊於《故宮週刊》合訂本第十六冊。

8. 《石渠寶笈續編》著錄之《宋四家真蹟冊》，蔡書《澄心堂紙帖》為其中之一幅，曾刻入《墨妙軒法帖》。原蹟曾由故宮博物院出版。

9. 《石渠寶笈三編》著錄之《宋賢書翰冊》，蔡書《大研帖》為其中之一幅。原蹟曾由故宮博物院影印單行本出版。

10.《石渠寶笈續編》著錄之《宋四家法書卷》，蔡書《致資政諫議明公尺牘》為其中之一幅。曾由台北故宮博物院刊於《故宮歷代法書全集》第三冊。

以上所列真蹟，可以代表蔡書的全貌。歐、蘇、蔡諸公都再三提出：古人善為書者，必先楷法，然後進入行草。從上述蔡襄真蹟可以清楚看出一位大書家的真書與行草的關係。近代各處書展好像是草書佔主流。能寫行草同時也擅長楷書的書家固然有，但是不多。有不少人本末倒置，不下功夫學楷書就先瞎塗亂抹，寫些不合草法的所謂「草書」，不合隸法的所謂「隸書」，自稱創新，成為風氣。我想起溥心畬先生的作品，常見的都是草書，傳世楷書極少，以致許多人誤以為他只寫草字。其實心畬先生的楷書結體勁媚，深得柳法。啟元白兄的楷書亦端秀遒勁，不讓前賢。他們都是按真、行、草的步驟成為大家的。本文列舉蔡書真行草諸真蹟的目的，是想引導青年同志學書要走正道，要以楷書為基礎。董其昌跋蔡襄《謝賜御書詩表》云：「此書學歐陽率更化度碑及徐季海三藏和尚碑，古人無一筆無來處，不獨君謨也。」當然，學楷書不外臨習唐人所書諸碑，歐陽詢、徐浩、顏真卿、柳公權等大書家所書之碑，選擇任何一種都是值得刻苦臨摹的。但臨碑不可呆臨，必須經常揣摸墨蹟（影印本即可），才能看出古人用筆的起收轉折、輕重疾徐。譬如臨寫化度寺碑，同時經常看蔡襄《謝賜御書詩表》（上海書畫出版社出版的《書法自學叢書》中載有此帖），體會一下董其昌的看法。又譬如臨寫顏真卿多寶塔感應碑到了一定程度，再經常看蔡君謨的《自書詩》《蒙惠帖》《澄心堂紙》，可以體會到蔡的行楷多從顏書而來。臨摹多寶塔碑，最好是宋拓「鑿井見泥」中「鑿」

字不損本（故宮藏、文物出版社印行），因為宋拓本還保存許多近乎行書連筆牽絲的筆道，更容易看出繼承發展的關係。練習楷書使點畫間架達到鞏固的程度，然後漸入行草領域，這是學書的正道。

1. 蔡襄《自書詩》原為卷，自畢秋帆家入內府時已改為冊，今故宮博物院又改裱為卷。

宋高宗付岳飛敕書和批答

抗日戰爭期間（一九四三）我在重慶中央圖書館，參加故宮博物院的展覽工作時，曾多次展玩過《宋高宗付岳飛敕書》墨蹟，現在面對影印本，仍記憶猶新。另一卷批答則見諸著錄，未睹原蹟。

《敕書》著錄於《石渠寶笈初編》，並刻入《三希堂法帖》。紙本，字大寸許，墨筆，行書：「卿盛秋之際，提兵按邊，風霜已寒，征馭良苦。如是別有事宜，可密奏來。朝廷以淮西軍叛之後，每加過慮長江上流一帶，緩急之際，全藉卿軍照管，可更戒飭所留軍馬，訓練整齊，常若寇至，蘄陽江州兩處水軍，亦宜遣發。以防意外。如卿體國，豈待多言。付岳飛」。鈐「御書之寶」印，下署御押。

宋高宗為徽宗第九子，宣和三年（一一二一）封康王，建炎元年（一一二七）即帝位於濟州，後遷都臨安。紹興三十二年（一一六二）禪位稱太上皇。時岳飛官少保、湖北京西路宣撫使，兼河南北諸路招討使。

《敕書》無紀年，分析內容，「淮西軍叛」指紹興七年八月，兵部尚書呂祉在淮西施政未當，致當時正搖擺不定的武泰軍承宣使、行營左護軍副都統制酈瓊，殺呂祉，率兵數萬渡河降北方漢奸政權劉豫。「卿盛秋之際，提兵按邊」，即言岳飛接受敕書時尚在軍中。岳飛於紹興十一年四月壬辰，奉召回臨安，授樞密副使，從此未提兵按邊。故「敕書」寫作年代當在紹興七年以後、十一年四月以前。

岳飛志在恢復疆土，而高宗苟且偷安，且有不願岳飛「迎還二帝」之意，但又不明言。其在《敕書》中也強調長江防衛，卻未提北方。又說：「征馭良苦」，意思也希望不要進攻，只擔心長江有緩急，其思想實甚明顯。

宋高宗是大書家，後代評論者對於他的法書評價很高，但也鄙視他是個沒出息的皇帝。如《神女賦》跋語：「右宋思陵所書《神女賦》，法度全類孫過庭，且善用筆，沉毅之中兼有飄逸之態。思陵極留心書學，九經皆嘗親寫，故其用功為最深。此卷乃禪位後（紹興三十二年）所書，時春秋已高而猶弗廢，誠可謂勤也已。使其注意虞夏商周之治，父仇不至不報，王業未必偏安，抑又可歎哉！」語見《潛溪集》。陸放翁也說他「訪求法書名畫不遺餘力，清閒之際展玩墨拓不少怠」，語見《渭南集》。

宋高宗練習寫字的過程，據載先習黃山谷。後來鄭億年「密奏：豫（指劉豫）方使人習黃庭堅體，恐緩急與御書相亂，遂改習米芾，皆奪其真」。他之所以成為米派的書家，裡面還有這樣一個背景。

宋高宗生平寫字甚多，甚至「隨駕」的宮女太監等人的扇面都能見到御筆，事見周密《乾淳起居注》。亦喜歡訓練別人寫字，以自寫《蘭亭》命子照樣臨五百遍，事見陸放翁《老學庵筆記》。還常常親筆賜書給當時的大臣，事見《北盟彙編》及宋人的詩文集，這件《敕書》當是其中之一。

《賜岳飛批答》卷著錄於《石渠寶笈三編》，紙本，墨筆，行書：「得卿九日奏，已擇定十一日起發，往□（應是「蘄」）黄舒州界。聞卿見苦寒嗽，乃能勉為朕行，國爾忘身，誰如卿者。覽奏再三，嘉歎無。以卿素志殄虜，常苦諸軍難合，今兀朮與諸頭領盡在廬州，接連南侵，張浚、楊沂中、劉錡等，共力攻破其營，退卻百里之外。韓世忠已至濠上，出鋭師要其歸路，劉光世悉其兵力，委李顯忠、吳錫、張琦等，奪回老小孳畜。若得卿出自舒州，與韓世忠、張浚等相應，可望如卿素志。惟貴神速，恐彼已為遁計，一失機會，徒有後時之悔。江西漕臣至江州，與王良存應付錢糧，已如所請，委趙伯牛，以伯牛舊嘗守官湖外，與卿一軍相諳委也。春深，寒暄不常，卿宜慎疾以濟國事。付此親札，卿須體悉。十九日二更，付岳飛」。鈐「御書之寶」，下署御押。有日無年月。

據史載，這件《批答》應寫於紹興十一年三月十九日。按紹興十一年三月庚戌，秦檜奏：近報韓世忠距濠三十里，張浚等亦至濠州五十里，又岳飛已離池州渡江去會師矣。上曰（指高宗）：首禍者烏珠（即兀朮），戒諸將無務多殺，惟取烏珠可也，澶淵之役，達繼即死，真宗詔諸將按兵縱契丹，勿邀其歸路，此朕家法也。朕兼愛南北之民，豈以多殺為意乎。初敵之入犯，高宗立命飛以兵援，飛念前此每勝復被召還，乃以乏糧為詞。最後高宗御答付飛：社稷存亡，在卿此舉。飛奉詔移兵三十里而止。及濠州已破，飛始以兵至舒境止，故張浚與秦檜皆恨之。事見《建炎以來繫年要錄》。

按《批答》所謂：「得卿九日奏」即岳飛離池州時所奏，在事人名和舒州、濠州等地點都符合。「春深」亦三月無疑，故知此「批答」，寫作時間當為紹興十一年三月十九日。

此卷後有明項元汴題跋：「此宋高宗手札岳武穆北征之敕，觀其辭氣體恤，調度得宜。以張韓劉楊為犄角，以王趙督錢餉。慮兀朮遁去而促其前進，中興事業成在旦夕。其曰國爾忘身，其曰素志殄虜，君上之知臣下，三代以後實罕其匹，宜武穆之盡忠報國也。夫何奸旋沮之，身死詔獄，宋帝前何明而後何暗也？書生曰：內有奸相，邊將何由立功，信哉！三復是敕，志士不能不為之隕涕云。嘉靖四十有一載仲秋既望，古檇李墨林項元汴謹識。」

按項元汴的跋語，代表元明以來一般的看法，只談「內有奸相」，其實宋高宗並非前何明後何暗，主要結症仍在於岳飛始終阻礙投降活動。《批答》中的「素志殄虜」一類皆為浮詞，只希望他加緊保護偏安政權。實際上紹興十年七月岳飛在河南時，是軍事形勢北伐最主動最有利的時機，時兀朮北遁，本可乘勝恢復疆土，而高宗一定要岳飛班師，於是失去了穎昌陳蔡汝州西京永安等地。

大米和小米

宋代繪畫在繼承傳統的基礎上，又大為發展，形成了幾個新的派別。以董源為首的一派，到了宋徽宗時期，米芾、米友仁父子（世稱大米、小米），創造性地突破了前人，自成一家。這一畫派的出現，在山水畫上是一個階段性的變化，給後來山水畫家不少新的啟發。今年（一九六一）為大米誕生九百一十周年紀念，小米誕生八百七十五周年紀念，茲就個人所知，對這兩位畫家概括介紹如下。

米芾字元章，是宋四大書家之一，同時又是畫家。他的書法，繼往開來，在四家中本領最全面。故宮博物院所藏《蜀素帖》（現存台灣）、《珊瑚帖》等，都是他的代表作。米芾並著有《畫史》《寶章待訪錄》等書行世。他的作品署名芾，或作黻，又稱海嶽外史、襄陽漫士，生於皇祐三年（一零五一），卒於大觀元年（一一零七）。本是太原人，後來遷居襄陽，又曾長期住在鎮江等地。《宋史・米芾列傳》載「以母侍宣仁皇后藩邸舊恩，補浛光尉，歷知雍丘縣漣水軍，太常博士知無為軍。召為書畫學博士，賜對便殿，上其子友仁所作《楚山清曉圖》。擢禮部員外郎，出知淮陽軍。子友仁，字元暉，力學嗜古，亦善書畫，世號小米，仕至禮部侍郎、敷文閣直學士」。小米又字虎兒，晚年自號懶拙老人，生於元祐元年（一零八六），卒於乾道元年（一一六五）。年八十歲。

一、大米的作品

米芾在所著《畫史》裡敘述自己的繪畫說，「枯木松石，時出新意……又以山水古今相師少出塵格，因信筆為之，多以煙雲掩映」。對於人物喜畫「聖賢像」，《宋史・米芾列傳》說他「精於鑒裁，遇古器物書畫，則極力求取，必得乃已……又入宣和殿，觀禁中所藏……畫山水人物自名一家，尤工臨移，至亂真不可辨」。說明他一方面具有大膽創造的精神，一方面又極力鑽研，廣泛的從古代繪畫中吸取經驗。在《畫史》裡他寫了很多對古畫的意見，有這樣一條：「余家董源霧景橫披全幅山骨隱現，林梢出沒，意趣高古。」這對他的創作是一個啟發，和他在襄陽、鎮江一帶常看到的雲山煙雨聯繫在一起，於是在董源畫法基礎上進行新的創造，運用潑墨法，參以破墨、積墨、焦墨等方法，畫出雲山煙樹的意境。元明以來，稱之為遠宗王洽（唐代畫家，潑墨法的創始人）、近師董源、別出新意的米家山。

米芾富有創造天才，但作品不多，南宋朱熹的文集裡曾談到米芾的畫：「米老下蜀江山，嘗見數本大略相似，當是此老胸中丘壑最殊勝處，時一吐出以寄真賞耳，蘇文粹中鑒賞既精，筆語猶勝，頃歲嘗獲從游，今觀遺墨為之永歎。」

宋周密《雲煙過眼錄》有《米元章九老圖》，明張丑《真跡日錄》有《米芾自畫像》，《懷星堂集》

有着色桃花，從這些記載來看，米芾畫的內容是多方面的，但雲山一類是他的代表作。明代董其昌《畫禪室隨筆》以及《清河書畫舫》等書所載，都是雲山之類的名目，這些作品現已不傳，無從斷其真偽。清代著錄以宮中收藏為例，《石渠寶笈》卷八乾清宮藏：「米芾《雲山圖》軸，素絹本着色畫，元符元年夏，襄陽漫仕米芾」；卷十七養心殿藏：米芾《雲山圖》軸，素箋本，着色畫，未署款，有陳繼儒題；卷三十二御書房藏：米黻《雲山圖並自跋卷》，素箋本墨畫，有紹興己卯自跋；卷三十八御書房藏：米黻《岷山圖軸》，素箋本墨畫，款識云「芾岷江還再至海應寺，國詳老友過談，舟間無事且索其畫，遂爾草筆為之，不在工拙論也」，有魏了翁題。以上四件均列為上等。尚有重華宮藏《雲山》一卷，避暑山莊藏《雲山煙樹》一卷，列為次等。一九二五年清室善後委員會刊行的故宮物品點查報告中，只有《米黻雲山圖並自跋》一卷，現在台灣。其餘都在此以前失散。

從著錄來看上等的四件，其第一件絹本着色《雲山圖》軸，根據宋人的說法，米芾「不肯於絹上作一筆，今所見米畫或用絹者，皆後人偽作」（見《洞天清祿集》），則此件恐係偽蹟。其第三件《雲山圖》卷自跋為紹興己卯，米芾的卒年是大觀元年（見《疑年錄》），並沒活到紹興，很明顯是不對了。辛亥革命以後至解放前這一長時期內，宋元名蹟過去在南北各收藏家手中的，亦紛紛出現，但從未發現大米的真蹟。從過去情況來看，不免要得出「無米論」的結果。

二、小米的作品

宋代鄧椿所著《畫繼》裡面說，米友仁「天機超逸，不事繩墨，其所作山水，點滴煙雲，草草而成，而不失天真，其風肖乃翁」。蔡天啟作米襄陽墓誌說，「元符初，進其子所畫《長江萬里圖》，時元暉年尚少，其小筆已知名當時」。元符初米友仁不過十三歲，已經成名，他在青年時代畫的不少，晚年就不肯隨便給人畫了。

歷代書畫著錄中曾經著錄過一些小米的作品，有些名稱雖然不同，而實際是一件東西，也有名稱相同而內容不同的，並且其中真偽也有可疑之處。明代董其昌在《瀟湘白雲圖》的跋語中已經說到在傳為小米的畫中，有的是元代高克恭（房山）的作品。所以傳世的小米真蹟也不很多，茲就個人所知分述如下。

現在故宮博物院所藏小米的真蹟三件。一為《瀟湘奇觀圖》卷（見圖輯八），繭紙本，墨畫雲山煙樹，有小米自題：「先公居鎮江四十年□作庵於城之東高崗上，以海嶽命名，一時國士皆賦詩，不能□記□。翰林承旨翟公詩：『楚米仙人好樓居，植梧崇岡結精廬，□瞰赤縣賓蟾烏，東西跳丸天馳驅，腹藏□（萬）卷胸垂胡，論□□河決九渠，掀髯送目□八區，欲叫虞舜□蒼梧』云云，餘不能記也。□卷乃庵上所見，大抵山□奇觀，變態萬□□在晨晴晦雨間，世人鮮復知此。余生平熟悉瀟湘奇觀，每於登臨佳處，輒復寫其真趣□□卷以悅目交□□使為之此豈悅他人物者乎。此紙滲墨□（不）□（可）□（運）筆，仲謀勤請不容辭，故為戲作。紹興□□孟春建康□□官舍，友仁題。羊毫作字，正如此紙作畫耳。」鈐朱文「友仁」印。後幅有薛羲、葛元喆、吳瓠碩、貢師泰、劉守中、鄧宇志、董其昌等宋以來諸家跋，及朱希文等觀款。見郁逢慶《書畫題跋記》、卞令之《式古堂書畫考》、吳子敏《大觀錄》、顧氏《過雲樓書畫記》諸書著錄。

一件為《雲山墨戲圖卷》，澄心堂紙本，墨畫層山濃靄，密樹曲溪，帶以村落，款「余墨戲氣韻不凡，他日未易量也。元暉書」。後幅有董其昌、馮銓及清乾隆諸跋。有「梁蕉林」等收傳印記及「石渠寶笈鑒藏」諸璽。見《珊瑚網》《墨緣匯觀》及《石渠寶笈續編》諸書著錄。安儀周所藏小米真蹟三，除此卷外，尚有《大姚村妹家所作雲山圖卷》《瀟湘白雲圖卷》。他認為三卷之中以《雲山墨戲圖卷》最好（見《墨緣匯觀》《雲山墨戲圖卷》下），此卷歷來皆認為是真蹟，但款似後添。

一件為《雲山得意圖卷》（現存台灣），素箋本，水墨渲染，連山雲霧，無名款。後幅自識，「紹興乙卯初夏十九日，自溧陽來游苕川，忽見此卷於李振叔家，實余兒戲得意作也。世人知余善畫競欲得之，鮮有曉余所以為畫者，非具頂門上慧眼者不足以識，不可以古今畫家者流求之，老境於世海中一毛髮事，泊然無着染；每靜室僧趺，忘懷萬慮，與碧虛寥廓同其流蕩，焚生事折腰為米，大非得已，此卷慎勿與人」。後幅有曾觀、吳寬、董其昌、婁孟堅、笪重光、高士奇等宋明清諸家跋。

見《清河書畫舫》《大觀錄》《江村消夏錄》《石渠寶笈續編》著錄。此卷後幅曾覿跋語「元章早年涉學既多，晚乃則法鍾王，此元祐作也。紹興壬午中冬晦平丘曾覿純父」，本是為米芾其他書蹟寫的跋語，與此卷無關，乃好事者故為點綴裝池其後。吳寬的跋語遂也稱「米老此圖」等語。婁孟堅、董其昌在跋語中已指其誤。前段所述《米黻雲山圖並自跋》一卷，與此卷內容相同而無董題，當係明代早期依此卷仿製的（現存台灣）。

上海博物館所藏一件，為《瀟湘白雲圖》卷。素箋本，墨畫雲山蒙渾，樹木蕭疏之景，溪橋屋宇在隱顯間。款「元暉戲作」四字。後幅有自識：「夜雨欲霽，曉煙既泮，則其狀類此，余蓋戲為瀟湘寫千變萬化不可名神奇之趣，非古今畫家者流畫也。惟是京口翟伯壽余生平至交，昨豪奪余自秘着色袖卷……昨與吳傅朋蜀冷金箋上戲作一幅，此與達功相遇，知亦為此郎奪……」末署「懶拙老人元暉」，三十五行。又再識，「昔陶隱居詩云：山中何所有，嶺上多白雲，但可自怡悅，不能持寄君。余深愛此詩……紹興辛酉歲孟秋初八日，過嘉禾獲再觀，懶拙老人米元暉書」，十四行。前後兩題皆行書，字大寸許。並有關注、謝伋、韓滸、錢端禮、洪適、曾惇、朱熹、洪邁等很多宋人題跋和明人沈啟南、董其昌題跋，另有明人王常宗楷書「瀟湘圖考」惜已不全。此卷見《墨緣匯觀》及《石渠寶笈》卷四十三著錄。按宋人諸跋皆以此圖在小米畫中為第一。董其昌在《雲山墨戲》卷跋語中談到《瀟湘白雲》時有些懷疑說：「余猶疑題詠雖真似珠櫝耳，神物或已飛去。」張珩先生認為此卷係小米真蹟，惜已殘破傷神，宋人諸跋似為兩個米卷的跋語裱在一起的。

此外溥儀帶往天津的一批書畫中有小米作品三件（見賞溥傑書畫賬），為《雲山圖卷》《姚山秋霽圖卷》《五洲煙雨圖卷》，均見《石渠寶笈三編》著錄。《姚山秋霽圖》在天津居住時即售出。其餘二卷帶往東北。日寇投降後，《雲山圖卷》在市場上出現，《五洲煙雨圖》卷則至今不知下落。《雲山圖卷》紙本，墨畫層巒積靄，無款印，係一小幅精品。後幅有元明諸家題及「梁蕉林」等收傳印記。此卷幾經易主後被美國人掠去。《姚山秋霽圖》徐邦達先生曾見之，云係偽蹟。

另外有李葆珣無益有益齋著錄的一卷《雲山得意圖》，即前述《雲山得意圖》的別一偽蹟，曾藏馮公度家。還有一件《雲山小幅》，墨畫，幅上有自識「紹興甲寅元夕前一日自新昌泛舟來赴朝參，居臨安七寶山戲作小卷付與稟收」，款署「元暉戲作」，現在日本。從照片來看書畫均佳，見吳氏書畫記著錄。

清代著錄中小米作品，除前述已有下落的以外，還有《溪山煙雨圖》軸，見《式古堂書畫考》《石渠寶笈續編》著錄。《大姚村妹家戲作雲山圖》見《墨緣匯觀》著錄，又見《石渠寶笈三編》著錄，改題為《大姚村圖》，則始終未見。小米作品傳世的情況大抵如上述。故宮博物院藏的小米作品，應以《瀟湘奇觀》《雲山得意》二卷為上，《雲山墨戲》略次於前二者，都可算是他的代表作。

蘇東坡說，「至於山石竹木水波煙雲，雖無常形而有常理……以其形之無常，是以其理不可不謹也」（見蘇東坡文集）。以宋人對於繪畫的理論來衡量一下宋人的畫，小米作品所表現的雲山煙樹不但合理，而且形神俱足富有感染力，的確是古人所謂「以造化為師」的作品。

我記得一九五八年從鎮江乘船到江北，正是一個陰天的早上，在舟中看見滿江白雲瀰漫，金焦諸山時隱時現，因為沒有太陽，只覺得滿眼是各種濃淡深淺不同的黑白顏色。還記得在四川山居時，每當月夜霧氣初起，看朦朧中峰巒林麓，都能使人立刻聯想到米家雲山的境界。小米曾經長期住過襄陽、鎮江、蘇州一帶，生活在湖山煙雨林樹隱現的環境中。如《瀟湘奇觀圖》自題說「余生平熟悉瀟湘奇觀，每於登臨佳處，輒復寫其真趣」。說明他的藝術創作是從生活實踐中來的。小米畫中，雲煙的渲染渾融而不模糊，樹石的皴法分明而不刻露，可以看出米家畫法用筆用墨的卓越成就。

三、宋代及以後對米家的評論

米家父子在當時已是名高望重，對於後來山水畫的發展也有一定的影響，所以歷來的評論多推崇備至，但也有帶批判性的意見。現在依時代先後，分別列舉如下。

> 雨山晴山，畫者易狀，惟晴欲雨雨欲霽，宿霧曉煙已泮復合，景物昧昧時一出沒於有無間，難狀也。此非墨妙天下，意超物表者斷不能到，故侍郎米公或得之必寶玩珍愛，靳不與人，與人而又戒其勿他與也。（宋錢端禮題《瀟湘白雲》語）

畫無筆蹟，非謂其墨淡模糊而無分曉也，正如善書者藏筆鋒如錐畫沙，書之藏鋒在手執筆沉着痛快，故人能知善書執筆之法，則知名畫無筆跡之說，古人如孫太古，今人如米元章，善書必能善畫。（宋趙希鵠《洞天清祿集》）

唐人畫法至宋乃暢，至米又一變耳。

米家山，謂之士大夫畫。（明董其昌《畫禪室隨筆》）

畫家之妙，全在煙雲變滅中，米虎兒謂王維畫見之最多，皆如刻畫不足學也，惟以雲山為墨戲。雖似過正，然山水中當着意生雲，不可用拘染。當以墨漬出，令如氣蒸冉冉欲墮。（明莫是龍《畫說》）

米元暉潑墨，妙處在樹株向背取態與山勢相映，然後以濃淡漬染分出層數，其連雲合霧，洶湧興沒，一任其自然而為之，所以有高山大川之象。若夫佈置段落，視營丘、摩詰輩入細之作更嚴也。（明李日華《六硯齋筆記》）

凡畫雨景者，須知陰陽氣交，萬物潤澤，而以晦暗為先，次看雲腳風勢，歷觀往蹟，余為米海嶽首屈一指。（清唐岱《繪事發微》）

以上完全是談優點的，並對米家父子在繪畫史上的地位，提出他們自己的見解。

元章心眼高妙，而立論有過中處。（宋鄧椿《畫繼》）

畫家中，目無前輩，高自標樹，毋如米元章。此君雖有氣韻，不過一端之學，半日之功。然不免推尊顧陸，恐是好名，未必真合。友仁不失虎頭。（明王世貞《藝苑言》）

乃蘇玉局，米南宮輩，以才豪揮霍，借翰墨為戲具，故於酒邊談次率意為之而無不妙，然亦天機變幻終非畫手。譬之散僧入聖，噉肉醉酒，吐穢悉成金色，若他人效之，則破戒比丘而已。（見明李日華《書畫譜》）

米源於董，而意象凹凸，自謂出奇無窮，其實恍惚迷離之趣，遠宗吳道子而人不能知。究之米家學問狂而非狷，故讀書人偶為之不敢沉淪於此也。（明惲向玉《幾山房外畫錄》）

以上是提出優缺點，並說明這一畫派可能發生的一些不好的影響。

米家的藝術成就之被肯定歷來是公認的，其中提出批判的一部份也並沒有排斥他的成就，而且都是有事實根據的，特別是「借翰墨為戲具」不足以為法的意見，是非常正確的。當時以文同、蘇軾、米芾為代表的墨戲作風，一方面開啟了元明寫意畫的道路，陸續出現了不少筆墨精簡的佳作。一方面有些文人只從概念出發，隨筆畫出些形神皆無之作，也未嘗不是間接受文、蘇、米作風的影響而有所藉口。

四、元明以來對米家山的學習和研究

水墨山水到南宋初更為發展，小米的畫風在這時起了一定的作用，從《瀟湘白雲圖》卷許多南宋人題的讚詞中，可以看出他的聲望。學米的畫家從傳世的作品來看，元初高克恭應屬第一。克恭字彥山，畫山水筆墨渾厚秀麗。他掌握了米家畫法，但所畫的題材並不局限於雲山一類。現在故宮博物院藏《秋山暮靄》《墨竹》，在台灣的《雲橫秀嶺圖》軸《春山晴雨圖》軸等都是他的代表作。繼起的米派畫家有方從義，號方壺，為上清宮道士。畫山水喜作雄傑奇麗的景致。自此以後專一學米的名畫家已不太多了，但米家畫法卻滲透在所謂南宗山水畫中，如明代四大家文徵明、沈石田，在用筆用墨方面都吸取了一部份米家的方法，並且還有仿米的作品（故宮藏有文徵明《雲山圖》卷）。唐寅對米家畫法也有很精確的分析。他說「米家法，要知積墨破墨方得其境，蓋積墨使之厚，破墨使之清」（見錢杜《松壺畫憶》），意思是說米家雲山並不是一片模糊。董其昌、趙左在用墨方面也受米家的影響，並且有仿米的作品（故宮藏有董的《雲山圖》，趙的《溪山無盡》）。董其昌對米更有較深的研究，具見於《畫禪室隨筆》。例如他說：「米家父子宗董巨，刪其繁複。獨畫雲仍用李將軍拘筆。」「（董源）又有小樹，但只遠望似樹，其實憑點綴以成形者，余謂此即米氏落茄之源委，蓋小樹最淋漓約略，簡於枝柯，繁於形影」。又說「（米家）雲山皆依側邊起勢，不用兩邊合成，此人所不曉，近來俗手點筆便自稱米山，深可笑也」。藍瑛的《楚山清》也是很好的米派作品。當時還有一些仿米的畫家誤解「無筆墨痕」，而一味渲染。清沈宗騫在《芥舟學畫篇》中曾分析「米老房山，煙雲滿幅，實其點筆之妙而以墨暈助之。今人為之全賴墨暈以飾其點筆之醜，猶自以為墨氣如是也，將畢生不能悟用墨之妙者也」。錢杜在《松壺畫憶》中說，「米家煙樹山巒，仍是細皴，層次分明，然後以大濶點點之，點時能讓出少少皴法更妙」。還有的畫家學米誤解「濕筆」。華翼綸在《畫說》中曾提出，「觀古人用筆之妙，無有不乾濕互用者，雖北苑多濕筆，元章、思翁皆宗之，然細視亦乾濕並行，乾與枯異，易知也，而濕中之乾非慧心人不能悟。蓋濕非積水於紙上之謂，墨水一積中漬如潦，四圍配邊，非俗即滯此大弊也」。以上都是明清畫家學習、研究米家畫法的心得。清代畫家能夠熟練而適當的運用米家筆墨的，如四王吳惲，他們都有仿米的作品，特別是惲南田、王石谷，在仿米的作品中顯示出他們的才能。惲南田在一幅自題「夜雨秉燭作米家山」的小幅中，畫出了雨景濕雲籠樹的特點。王石谷在一幅仿米的小幅中自題：「米元暉精細者清致可掬，更有一種拖泥帶水皴者，亦自蒼潤清古。」這種皴法是米家畫技法之一。明汪砢玉《珊瑚網》載十四種皴法，其一為「米元暉拖泥帶水皴」，下面註釋說「先以水偏抹山形坡石大小之處，然後蘸佳墨橫筆掃之。」王石谷在這幅畫的岸石水口部位，充份發揮了以這種皴法表現潮濕的效果。從上述材料，可以看出自高房山以後，米家畫法已滲透在當時所謂南宗畫派中，很多畫家的水墨山水在筆墨上或多或少都受到一些影響，米家拖泥帶水皴成為山水畫的基本技法之一，就是這種影響的具體表現。

五、結語

米家父子鑽研古代繪畫遺產，吸取了多方面的經驗，掌握了豐富的技法，但不盲目崇拜古人，不拘成法，敢於大膽創造，突破前人，並隨時在生活環境中尋找素材，進行創作，使當時畫風為之一變，並給以後帶來一定的影響，在繪畫史上應該説是劃時代的大畫家。除了採取「墨戲態度」是應該批判的以外，對於他們「借古開今」「師法造化」的創作方法，今天還是值得借鑒的。

從舊藏沈周作品談起

《介祉堂藏書畫器物目錄》一書，是我的父親翼盦先生記載生平所蓄唐宋元明清法書名畫、銅瓷玉石、竹木器物的目錄。我有時翻開這本書，可以引起對許多法書名畫的回憶。今年（一九九零）故宮博物院為將召開的「明代吳門繪畫學術討論會」徵文，因而我又翻開這本目錄重溫舊夢，想在舊藏沈、文、唐、仇的書畫中選一個適當的題目。一頁一頁地看下去，在軸類中有沈周的《瓜榴圖軸》《溪居落葉圖軸》《遠山疏樹圖軸》《題孫世節木棉圖軸》。冊類中有《詩畫冊》《寫生冊》。卷類中有《吳江圖卷》《自書登虎丘詩卷》。這幾件都是沈周的名作，除《寫生冊》和《題木棉圖軸》今為故宮博物院藏品以外，其餘皆不知今天落在何處？為誰所有？覺得有必要將這幾件名畫寫一篇追記，結合所見沈周的作品和有關文獻，對沈周作品的種種面貌和其生活環境作一初步探討。

一

1. 沈周詩畫冊，紙本，淺設色，畫仿各家山水及行書題詩。冊為推蓬式，詩畫各八幅，每幅七言詩一首，畫即詩意，次第為：

塵世茫茫少閒地，卻將亭子水心安。風來月到無人管，惟有閒人得倚欄。

人家依樹綠陰陰，雞犬聲遙住處深。客去客來消日永，茶煙不斷日沉沉。

流泉曲曲復縈縈，坐對移時思更清。只許洗心並洗耳，不從塵世着冠纓。

不見倪迂二百年，風流文雅至今傳。偶然把筆山窗下，古樹蒼煙在眼前。

愛是風光溪上亭，終朝健步百回登。傍人盡笑能癡得，山不憎時水也憎。

窣窣獨行斜日時，老夫自有滿腔詩。青山十里映白髮，九陌紅塵人不知。

罨畫溪山合有詩，茆茨亭子更相宜。林泉個個求鐘鼎，如此風光看屬誰。

山閣坐談無俗事，清風滿面作吟微。夕陽好在秋水外，日閣遠山還未沉。

此冊每幅詩畫款署「沈周」，詩鈐「啟南」「石田」二印，畫鈐「啟南」一印。有「曾氏春雪山房真賞」印。

按此冊從每幅詩來看畫的內容，很明顯，不是紀遊之畫，而是畫自己的生活環境、景物和心情，每首詩都可以一望而知，尤其「終朝健步百回登」這樣的詩句，更可以說是畫自己居住環境的證據。

據《行狀》（文徵明撰）云：「先生去所居里餘為別業，曰『有竹居』，耕讀其間，佳時勝日，必具酒餚，合近局從容談笑，出所蓄古圖書器物相與撫玩、品題以為樂。」

成化七年辛卯（一四七一），既結「有竹居」，石田先生之伯父南齋先生貽之詩，有「門徑蕭條帶遠川」的句子（見《石田文稿》）。朋友們的和詩有：「高竹千竿水一川」「數椽茅屋半臨川」「繞屋苧長迷曲徑，當門花落就流泉」等描寫「有竹居」景物的詩句。從以上文字可以看出，「有竹居」景物的特點和環境與《詩畫冊》的內容是相符的。

「有竹居」建於成化七年，石田先生時年四十三歲，可能這本《詩畫冊》是遷入「有竹居」後賞心樂事的自娛之作，將日常往來於懷之情景隨意揮灑，詩中有畫，畫中有詩。師法黃子久、王叔明、吳仲珪、倪雲林，達到筆墨縱逸，從心所欲，氣韻神采隨筆而出的境界。石田先生自四十三歲遷入「有竹居」，卒年八十三歲，在這裡度過中年以後的四十年。這四十年中的創作，應該説大部份是在這裡完成的。明人著錄中曾有沈周畫《有竹居圖》卷的記載，但近代未見此圖出現。老友徐邦達先生曾見一卷《有竹居圖》，據説：「看不好，不見得可靠」云云。據此則傳世的只有此冊是沈周親筆所畫、無名而有實的《有竹居圖》。

2. 沈周寫生冊，紙本，一幅潑墨畫油菜一棵。無款，鈐「啟南」一印。吳寬題：「翠玉曉蘢葱，畦間足春雨。咬根莫棄葉，還可作羹煮。」鈐「原博」一印。另一幅設色，沒骨法畫辛夷一支，鈐「啟南」一印。題詩「半含成木筆，本號是辛夷。一樹石庭下，故園增我思。」兩幅收傳印記甚多，有「項墨林收秘笈之印」「墨林秘玩」「項元汴印」「平生真賞」「宮爾鐸印」「宮氏農山鑒定」「蘇齋墨緣」「二橋居士」諸印。此冊與故宮所藏《臥遊冊》都是石田先生自謂「隨物賦形，聊自適間之作」，極為精緻。

3. 沈周瓜榴圖軸，紙本，淺設色，沒骨法畫石榴絲瓜，以墨筆寫枝幹。無款，鈐「啟南」「白石翁」二印。王鏊草書題：「石榴兮纍纍，絲瓜兮垂垂。伍家庭院秋風時，榴兮瓜兮汝何意？兩兩三三生並蒂。並蒂生，如有情，駢首一一如孤嬰。詢之父老亦未見，但云和氣鍾在草木為休徵。周家同穎禾河中。連理木，今古辭人誇不足，伍家瑞應何在乎？富不羨，貴不誇，但願從今以後生男纍纍兮如榴，垂垂兮如瓜。余弟進之持《瓜榴圖》為伍君君臨祝壽祈男，為賦此。」款署：「柱國、少傅兼太子太傅、戶部尚書、武英殿大學士王鏊」。

4. 沈周溪居落葉圖軸，紙本，墨筆畫樹石屋宇，臨溪軒中有人坐讀，秋風落葉景。自題詩：「溪居久不到，落葉滿階除。愛是高人坐，清風亂卷書。」款署：「沈周」，鈐「啟南」一印。有「道普」「巖澤之印」「西方之人」「桂坡」「安國鑒賞」諸收傳印記。

5. 沈周遠山疏樹圖軸，紙本，墨筆仿倪雲林筆意，畫疏林亭子。幅上有自書詩，款署：「沈周」，鈐「啟南」「石田」二印。

6. 沈周吳江圖卷，紙本，水墨畫江山景，筆墨渾融，氣韻生動。後有自題詩並序，為徐克成作。又有吳匏庵題詩。一九三二年左右，琉璃廠慶雲堂張彥生持北宋拓本《九成宮醴泉銘》來售，索價四千銀元。先父當時借高利債付之。《吳江圖》卷經吉珍齋祖芝田手售去以抵債。據云此圖卷為張學良所得。

二

在前面提到的《詩畫冊》《寫生冊》《瓜榴圖》等十二幅畫中，除《詩畫冊》山水師法黃、王、吳、倪以外，還有工筆設色花卉、潑墨法青菜、設色沒骨法瓜榴等多種面貌。明人早已對沈周多種面貌的畫讚不絕書。例如：「上師古人，有所臨摹，輒亂真蹟。」（見《甫田集》）「我明以畫名世者，毋逾啟南先生。蓋能集諸家之大成，而兼撮其勝。」（見《懶真草堂集》）「翁胸藏丘壑，妙合造化。出之筆端，不煩意而有無窮之趣。」（見《珊瑚網》）所以上述舊藏十二幅沈周的畫還不足以概括沈畫的多種面貌。現在再以曾經寓目的沈周作品，舉例說明如下：

1. 沈周仿董巨山水軸，紙本。畫峰巒出沒，草樹蓊鬱，墨色秀潤渾融，可謂仿董巨的典型作品，巨軸的代表作之一。自題「癸巳仲冬五日，民度至竹居，欲觀余董巨墨法。民度少年博古，當所畏者，安能以不能辭」。款署「沈周」。此畫為四十五歲作，是他多種風格的作品之一（故宮藏品，參看《明代吳門繪畫選集》）。

2. 沈周廬山高圖軸，紙本設色，畫爐峰瀑布景。自書詩：

廬山高，高乎哉！鬱然二百五十里之盤踞，岌乎二千三百丈之。謂即敷淺原，嶁何敢爭其雄。西來天塹濯其足，雲霞日夕吞吐乎其胸。回崖沓嶂鬼手擘，澗道千丈開鴻濛。瀑流淙淙瀉不極，雷霆殷地聞者耳欲聾。時有落葉於其間，直下彭蠡流霜紅。金膏水碧不可覓，石林幽黑號綠熊。其陽諸峰五老人，或疑緯星之精墮自空。陳夫子，今仲弓，世家廬之下，有元厥祖遷江東。尚知廬靈有默契，不遠千里鍾於公。公亦西望懷故都，便欲往依五老巢雲松。昔聞紫陽妃六老，不妨添公相與成七翁。我嘗遊公門，仰公彌高廬不崇。邱園肥遯七十祀，著作揹揹白髮如秋蓬。文能合墳詩合雅，自得樂地於其中。榮名利祿雲過眼，上不作書自薦下不公相通。公平浩蕩在物表，黃鵠高舉凌天風。

款署「成化丁亥端陽日，門生長洲沈周詩畫，敬為醒庵有道尊先生壽」。又篆書「廬山高」三字。這幅畫位置穩密，皴筆淺深層疊，蒼潤渾融，是師法王叔明的巨幅代表作，也是沈畫多種面貌之一（故宮藏品，參看《倫敦藝展圖錄》第三冊，原件現存台北）。

3. 沈周京江送遠圖卷（故宮藏品，參看《明代吳門繪畫選集》），絹本，設色畫江岸、峰巒、樹石及送行主客。款署「沈周」，幅後自書送敘州府守吳愈詩。王時敏書引首「名蹟遺徽」，文林、祝允明等十二家題跋。此卷是沈周本色的代表作，傳世的作品中此類面貌是比較多的一種。

4. 沈周臥遊圖冊（故宮藏品，參看《明代吳門繪畫選集》），紙本，共十七幅，墨筆五幅，餘皆設色。引首自書「臥遊」二字，後幅自跋：「宋少文四壁揭山水圖，自謂臥遊其間。此冊方可尺許，可以仰眠匡床，一手執之，一手徐徐翻閱，殊得少文之趣。倦則掩之，不亦便乎於揭亦為勞矣，真愚聞其言大發笑。沈周跋」，鈐「石田」印一。

此冊十七幅，畫山水、花果、禽獸，各極生態，皆率意神化之筆。其中一幅為墨筆畫衰柳秋蟬。自題詩：「秋已及一月，殘聲繞細枝。因聲追樂質，鄭重未忘詩。」此畫起止可數筆，而秋蟬畏涼蜷縮之態極為生動。又如雛雞一幅，自題：「茸茸毛色半含黃，何獨啾啾去母傍。白日千年萬年事，待渠催曉日應長。」此幅淺設色淡墨，畫雛雞尋母，疑慮驚慌之狀。古人稱畫為無聲之詩，若此二幅皆堪稱有聲之畫。其餘設色花卉，皆簡潔無塵，花光充沛。小筆山水七幅，或仿吳仲圭，或仿黃子久，亦各盡其妙。其中仿倪一幅，墨筆畫遠山疏林。自題詩：「苦憶雲林子，風流不可追。時時一把筆，草樹各天涯。」此幅仿倪，多用飽筆，與故宮所藏己亥（成化十五年）仿倪山水軸（參看《明代吳門繪畫選集》），勾勒皴點多用枯筆者略有不同，但二者俱蕭散秀潤。總之，仿倪也是沈畫多種面貌之一。此冊尚有仿米一幅。墨筆畫山水，自題：「雲來山失色，雲去山依然。野老忘得喪，悠悠柱杖前。」筆墨渾融，峰巒樹石濕潤欲滴。石田先生晚歲始有仿米之作（見《清河書畫舫》及《珊瑚網》），故傳世較少，但亦應列為一種面貌（參看《明代吳門繪畫選集》）。

5. 沈周芝蘭玉樹圖軸（故宮藏品，現存台北。參看《吳門畫派九十年展》），紙本設色，畫靈芝幽蘭叢生石畔，上倚玉蘭一樹。自題：「玉芝挺芳枝，幽蘭出深谷。生長雖不同，氣味各芬馥。」此幅用筆工整而簡潔，文徵明多作此種格韻，亦沈畫少見的一種面貌。

6. 沈周桐陰玩鶴圖軸，絹本，青綠畫湖水空明，遠山蒼翠，一叟立桐陰下，一鶴渡石橋來。自題：「兩個梧桐盡有涼，自扶一杖立斜陽。何堪白鶴解人意，來伴蕭閒過石樑。」（故宮藏品）此幅山石坡岸用淡墨勾勒染色，皴筆無幾，所見絹本設色者，多作此種格韻。天津博物館藏有沈周着色山水一軸，頗類此（參看《天津博物館藏畫冊》）。絹本青綠山水亦沈畫多種面貌之一。

以上皆曾經寓目者。還有只見銅版縮印而未見原件的，例如：

7. 沈周江山清遠圖卷（故宮藏品，現存台北。參看《吳門畫派九十年展》），絹本設色山水。自題：「昔年曾於錢鶴灘太史宅賞玩夏珪、馬遠二公長卷。觀其筆力蒼勁，丘壑深奇，天然大川長谷，今之世無二公筆也。適吳學士匏翁持卷過余莊，視之正昔年所觀之筆。余靜坐時想二卷中筆力丘壑，迄今二十年矣。余對此卷仿合作一卷，可謂奇遇也。」此畫雖未睹原蹟，不敢斷其真贋，然沈周當時必曾有親筆仿馬、夏的《江山清遠圖》卷問世，才有可能出現臨摹之作。何況傳世此圖也未必不真。總之沈畫曾有仿馬、夏的一種面貌。

此外尚有僅見於前人著錄而原作或照片印本皆未見者。例如：「董玄宰太史嘗言，石田山水其用界畫者絕少，自當餅金懸購。近於相城施氏荻公南湖草堂圖卷，筆法精細，蓋用界畫而成，珍重何異尺璧邪。」（見《清河書畫舫》）據此可知沈周的界畫絕少，在明代董其昌只見過一件，但也應列為沈畫的多種面貌之一。

又如沈周畫韓愈畫記圖卷，絹本設色，畫依韓愈畫記中人物什器，無名款。後幅文徵明書韓愈畫記，款署「嘉靖戊午年八月二十又四日，為項君子京書。徵明」。錢汝誠跋稱：「……臣父歸田後，留心於親串中訪購得。嘗謂石田此卷為盛年筆……允當珍之……」（見《石渠寶笈三編》）。沈周的畫，以數百人馬什物為題材，的確尚未見過。在著錄中也是唯一的一件，當然也要列為多種面貌之一。

三

從前在古玩店或人家裡，曾見過很多假畫，當然沈石田的假畫也不乏其例。有些是一望而知的假畫固不待言，也有疑似難斷的。譬如有些是這樣的：畫不好，而字確真。也有畫和字都似是而非的。這兩類從年代來看並不新，當然不是新作的假畫。從明人品畫的文字中可以瞭解，在沈石田生前已經存在贋品了。例如《懷麓堂集》載，題沈周畫卷：「楊公貫之得此卷於趙中美氏，趙與沈有連，當為真筆。近吳人所攜贋本充人事，似此卷者蓋少。」又如文徵明題沈石田仿巨然山水卷詩：「墨痕慘淡法古意，筆力簡遠無纖塵。古人論畫貴氣骨，先生老筆開嶙峋。近來俗手工摹擬，一圖朝出暮百紙。先生不辨亦不嗔……」墓誌（王鏊撰）中亦有「或為贋作求題以售，亦樂然應之」之語。

據此分析，凡畫和款字都似是而非的，皆屬於「一圖朝出暮百紙」的一類，也就是「吳人所攜充人事」的贋作。凡畫不好，而款字確真的，都屬於「或為贋作求題以售」的一類。這兩類當然年代都夠舊的，不過後來的仿製品也是有的。

我所見的假沈石田作品，大多是常見的沈石田面貌，未見過仿倪仿米等等的假沈石田。常見面貌的假沈石田，當然首先從款字或題詩是容易辨別的，單純看畫也是可以辨別的。因為假畫的面貌雖然略似，但必然缺乏神韻。具體講到用筆用墨，則更容易説明問題。例如勾勒輪廓的筆道似挺拔，其實是僵滯，皴筆貌似層疊，而處處顯露枯燥的墨色、紊亂的皴擦。這是常見的假沈周的面貌。至於本文所提沈周《桐陰玩鶴圖》絹本青綠山水一軸，也有人認為或許存在問題。我的看法，凡作偽者，其心理是唯恐不似，故不敢以面貌一新的畫法出現，致使人生疑。而《桐陰玩鶴圖》雖然面貌一新，但命意用筆仍然是沈周本色，絕非贋作。還有後來古玩商把真畫的真題跋移到假畫卷冊後面，給真畫後面又模仿一段假跋，也是看見過的，如前面所舉沈周《詩畫冊》，幅後就有假跋，成為真畫假跋、假畫真跋。這種情況在沈周作品中也有過。

四

關於沈石田先生的生平事蹟，有「行狀」（文徵明撰）、「墓誌」（王鏊撰）、「事略」（錢謙益裒集）等資料記載，從中可以瞭解他的為人。他一生不做官，事親重孝。他是隱士，但不是縱情酒色的名士。他家有不少田地，但不是欺壓百姓的劣紳。他詩集中的：《堤決行》《淫雨》《低田婦》《傷阿同》《割稻》等許多詩篇是同情貧苦農民的。例如「小家伶仃止夫婦，稻爛水深無力取」一類的句子，都是對受災農民非常深刻的寫照。他的為人還可以從一首題畫詩來概括。《石渠寶笈續編》著錄的沈周《青園圖》卷，自書詩：「修身以立世，修德以潤身。左右不違矩，謙恭肯迕人。擇交求異己，致養務豐親。鄉里推高譽，蘭馨逼四鄰。」他活到八十三歲，始終合乎詩中所列的標準。

《明史・隱逸列傳》總結他：「書無所不覽。文摹左氏，詩擬白居易、蘇軾、陸游。字仿黃庭堅，並為世所愛重。尤工於畫，評者謂為明世第一。」明人對於石田的畫異口同聲地稱讚，今天我們也無須再加讚詞。但要研究他如何「胸藏丘壑，妙合造化，出之筆端，不煩意而自有無窮之趣」，那就要看他散見於有些畫上的識語。例如《滄州趣圖卷》（故宮藏品）自題：「以水墨求山水，形似董巨尚矣。董巨於山水，若倉扁之用藥，蓋得其性而後求其形，則無不易矣。今之人皆號曰我學董巨，是求董巨而遺山水。予此卷又非敢夢董巨者。」

還有原畫已佚，只見於《石渠寶笈》著錄的三條。

1. 沈周畫山水卷（《石渠寶笈續編》著錄）自識：「余早以繪事為戲，中以為累。今年六十，眼花手顫，把筆不能細運，運輒苦思生。至大山長谷、喬木片石，揮墨淋漓，心爽神怡，自亦不覺其勞矣。此卷於西山回途中粘紙且寫且行，風淡波平，盪舟如坐屋底，抵家卷遂成。」

2. 沈周畫山水冊（《石渠寶笈續編》著錄）第二幅水墨畫《枯木竹石圖》，自識：「雲林子久，並祖荊關。而古木寒林，石山水竹，則元鎮尤為擅場。余作此蓋猶存荊關遺意，而更濟以倪黃之法者也。」

3. 沈周畫山水卷自識：「小卷筆須約束，要全纖巧，非大軸廣幅，放筆爛漫，信手而成，覺易易耳。觀者當念老眼加一倍看法可也。」又識：「古大家揮灑運斤成風，法備神完，心手兩忘者，斯為化境。」

以上四則識語，表達了沈石田的創作經驗體會。他強調不應學董巨而遺山水，這才是正確的學董巨。他在舟中一路觀賞山水，一面作畫，當然是取之於自然景物。但他主張師法古人，掌握多種畫法，目的是掌握了多種畫法，然後再用自己的筆墨把對自然景物的感受發揮在紙絹上。對於古人的畫法，他認為掌握得越多越好，當遇見某種景物時才有能力選擇某幾家畫法，把古人的畫法融消在自己的筆墨中。只有這樣，才有可能出現「法備神完，心手兩忘」的創作境界。

朱家溍說故宮

朱家溍 著

責任編輯 張俊峰
書籍設計 黃沛盈

出版 三聯書店（香港）有限公司
香港北角英皇道四九九號北角工業大廈二十樓
Joint Publishing (Hong Kong) Co., Ltd.
20/F., North Point Industrial Building,
499 King's Road, North Point, Hong Kong

發行 香港聯合書刊物流有限公司
香港新界大埔汀麗路三十六號三字樓

印刷 中華商務彩色印刷有限公司
香港新界大埔汀麗路三十六號十四字樓

版次 二零一二年七月香港第一版第一次印刷

規格 特十六開（150mm × 228mm）三六零面

國際書號 ISBN 978-962-04-3254-5